U0307188

January 18, 1999

What do I consider my most important Contributions?

- That I early on—almost sixty years ago—realized that MANAGEMENT has become the constitutive organ and function of the <u>Society of Organizations</u> ;

- That MANAGEMENT is not "Business Management- though it first attained attention in business- but the governing organ of ALL institutions of Modern Society;

- That I established the study of MANAGEMENT as a DISCIPLINE in its own right;

    and

- That I focused this discipline on People and Power; on Values; Structure and Constitution; AND ABOVE ALL ON RESPONSIBILITIES- that is focused the <u>Discipline of Management</u> on Management as a truly LIBERAL ART.

Peter F. Drucker

我认为我最重要的贡献是什么？

- 早在60年前，我就认识到管理已经成为组织社会的基本器官和功能；

- 管理不仅是"企业管理"，而且是所有现代社会机构的管理器官，尽管管理最初侧重于企业管理；

- 我创建了管理这门独立的学科；

- 我围绕着人与权力、价值观、结构和方式来研究这一学科，尤其是围绕着责任。管理学科是把管理当作一门真正的人文艺术。

彼得·德鲁克
1999年1月18日

注：资料原件打印在德鲁克先生的私人信笺上，并有德鲁克先生亲笔签名，现藏于美国德鲁克档案馆。为纪念德鲁克先生，本书特收录这一珍贵资料。本资料由德鲁克管理学专家那国毅教授提供。

彼得·德鲁克和妻子多丽丝·德鲁克

德鲁克妻子多丽丝寄语中国读者

在此谨向广大的中国读者致以我诚挚的问候。本书深入介绍了德鲁克在管理领域方面的多种理念和见解。我相信他的管理思想得以在中国广泛应用，将有赖出版及持续的教育工作，令更多人受惠于他的馈赠。

盼望本书可以激发各位对构建一个令人憧憬的美好社会的希望，并推动大家在这一过程中积极发挥领导作用，他的在天之灵定会备感欣慰。

Doris Drucker

本页照片和多丽丝寄语原文与亲笔签名由彼得·德鲁克管理学院提供

人与商业

[美] 彼得·德鲁克 著

慈玉鹏 译

Men, Ideas,
and Politics

彼得·德鲁克全集

机械工业出版社

CHINA MACHINE PRESS

图书在版编目（CIP）数据

人与商业 / （美）彼得·德鲁克（Peter F. Drucker）著；慈玉鹏译 . —北京：机械工业出版社，2020.1（2023.6 重印）
（彼得·德鲁克全集）
书名原文：Men, Ideas, and Politics

ISBN 978-7-111-63439-3

I. 人… II. ①彼… ②慈… III. 社会科学－文集 IV. C53

中国版本图书馆 CIP 数据核字（2019）第 262969 号

北京市版权局著作权合同登记　图字：01-2019-1165 号。

Peter F. Drucker. Men, Ideas, and Politics.

Copyright © 2010 Harvard Business School Press.

Published by arrangement with Harvard Business School Press.

Simplified Chinese Translation Copyright © 2020 by China Machine Press. This edition is authorized for sale in the Chinese mainland (excluding Hong Kong SAR, Macao SAR and Taiwan).

本书两面插页所用资料由彼得·德鲁克管理学院和那国毅教授提供。封面中签名摘自德鲁克先生为彼得·德鲁克管理学院的题词。

人与商业

出版发行：机械工业出版社（北京市西城区百万庄大街 22 号　邮政编码：100037）

责任编辑：宋　燕　　　　　　　　　　　　责任校对：殷　虹

印　　刷：北京建宏印刷有限公司　　　　　版　　次：2023 年 6 月第 1 版第 2 次印刷

开　　本：170mm×230mm　1/16　　　　　印　　张：17.25

书　　号：ISBN 978-7-111-63439-3　　　　定　　价：69.00 元

客服电话：（010）88361066　68326294

功能正常的社会和博雅管理

为"彼得·德鲁克全集"作序

享誉世界的"现代管理学之父"彼得·德鲁克先生自认为，虽然他因为创建了现代管理学而广为人知，但他其实是一名社会生态学者，他真正关心的是个人在社会环境中的生存状况，管理则是新出现的用来改善社会和人生的工具。他一生写了39本书，只有15本书是讲管理的，其他都是有关社群（社区）、社会和政体的，而其中写工商企业管理的只有两本书（《为成果而管理》和《创新与企业家精神》）。

德鲁克深知人性是不完美的，因此人所创造的一切事物，包括人设计的社会也不可能完美。他对社会的期待和理想并不高，那只是一个较少痛苦，还可以容忍的社会。不过，它还是要有基本的功能，为生活在其中的人提供可以正常生活和工作的条件。这些功能或条件，就好像一个生命体必须具备正常的生命特征，没有它们社会也就不成其为社会了。值得留意的是，社会并不等同于"国家"，因为"国（政府）"和"家（家庭）"不可能提供一个社会全部必要的职能。在德鲁克眼里，功能正常的社会至少要由三大类机构组成：政府、企业和非营利机构，它们各自发挥不同性质的作用，每一类、每一个机构中都要有能解决问题、令机构创造出独特绩效的权力中心和决策机制，这个权力中心和决策机制同时也要让机构里的每个人各得其所，既有所担当、做出贡献，又得到生计和身份、地位。这些在过去的国家中从来没有过的权力中心和决策机制，或者说新的"政体"，就是"管理"。在这里德鲁克把企业和非营利机构中的管理体制与政府的统治体制统称为"政体"，是因为它们都掌握权力，但是，这是两种性质截然不同的权力。企业和非营利机构掌握的，是为了提供特定的产品和服务，而调配社会资源的权力，政府所拥有的，则是整个社会公平的维护、正义的裁夺和干预的权力。

在美国克莱蒙特大学附近，有一座小小的德鲁克纪念馆，走进这座用他的故居改成的纪念馆，正对客厅入口的显眼处有一段他的名言：

> 在一个由多元的组织所构成的社会中，使我们的各种组织机构负责任地、独立自治地、高绩效地运作，是自由和尊严的唯一保障。有绩效的、负责任的管理是对抗和替代极权专制的唯一选择。

当年纪念馆落成时，德鲁克研究所的同事们问自己，如果要从德鲁克的著作中找出一段精练的话，概括这位大师的毕生工作对我们这个世界的意义，会是什么？他们最终选用了这段话。

如果你了解德鲁克的生平，了解他的基本信念和价值观形成的过程，你一定会同意他们的选择。从他的第一本书《经济人的末日》到他独自完成的最后一本书《功能社会》之间，贯穿着一条抵制极权专制、捍卫个人自由和尊严的直线。这里极权的极是极端的极，不是集中的集，两个词一字之差，其含义却有着重大区别，因为人类历史上由来已久的中央集权统治直到20世纪才有条件变种成极权主义。极权主义所谋求的，是从肉体到精神，全面、彻底地操纵和控制人类的每一个成员，把他们改造成实现个别极权主义者梦想的人形机器。20 世纪给人类带来最大灾难和伤害的战争和运动，都是极权主义的"杰作"，德鲁克青年时代经历的希特勒纳粹主义正是其中之一。要了解德鲁克的经历怎样影响了他的信念和价值观，最好去读他的《旁观者》；要弄清什么是极权主义和为什么大众会拥护它，可以去读汉娜·阿伦特 1951 年出版的《极权主义的起源》。

好在历史的演变并不总是令人沮丧。工业革命以来，特别是从 1800 年开始，最近这 200 年生产力呈加速度提高，不但造就了物质的极大丰富，还带来了社会结构的深刻改变，这就是德鲁克早在 80 年前就敏锐地洞察和指出的，多元的、组织型的新社会的形成：新兴的企业和非营利机构填补了由来已久的"国（政府）"和"家（家庭）"之间的断层和空白，为现代国家提供了真正意义上的种种社会功能。在这个基础上，教育的普及和知识工作者的崛起，正在造就知识经济和知识社会，而信息科技成为这一切变化的加速器。要特别说明，"知识工作者"是德鲁克创造的一个称谓，泛指具备和应用专门知识从事生产工作，为社会创造出有用的产品和服务的人群，这包括企业家和在任何机构中的管理者、专业人士和技工，也包括社会上的独立执业人士，如会计师、律师、咨询师、培训师等。在 21 世纪的今天，由于知识的应用领域一再被扩大，个人和个别机构不再是孤独无助的，他们因为掌握了某项知识，就拥有了选择的自由和影响他人的权力。知识工作者和由他们组成的知识型组织不再是传统的知识分子或组织，知识工作者最大的特点就是他们的独立自主，可以主动地整合资源、创造价值，促成经济、社会、文化甚至政治层面的改变，而传统的知识分子只能依附于当时的统治当局，在统治当局提供的平台上才能有所作为。这是一个划时代的、意义深远的变化，而且这个变化不仅发生在西方发达国家，也发生在发展中国家。

在一个由多元组织构成的社会中，拿政府、企业和非营利机构这三类组织相互比较，企业和非营利机构因为受到市场、公众和政府的制约，它们的管理者不可能像政府那样走上极权主义统治，这是它们在德鲁克看来，比政府更重要、更值得寄予希望的原因。尽管如此，它们仍然可能因为管理缺位或者管理失当，例如官僚专制，不能达到德鲁克期望的"负责任地、高绩效地运作"，从而为极权专制垄断社会资源让出空间、提供机会。在所有机构中，包括在互联网时代虚拟的工作社群中，知识工作者的崛起既为新的管理提供了基础和条件，也带来对传统的"胡萝卜加大棒"管理方式的挑战。德鲁克正是因应这样的现实，研究、创立和不断完善现代管理学的。

1999 年 1 月 18 日，德鲁克接近 90 岁高龄，在回答"我最重要的贡献是什么"这个问题时，他写了下面这段话：

> 我着眼于人和权力、价值观、结构和规范去研究管理学，而在所有这些之上，我聚焦于"责任"，那意味着我是把管理学当作一门真正的"博雅技艺"来看待的。

给管理学冠上"博雅技艺"的标识是德鲁克的首创，反映出他对管理的独特视角，这一点显然很重要，但是在他众多的著作中却没找到多少这方面的进一步解释。最完整的阐述是在他的《管理新现实》这本书第 15 章第五小节，这节的标题就是"管理是一种博雅技艺"：

> 30 年前，英国科学家兼小说家斯诺（C. P. Snow）曾经提到当代社会的"两种文化"。可是，管理既不符合斯诺所说的"人文文化"，也不符合他所说的"科学文化"。管理所关心的是行动和应用，而成果正是对管理的考验，从这一点来看，管理算是一种科技。可是，管理也关心人、人的价值、人的成长与发展，就这一

点而言，管理又算是人文学科。另外，管理对社会结构和社群（社区）的关注与影响，也使管理算得上是人文学科。事实上，每一个曾经长年与各种组织里的管理者相处的人（就像本书作者）都知道，管理深深触及一些精神层面关切的问题——像人性的善与恶。

管理因而成为传统上所说的"博雅技艺"（liberal art）——是"博雅"（liberal），因为它关切的是知识的根本、自我认知、智慧和领导力，也是"技艺"（art），因为管理就是实行和应用。管理者从各种人文科学和社会科学中——心理学和哲学、经济学和历史、伦理学，以及从自然科学中，汲取知识与见解，可是，他们必须把这种知识集中在效能和成果上——治疗病人、教育学生、建造桥梁，以及设计和销售容易使用的软件程序等。

作为一个有多年实际管理经验，又几乎通读过德鲁克全部著作的人，我曾经反复琢磨过为什么德鲁克要说管理学其实是一门"博雅技艺"。我终于意识到这并不仅仅是一个标新立异的溢美之举，而是在为管理定性，它揭示了管理的本质，提出了所有管理者努力的正确方向。这至少包括了以下几重含义：

第一，管理最根本的问题，或者说管理的要害，就是管理者和每个知识工作者怎么看待与处理人和权力的关系。德鲁克是一位基督徒，他的宗教信仰和他的生活经验相互印证，对他的研究和写作产生了深刻的影响。在他看来，人是不应该有权力（power）的，只有造人的上帝或者说造物主才拥有权力，造物主永远高于人类。归根结底，人性是软弱的，经不起权力的引诱和考验。因此，人可以拥有的只是授权（authority），也就是人只是在某一阶段、某一事情上，因为所拥有的品德、知识和能力而被授权。不但任何个人是这样，整个人类也是这样。民主国家中"主权在民"，但是人民的权力也是一种授权，是造物主授予的，人在这种授权之下只是一个既有自由意志，又要承担责任的"工具"，他是造物主的工具而不能成为主宰，不能按自己的意图去操纵和控制自己的同类。认识到这一点，人才会谦卑而且有责任感，他们才会以造物主才能够掌握、人类只能被其感召和启示的公平正义，去时时检讨自己，也才会甘愿把自己置于外力强制的规范和约束之下。

第二，尽管人性是不完美的，但是人彼此平等，都有自己的价值，都有自己的创造能力，都有自己的功能，都应该被尊敬，而且应该被鼓励去创造。美国的独立宣言和宪法中所说的，人生而平等，每个人都有与生俱来、不证自明的权利（rights），正是从这一信念而来的，这也是德鲁克的管理学之所以可以有所作为的根本依据。管理者是否相信每个人都有善意和潜力？是否真的对所有人都平等看待？这些基本的或者说核心的价值观和信念，最终决定他们是否能和德鲁克的学说发生感应，是否真的能理解和实行它。

第三，在知识社会和知识型组织里，每一个工作者在某种程度上，都既是知识工作者，也是管理者，因为他可以凭借自己的专门知识对他人和组织产生权威性的影响——知识就是权力。但是权力必须和责任捆绑在一起。而一个管理者是否负起了责任，要以绩效和成果做检验。凭绩效和成果问责的权力是正当和合法的权力，也就是授权（authority），否则就成为德鲁克坚决反对的强权（might）。绩效和成果之所以重要，是因为不但在经济和物质层面，而且在心理层面，都会对人们产生影响。管理者和领导者如果持续不能解决现实问题，大众在彻底失望之余，会转而选择去依赖和服从强权，同时甘愿交出自己的自由和尊严。这就是为什么德鲁克一再警告，如果管理失败，极权主义就会取而代之。

第四，除了让组织取得绩效和成果，管理者还有没有其他的责任？或者换一种说法，绩效和成果仅限于可量化的经济成果和财富吗？对一个工商企业来说，除了为客户提供价廉物美的产品和服务、为股东赚取合理的利润，能否同时成为一个良好的、负责任的"社会公民"，能否同时帮助自己的员工在品格和能力两方面都得到提升呢？这似乎是一个太过苛刻的要求，但它是一个合理的要求。我个人在十多年前，和一家这样要求自己的后勤服务业的跨国公司合作，通过实践认识到这是可能的。这意味着我们必须学会把伦理道德的诉求和经济目标，设计进同一个工作流程、同一套衡量系统，直至每一种方法、工具和模式中去。值得欣慰的是，今天有越来越多的机构开始严肃地对待这个问题，在各自的领域做出肯定的回答。

第五，"作为一门博雅技艺的管理"或称"博雅管理"，这个讨人喜爱的中文翻译有一点儿问题，从翻译的"信、达、雅"这三项专业要求来看，雅则雅矣，信有不足。liberal art 直译过来应该是"自由的技艺"，但最早的繁体字中文版译成了"博雅艺术"，这可能是想要借助它在汉语中的褒义，我个人还是觉得"自由的技艺"更贴近英文原意。liberal 本身就是自由。art 可以译成艺术，但管理是要应用的，是要产生绩效和成果的，所以它首先应该是一门"技能"。此外，管理的对象是人们的工作，和人打交道一定会面对人性的善恶，人的千变万化的意念——感性的和理性的，从这个角度看，管理又是一门涉及主观判断的"艺术"。所以 art 其实更适合解读为"技艺"。liberal——自由，art——技艺，把两者合起来就是"自由技艺"。

最后我想说的是，我之所以对 liberal art 的翻译这么咬文嚼字，是因为管理学并不像人们普遍认为的那样，是一个人或者一个机构的成功学。它不是旨在让一家企业赚钱，在生产效率方面达到最优，也不是旨在让一家非营利机构赢得道德上的美誉。它旨在让我们每个人都生存在其中的人类社会和人类社群（社区）更健康，使人们较少受到伤害和痛苦。让每个工作者，按照他与生俱来的善意和潜能，自由地选择他自己愿意在这个社会或社区中所承担的责任；自由地发挥才智去创造出对别人有用的价值，从而履行这样的责任；并且在这样一个创造性工作的过程中，成长为更好和更有能力的人。这就是德鲁克先生定义和期待的，管理作为一门"自由技艺"，或者叫"博雅管理"，它的真正的含义。

邵明路

彼得·德鲁克管理学院创办人

跨越时空的管理思想

20多年来，机械工业出版社关于德鲁克先生著作的出版计划在国内学术界和实践界引起了极大的反响，每本书一经出版便会占据畅销书排行榜，广受读者喜爱。我非常荣幸，一开始就全程参与了这套丛书的翻译、出版和推广活动。尽管这套丛书已经面世多年，然而每次去新华书店或是路过机场的书店，总能看见这套书静静地立于书架之上，长盛不衰。在当今这样一个强调产品迭代、崇尚标新立异、出版物良莠难分的时代，试问还有哪本书能做到这样呢？

如今，管理学研究者们试图总结和探讨中国经济与中国企业成功的奥秘，结论众说纷纭、莫衷一是。我想，企业成功的原因肯定是多种多样的。中国人讲求天时、地利、人和，缺一不可，其中一定少不了德鲁克先生著作的启发、点拨和教化。从中国老一代企业家（如张瑞敏、任正非），及新一代的优秀职业经理人（如方洪波）的演讲中，我们常常可以听到来自先生的真知灼见。在当代管理学术研究中，我们也可以常常看出先生的思想指引和学术影响。我常常对学生说，当你不能找到好的研究灵感时，可以去翻翻先生的著作；当你对企业实践困惑不解时，也可以把先生的著作放在床头。简言之，要想了解现代管理理论和实践，首先要从研读德鲁克先生的著作开始。基于这个原因，1991年我从美国学成回国后，在南京大学商学院图书馆的一角专门开辟了德鲁克著作之窗，并一手创办了德鲁克论坛。至今，我已在南京大学商学院举办了100多期德鲁克论坛。在这一点上，我们也要感谢机械工业出版社为德鲁克先生著作的翻译、出版和推广付出的辛勤努力。

在与企业家的日常交流中，当发现他们存在各种困惑的时候，我常常推荐企业家阅读德鲁克先生的著作。这是因为，秉持奥地利学派的一贯传统，德鲁克先生总是将企业家和创新作为著作的中心思想之一。他坚持认为："优秀的企业家和企业家精神是一个国家最为重要的资源。"在企业发展过程中，企业家总是面临着效率和创新、制度和个性化、利润和社会责任、授权和控制、自我和他人等不同的矛盾与冲突。企业家总是在各种矛盾与冲突中成长和发展。现代工商管理教育不但需要传授建立现代管理制度的基本原理和准则，同时也要培养一大批具有优秀管理技能的职业经理人。一个有效的组织既离不开良好的制度保证，同时也离不开有效的管理者，两者缺一不可。这是因为，一方面，企业家需要通过对管理原则、责任和实践进行研究，探索如何建立一个有效的管理机制和制度，而衡量一个管理制度是否有效的标准就在于该制度能否将管理者个人特征的影响降到最低限度；另一方面，一个再高明的制度，如果没有具有职业道德的员工和管理者的遵守，制度也会很容易土崩瓦解。换言之，一个再高效的组织，如果缺乏有效的管理者和员工，组织的效率也不可能得到实现。虽然德鲁克先生的大部分著作是有关企业管理的，但是我们可以看到自由、成长、创新、多样化、多元化的思想在其著作中是一以贯之的。正如德鲁克在《旁观者》一书的序言中所阐述的，"未来是'有机体'的时代，由任务、目的、策略、社会的和外在的环境所主导"。很多人喜欢德鲁克提出的概念，但是德鲁克却说，"人比任何概念都有趣多了"。德鲁克本人虽然只是管理的旁观者，但是他对企业家工作的理解、对管理本质的洞察、对人性复杂性的观察，鞭辟入里、入木三分，这也许就是企业家喜爱他的著作的原因吧！

德鲁克先生从研究营利组织开始，如《公司的概念》（1946 年），到研究非营利组织，如《非营利组织的管理》（1990 年），再到后来研究社会组织，如《功能社会》（2002 年）。虽然德鲁克先生的大部分著作出版于 20 世纪六七十年代，然而其影响力却是历久弥新的。在他的著作中，读者很容易找到许多最新的管理思想的源头，同时也不难获悉许多在其他管理著作中无法找到的"真知灼见"，从组织的使命、组织的目标以及工商企业与服务机构的异同，到组织绩效、富有效率的员工、员工成就、员工福利和知识工作者，再到组织的社会影响与社会责任、企业与政府的关系、管理者的工作、管理工作的设计与内涵、管理人员的开发、目标管理与自我控制、中层管理者和知识型组织、有效决策、管理沟通、管理控制、面向未来的管理、组织的架构与设计、企业的合理规模、多角化经营、多国公司、企业成长和创新型组织等。

30 多年前在美国读书期间，我就开始阅读先生的著作，学习先生的思想，并聆听先生的课堂教学。回国以后，我一直把他的著作放在案头。尔后，每隔一段时间，每每碰到新问题，就重新温故。令人惊奇的是，随着阅历的增长、知识的丰富，每次重温的时候，竟然会生出许多不同以往的想法和体会。仿佛这是一座挖不尽的宝藏，让人久久回味，有幸得以伴随终生。一本著作一旦诞生，就独立于作者、独立于时代而专属于每个读者，不同地理区域、不同文化背景、不同时代的人都能够从中得到启发、得到教育。这样的书是永恒的、跨越时空的。我想，德鲁克先生的著作就是如此。

 特此作序，与大家共勉！

南京大学人文社会科学资深教授、商学院名誉院长

博士生导师

2018 年 10 月于南京大学商学院安中大楼

彼得·德鲁克与伊藤雅俊管理学院是因循彼得·德鲁克和伊藤雅俊命名的。德鲁克生前担任玛丽·兰金·克拉克社会科学与管理学教席教授长达三十余载，而伊藤雅俊则受到日本商业人士和企业家的高度评价。

彼得·德鲁克被称为"现代管理学之父"，他的作品涵盖了39本著作和无数篇文章。在德鲁克学院，我们将他的著述加以浓缩，称之为"德鲁克学说"，以撷取德鲁克著述在五个关键方面的精华。

我们用以下框架来呈现德鲁克著述的现实意义，并呈现他的管理理论对当今社会的深远影响。

这五个关键方面如下。

（1）**对功能社会重要性的信念**。一个功能社会需要各种可持续性的组织贯穿于所有部门，这些组织皆由品行端正和有责任感的经理人来运营，他们很在意自己为社会带来的影响以及所做的贡献。德鲁克有两本书堪称他在功能社会研究领域的奠基之作。第一本书是《经济人的末日》（1939年），"审视了法西斯主义的精神和社会根源"。然后，在接下来出版的《工业人的未来》（1942年）一书中，德鲁克阐述了自己对第二次世界大战后社会的展望。后来，因为对健康组织对功能社会的重要作用兴趣盎然，他的主要关注点转到了商业。

（2）**对人的关注**。德鲁克笃信管理是一门博雅艺术，即建立一种情境，使博雅艺术在其中得以践行。这种哲学的宗旨是：管理是一项人的活动。德鲁克笃信人的潜质和能力，而且认为卓有成效的管理者是通过人来做成事情的，因为工作会给人带来社会地位和归属感。德鲁克提醒经理人，他们的职责可不只是给大家发一份薪水那么简单。

对于如何看待客户，德鲁克也采取"以人为本"的思想。他有一句话人人知晓，即客户决定了你的生意是什么、这门生意出品什么以及这门生意日后能否繁荣，因为客户只会为他们认为有价值的东西买单。理解客户的现实以及客户崇尚的价值是"市场营销的全部所在"。

（3）**对绩效的关注**。经理人有责任使一个组织健康运营并且持续下去。考量经理人的凭据是成果，因此他们要为那些成果负责。德鲁克同样认为，成果负责制要渗透到组织的每一个层面，务求淋漓尽致。

制衡的问题在德鲁克有关绩效的论述中也有所反映。他深谙若想提高人的生产力，就必须让工作给他们带来社会地位和意义。同样，德鲁克还论述了在延续性和变化二者间保持平衡的必要性，他强调面向未来并且看到"一个已经发生的未来"是经理人无法回避的职责。经理人必须能够探寻复杂、模糊的问题，预测并迎接变化乃至更新所带来的挑战，要能看到事情目前的样貌以及可能呈现的样貌。

（4）**对自我管理的关注**。一个有责任心的工作者应该能驱动他自己，能设立较高的绩效标准，并且能控制、衡量并指导自己的绩效。但是首先，卓有成效的管理者必须能自如地掌控他们自己的想法、情绪和行动。换言之，内在意愿在先，外在成效在后。

（5）**基于实践的、跨学科的、终身的学习观念**。德鲁克崇尚终身学习，因为他相信经理人必须要与变化保持同步。但德鲁克曾经也有一句名言：

"不要告诉我你跟我有过一次精彩的会面，告诉我你下周一打算有哪些不同。"这句话的意思正如我们理解的，我们必须关注"周一早上的不同"。

这些就是"德鲁克学说"的五个支柱。如果你放眼当今各个商业领域，就会发现这五个支柱恰好代表了五个关键方面，它们始终贯穿交织在许多公司使命宣言传达的讯息中。我们有谁没听说过高管宣称要回馈他们的社区，要欣然采纳以人为本的管理方法和跨界协同呢？

彼得·德鲁克的远见卓识在于他将管理视为一门博雅艺术。他的理论鼓励经理人去应用"博雅艺术的智慧和操守课程来解答日常在工作、学校和社会中遇到的问题"。也就是说，经理人的目光要穿越学科边界来解决这世上最棘手的一些问题，并且坚持不懈地问自己："你下周一打算有哪些不同？"

彼得·德鲁克的影响不限于管理实践，还有管理教育。在德鲁克学院，我们用"德鲁克学说"的五个支柱来指导课程大纲设计，也就是说，我们按照从如何进行自我管理到组织如何介入社会这个次序来给学生开设课程。

德鲁克学院一直十分重视自己的毕业生在管理实践中发挥的作用。其实，我们的使命宣言就是：

通过培养改变世界的全球领导者，来提升世界各地的管理实践。

有意思的是，世界各地的管理教育机构也很重视它们的学生在实践中的表现。事实上，这已经成为国际精英商学院协会（AACSB）认证的主要标志之一。国际精英商学院协会"始终致力于增进商界、学者、机构以及学生之间的交融，从而使商业教育能够与商业实践的需求步调一致"。

最后我想谈谈德鲁克和管理教育，我的观点来自 2001 年 11 月 *BizEd* 杂志第 1 期对彼得·德鲁克所做的一次访谈，这本杂志由商学院协会出版，受众是商学院。在访谈中，德鲁克被问道：在诸多事项中，有哪三门课最重要，是当今商学院应该教给明日之管理者的？

德鲁克答道：

> 第一课，他们必须学会对自己负责。太多的人仍在指望人事部门来照顾他们，他们不知道自己的优势，不知道自己的归属何在，他们对自己毫不负责。
>
> 第二课也是最重要的，要向上看，而不是向下看。焦点仍然放在对下属的管理上，但应开始关注如何成为一名管理者。管理你的上司比管理下属更重要。所以你要问，"我应该为组织贡献什么？"
>
> 最后一课是必须修习基本的素养。是的，你想让会计做好会计的事，但你也想让他了解组织的其他功能何在。这就是我说的组织的基本素养。这类素养不是学一些相关课程就行了，而是与实践经验有关。

凭我一己之见，德鲁克在 2001 年给出的这则忠告，放在今日仍然适用。卓有成效的管理者需要修习自我管理，需要向上管理，也需要了解一个组织的功能如何与整个组织契合。

彼得·德鲁克对管理实践的影响深刻而巨大。他涉猎广泛，他的一些早期著述，如《管理的实践》（1954 年）、《卓有成效的管理者》（1966 年）以及《创新与企业家精神》（1985 年），都是我时不时会翻阅研读的书，每当我作为一个商界领导者被诸多问题困扰时，我都会从这些书中寻求答案。

珍妮·达罗克

彼得·德鲁克与伊藤雅俊管理学院院长

亨利·黄市场营销和创新教授

美国加州克莱蒙特市

　　本书收录的文章，除了作者都是我，还有没有其他的共同之处呢？乍一看，这些文章非常零散，缺少一致的主题。其中，关于"新型市场"的文章，将 20 世纪 60 年代的金融潮流和蠢行视为经济、社会结构性变迁的症状，该文章与关于近代西方最不"市场导向的"思想家克尔凯郭尔⊖的文章被收入同一文集，似乎有点不伦不类。本书认为亨利·福特⊜是"最后的平民主义者"⊕，他一方面实现了 19 世纪有关农业的理想和杰斐逊式梦想⊗；另一方面又否定了两者。将福特与关于日本"经济奇迹"内部动力以及当今"浪漫一代人"（受过高等教育的年轻人）的痛苦与迷茫并列，似乎有些牵强。

　⊖　克尔凯郭尔（Kierkegaard，1813—1855），丹麦哲学家、存在主义的先导，关注"单个的个人"如何存在的问题，严厉批判黑格尔哲学，强调人本主义，代表作《恐惧与颤栗》(*Frygt og Baven. Dialektisk Lyrik af Johannes de Silentio*)。——译者注

　⊜　亨利·福特（Henry Ford，1863—1947），美国汽车大王、福特汽车公司创始人，早年发明汽车流水生产线，发布 T 型车，对世界产生重大影响。——译者注

　⊕　平民主义（populism），美国人民党的主张，维护农场主的利益，反对大资本家，坚持宪政民主。国内也将 populism 翻译为民粹主义，用来代指俄国的民粹派，但俄国的民粹派与美国人民党的主张有根本性不同，前者同样高度评价农民，但更强调个人必须服从整体。——译者注

　⊗　杰斐逊式梦想（Jeffersonian dreams），崇尚人权、自由、心智发展以及地方分权的民主理想，认为社会的经济基础是农业，主张用抑制资本主义发展的办法维持淳朴的农业社会，长期得到民众的支持。——译者注

尽管本书所录文章的主题非常多元，但都有一个共同的主旨和基调，我称之为"社会生态"。

虽然在任何大学的课程、学科目录中都找不到该术语，但"社会生态"唯一的新颖之处是其名称。作为一个主题和人文领域，社会生态具有悠久的光荣传统，甚至可以一直追溯到古希腊的希罗多德^㊀和修昔底德^㊁，近代著名学者托克维尔^㊂和白芝浩^㊃也是该领域的重要代表人物，社会生态的基调则是亚里士多德^㊄对人的著名定义——"政治动物"^㊅。正如亚里士多德所知（虽然很多引用其观点的人并不明白），这意味着社会、经济是人的创造，对人而言是"自然的"，脱离了这些要素，就不能深入理解人；还意味着社会、经济是一个真实的环境、实实在在的整体，用一个流行的术语来讲，就是一个完备的"系统"，其中任何要素都与其他要素密切相关，为了看清，

㊀ 希罗多德（Herodotus，公元前 484 年—公元前 425 元），古希腊历史学家，主张批判性地采用史料，推崇雅典民主政治，被西塞罗（Cicero，公元前 106 年—公元前 43 年）誉为"历史之父"，代表作《历史》（*The Histories*）。——译者注

㊁ 修昔底德（Thucydides，公元前 460 年—公元前 400 年），古希腊历史学家、将军，其作品对后世的史学理论、国际关系理论产生了深远影响，"使战争不可避免的真正原因是雅典势力的增长和因而引起的斯巴达的恐惧"被后人概括为"修昔底德陷阱"，代表作《伯罗奔尼撒战争史》（*The History of the Peloponnesian War*）。——译者注

㊂ 托克维尔（Tocqueville，1805—1859），法国政治思想家，反思法国大革命，1831～1832 年游历美国，返回法国后于 1835 年出版《论美国的民主》。该书深入剖析了美国民主政体的起源、运作及意义等，成为分析美国民主的不朽名著。——译者注

㊃ 沃尔特·白芝浩（Walter Bagehot，1826—1877），英国记者、商人、作家，其岳父是《经济学人》（*The Economist*）杂志的创办人和所有人。1861 年，白芝浩开始担任主编，代表作《英国宪制》（*The English Constitution*）。——译者注

㊄ 亚里士多德（Aristotle，公元前 384 年—公元前 322 年），古希腊哲学家、柏拉图的学生、亚历山大大帝（Alexander the Great，公元前 356 年—公元前 323 年）的老师，其著作包罗万象，囊括物理学、形而上学、文学艺术、生物学、经济学、逻辑学、政治学、伦理学等学科。——译者注

㊅ 亚里士多德在《政治学》中指出："人天生是一种政治动物，在本性上而非偶然地脱离城邦的人，他要么是一位超人，要么是一个鄙夫；就像荷马所指责的那种人：无族、无法、无家之人……"参见苗力田. 亚里士多德全集（第九卷）[M]. 北京：中国人民大学出版社，2016：6。——译者注

更是为了准确地理解相关状况，人、思想、制度、行为必须被作为一个整体看待。

社会生态学家的研究往往无视市场、学术等领域的传统界限，让各学科的专家感到不安。例如，托克维尔属于"自由主义"⊖还是"保守主义"⊖？白芝浩呢？社会生态学家强调，每一项进步都会付出相应的代价，使那些善良的"自由主义者"不悦的是，社会生态学家注重"风险"或"权衡"，而不是"进步"。而且他们也知道，社会、经济构成的人文环境，同自然环境一样，往往处于动态、不均衡状态，而非均衡状态。因此社会生态学家强调，目标明确的创新是"保存"传统的方式——他们几乎从来都不用"保守"这个术语。

社会生态学家确信，现有的学科划分过于狭隘，相关方法的局限性非常大，不能有效概括相关知识、行为、事件等具有重大意义的领域；同样，自然生态学家知道，沼泽或沙漠的划分是基本事实，也是植物学、鸟类学、地质学为数不多的专用工具。因此，社会生态学家很少局限于某一学科。我认为，很难明确指出本书的哪一章是研究"管理"的，哪一章是探讨"政府"或"政治理论"的，哪一章是分析"历史"或"经济"的。目标决定使用的工具，但这些工具从未登上学界的大雅之堂。

研究人的各种社会维度（社会、经济、制度）的学者往往假定，运用理性能够完全理解其研究的主题。的确，他们的目标旨在发现能够用科学证明的"规律"。然而，人类的许多行为往往被视为非理性的，即由外部因素决

⊖ 自由主义（liberal），以自由作为主要政治价值的一系列思想流派的集合，追求发展进步，相信人类善良本性，拥护个人自治权，主张放宽及免除政权对个人的控制，代表人物约翰·洛克（John Locke，1632—1704）。——译者注

⊖ 保守主义（conservative），强调既有价值或现状的政治哲学，并不反对进步，只是反对激进的进步和彻底的颠覆，重视已建立的体制并加以维护或者小修小补，代表人物埃德蒙·柏克（Edmund Burke，1729—1797）。——译者注

定，如他们所谓的"规律"。区别于上述学者，社会生态学家假定自己的研究主题过于复杂而永远不能被完全理解，这一点与自然生态学家同行对自然环境的假设相同。正是出于这个原因，社会生态学家才会要求（与自然科学领域的同行一样）个人做出负责任的行为，并对自身行为有意或无意导致的后果承担个人责任。

我的前一本著作《技术与管理》（*Technology, Management and Society*）（出版于 1970 年），聚焦于过去常常所说的"物质文明"：工商企业及其结构、管理、工具；技术及其历史等。本书则侧重于经济与社会进程，包括尽快把握根本性的经济和社会变革、思想（经济的、社会的）与行为之间的关系、特定传统（美国的或日本的）背景下能否继续行之有效的事物、在工业社会和大政府的复杂结构中有效发挥领导力的条件等。但本书最终的主旨与前一本著作相同，都旨在理解人（作为管理者、政策制定者、教师、公民等）所处的特定环境，即作为有效且负责任行为之前提的"社会生态"。

我非常确定，绝非每位读者都认可本书的观点；我衷心地希望读者对每篇文章的观点提出异议。在很久以前我就已经知道，实际上，最严重的错误并不是由于提供了错误的答案，而是提出了错误的问题。我真心希望读者，包括企业高管、政府行政人员、父母及子女、政策制定者、普通公民、教师、学生等，都能够认可本书提出的问题。即使那些严重质疑作者的观点、结论，甚至带有偏见的读者，我仍旧希望他们因阅读本书而心情愉悦。

彼得·德鲁克

美国加州克莱蒙特市

1971 年春

新型市场与新型企业家[⊖]

一

20世纪以来席卷美国经济的第三波兼并浪潮正在快速消退。同65年前和40年前的两波浪潮相比，这一波兼并浪潮对基本经济结构变迁的影响要更加深远。

第一波兼并浪潮在1900～1910年达到高峰，由"大亨们"主导，以J. P. 摩根组建的美国钢铁公司和洛克菲勒创建的标准石油公司为代表。该时期发生的一系列兼并，通常是占主导地位的工业家或金融家，试图通过控制一种主要原材料或行业来取得或占领经济制高点，可称为"进攻型"兼并。

相比之下，20世纪20年代的第二波浪潮则以"防御型"兼并为主。这一波兼并浪潮中最早的典型案例是通用汽车公司，该公司于1910～1920年由数家中型汽车公司合并组建，旨在共同抗衡亨利·福特领导下的福特汽车公司近乎无敌的垄断。该时期发生的一系列"防御型"兼并，目标在于创建

⊖ 首次发表于1970年9月《公共利益》(*The Public Interest*)。

排名"第二"的企业，力图在同第一波兼并浪潮中诞生的巨无霸的竞争中屹立不倒。虽然该时期兼并组建的大量企业（如通用汽车公司）后来也壮大为行业领导者，但防御型兼并导致美国主要产业的权力集中度下降，市场竞争更加活跃、更加平等。这一波兼并浪潮的结果往往是"寡头垄断"，但更常见的是打破"垄断"局面。

　　与20世纪20年代非常类似，当前正如火如荼开展的第三波兼并浪潮，其出发点也是防御型兼并。以铁路运输业的兼并为例，相关企业合并组建了宾州中央运输公司⊖，在芝加哥和西雅图之间的美国西北部铺设新铁路系统。这些铁路公司的兼并已有40年的历史，可以追溯至20年代的防御型兼并，这绝非巧合。20世纪40年代末50年代初，纽约大型银行之间的兼并（如大通银行⊜与曼哈顿银行⊜合并组建大通曼哈顿银行⊗，纽约国民城市银行⊗与纽约第一国民银行⊗合并组建纽约第一国民城市银行⊕，化学

⊖ 宾州中央运输公司（Penn-Central），美国铁路公司，1968年由宾夕法尼亚铁路公司和纽约中央铁路公司合并组建，1970年申请破产，成为当时美国历史上最大的破产案。——译者注

⊜ 大通银行（Chase Bank），此处是指大通国民银行（The Chase National Bank），1877年9月12日，由约翰·汤普森（John Thompson，1802—1891）组建，以美国第25任财政部长蔡斯（Salmon P. Chase，1808—1873）命名，1955年3月31日，与曼哈顿银行合并组建大通曼哈顿银行（The Chase Manhattan Bank）。——译者注

⊜ 曼哈顿银行（the Bank of Manhattan），纽约的一家银行和控股公司，1799年，由阿伦·伯尔（Aaron Burr，1756—1836）创办，1955年与大通国民银行合并。——译者注

⊗ 大通曼哈顿银行（Chase Manhattan Bank），1955年组建，1969年在大卫·洛克菲勒（David Rockefeller，1915—2017）的领导下成为银行控股公司大通曼哈顿公司的一部分，1996年被化学银行公司（Chemical Banking Corporation）兼并。——译者注

⊗ 纽约国民城市银行（National City Bank），花旗银行的前身，1812年6月16日，奥斯古德（Samuel Osgood，1747—1813）等人创立纽约城市银行（City Bank of New York），1865年改名为纽约国民城市银行，1955年兼并纽约第一国民银行。——译者注

⊗ 纽约第一国民银行（the First National Bank），1863年，由乔治·贝克（George F. Baker，1840—1931）等人创办，1955年被兼并。——译者注

⊕ 纽约第一国民城市银行（the First National City Bank of New York），1955年组建，1962年改名为第一国民城市银行（First National City Bank），1976年改名为花旗银行全国协会（Citibank，N. A.），1992年成为美国最大的银行，1993年改名为花旗银行联邦储蓄银行（Citibank，FSB）。——译者注

银行⊖与纽约信托公司⊜合并为纽约化学银行⊜）也属于防御型。兼并的结果是，纽约市的商业银行（以及国际性商业银行）竞争力大大增强。诚然，银行的数量减少了，但合并后的银行实力增强，更加积极地开拓新市场。过去20 年中发生的防御型兼并，与 20 世纪 20 年代的兼并一样，旨在创建规模足够大的企业，以适应国内外市场需求，参与全国性（对银行而言，就是国际性）竞争。制造业中也发生过多起此类兼并。例如，两家中型林产品企业冠军纸业公司和美国胶合板公司合并组建了一家产值达数十亿美元的大型企业，其产品涵盖木材、胶合板、高级纸张等林产品。不过，合并后的企业规模仍旧远远小于美国最大的造纸公司——国际纸业公司，该公司系由第二次世界大战前的多家公司合并组建。

多元化兼并

然而，第二次世界大战后的典型兼并，尤其是最近十年的案例，既不是 1900 年前后典型的进攻型兼并，也不是 1925 年前后典型的防御型兼并。

迄今为止，这一波浪潮中主要有两种不同的"典型"兼并。在早期阶段，也就是截至 1964 年左右，往往是一家明显并非行业领导者的公司，与另一家拥有完全不同业务的公司合并，这方面以国际电话电报公司为代表。

⊖ 化学银行（Chemical Bank），1824 年，由梅里克（Balthazar P. Melick，1770—1835）等人创建，20 世纪四五十年代进行了一系列合并，1959 年与纽约信托公司合并组建纽约化学银行。——译者注

⊜ 纽约信托公司（The New York Trust Company），1889 年成立，拥有大量的信托和批发银行业务，专门为大型工业账户提供服务，1959 年与化学银行合并为纽约化学银行。——译者注

⊜ 纽约化学银行（Chemical New York），1959 年组建，1968 年重组为纽约化学公司（Chemical New York Corporation），1988 年更名为化学银行公司（Chemical Banking Corporation），1996 年兼并大通曼哈顿银行，采用后者的名称，2000 年 12 月与 J. P. 摩根公司合并组建 J. P. 摩根大通公司。——译者注

起初，该公司经营美国以外（尤其是拉丁语系国家）的电话业务，并为相关企业制造电话设备。实际上，该公司最早是美国电话电报公司（即贝尔系统）的外国版。在过去的40年中，该公司或主动或被动地一步步脱离电话业务，成为一家全球性电子产品制造商，营业额异常庞大，但在每个市场或技术领域的排名，都居三四名开外。后来，在过去的10年或15年中，该公司通过兼并大量与主营业务无关的企业（至少乍一看是如此）不断扩张，其中包括安飞士租车公司、喜来登酒店、美国最大的房地产开发商莱维特父子公司，甚至还有大型意外保险公司——哈特福德火灾保险公司，当然，反垄断部门仍在试图阻止此次兼并。

在"通过兼并实现多元化"的类似案例中，主营管道和采暖设备但已陷入停滞的老牌大型企业美国标准公司，先是与生产铁路制动和信号设备但同样发展受阻的大型企业——西屋电气空气制动公司合并，后兼并主营银行安全设备的规模中等但发展快速的莫斯勒安全设备公司，再后来又兼并了加州的大型建筑商威廉·里昂公司，通过一系列兼并重组，该公司成为名副其实的"美国标准"。

在数百起多元化兼并中，其中两宗交易是该类型的最佳代表。一个是大型邮购和连锁企业蒙哥马利·沃德公司与美国集装箱公司合并，组建马可公司。另一个是美国第二大中期金融企业商业信贷公司与规模比IBM公司小得多却展现了电脑制造业巨大利润空间的控制资料公司合并。乍一看，蒙哥马利·沃德公司与美国集装箱公司没有任何共同之处，二者合并没有经济意义。然而，这两家公司都是所在行业的"竞争失败者"，虽然各自的营业额非常庞大，但不足各自行业领导者（西尔斯公司和美国制罐公司）的1/3。因此，两者各自面临的难题、机遇和战略决策可能彼此相似。同样地，生产大型电脑主机和向汽车购买者提供分期付款贷款似乎也没有共同之处。通常，客户租赁而不是购买大型电脑主机，成功的计算机制造商的核心难题是为客户提供用于租赁的资金。而金融公司，尤其是小规模弱势金融公司的核心难题是拥有可靠且稳定的高质量贷款客户。所以，尽管各自的业务内容相差很大，但彼此的需求却高度"匹配"。

收购型兼并

整个 20 世纪 60 年代，多元化兼并一直在如火如荼地开展，1964 年、1965 年达到顶峰。从那时起直到 5 年后的 1969 年，占据报纸头条的往往是不同类型的兼并，即"收购型兼并"。在这类兼并的案例中，被兼并企业的管理层往往不情愿，甚至坚决反对兼并，而兼并方则将前者的股东组织起来对抗管理层。且"兼并方"往往是一家规模小得多的企业，甚至与被兼并方属于完全不同的行业，是典型的鲁莽闯入者，几年前甚至还不存在。在多元化兼并中，双方能够实现相互"协同"，进而获得远超各自单打独斗带来的收益。但是，在收购型兼并中，兼并方以"资产管理"为口号，即通过财务管理实现股东收益的最大化。实际上，这种兼并与其说是不同企业的合并，不如说是一种政变。兼并方的领导人原本与目标公司没有任何利害关系，其行为宛如一名游击队长，唆使大型上市企业的外部股东驱逐原本地位牢固的"专业管理层"，最终得以鸠占鹊巢。那些比较成功的游击队长，能够以这种方式收购多家企业，往往空手套白狼，几年内就可以构建起"大型企业集团"，收入达数十亿美元。

若干家美国历史最悠久、声誉最卓著的企业，也在被收购之列，这些企业都由貌似地位牢固的"专业管理层"负责运营。其中包括两家全球最大规模的钢铁公司——琼斯 & 劳克林钢铁公司和杨斯顿钢铁公司，各自的销售额都在10 亿美元左右，二者分别被 LTV 公司和莱克斯兄弟汽船公司收购。LTV 公司由詹姆斯·凌创建并掌控，几年的时间内从一家小型电子产品商店发展为中型航空航天企业，销售额约为 1.6 亿美元。莱克斯兄弟汽船公司则是新奥尔良市的一家航运公司，在其 40 多年的历史中，营业额从未超过 7000 万美元。

在另一场斗争激烈的收购中，几年前还籍籍无名的 AMK 公司收购了波士顿历史悠久的联合水果公司——该公司的资产超过 4 亿美元，销售额也接近 4 亿美元。此次收购是 AMK 公司的第二次跃进。在几年前的第一次跃进中，AMK 公司收购了最古老的肉类加工商之一——莫雷尔公司，而 AMK公司原本不过是一家生产工业机械的小公司。联合水果公司的股东之所以支持收购者，并不是因为管理层的绩效不佳，而是由于管理层奋力扭转了不利局面，成功使得这家境况不佳的老牌企业枯木逢春，进而积累了大量现金。而最引人注目的是名不见经传的利斯科公司试图收购拥有 90 亿美元资产的美国第六大银行纽约化学银行。在 1966 年的金融手册中，利斯科公司甚至榜上无名，此次收购的两年前，该公司曾经尝试（尽管最终失败）收购另一家大型商业银行，而其所在的行业（毫无资本可言的小型电脑租赁业务）却是几年前才开始出现的。

因此，一种新型企业家群体逐渐涌现，他们不是"所有者"，但懂得如何动员大型上市公司的股东反对管理层。他们向股东承诺财务回报最大化，以"资产管理"的名义一次又一次地成功取代"专业管理层"。并且，他们的目标也不是任何意义的"多元化协同"，而是通过金融操纵手段构建基于财务控制的"企业集团"。

新成长型企业

然而，意义更加重大的或许是另一种发展趋势——新型企业家群体的涌现，该趋势之前从未与兼并潮同时出现。新型企业家的人数要超过资产管理者，虽然该趋势既不丰富多彩也不波澜壮阔，但更加合理。正是这些新型企业家，创建了大量新成长型企业。当然，这些企业正处于起步阶段，一开始都从事成长型业务，能够从资本市场获得大量融资。1965～1969 年，每年都有 8000～10 000 家新成长型企业诞生。许多新型企业家甚至在业务尚未开展、首件产品尚未上市或首张订单尚未完成时，就已经从资本市场获得了上百万美元的投资。一两年后，多数新企业家又会回到资本市场，再次募集一大笔资金，少则上百万美元，多则上千万美元。这些公司的规模依旧足够小，投资者（包括证券法中所谓"老练的投资者"，主要是指那些投资机构）也足够少，因此无须向证券交易委员会注册其证券。然而，它们的规模也已经足够大，需要向委员会通报自身的存在。在过去的 5 年中，这些新成长型企业总共每年向"老练的投资者"募集高达 50 亿～100 亿美元的资金。

多数非金融专业的读者可能会说，这些都是"科技"公司。确实，20 世纪 50 年代在波士顿 128 号公路⊖周边或旧金山南部半岛⊜上兴起的科技公司是先行者。然而，尽管"学习型"或计算机应用类新型科技公司在 60 年代遍地开花，但它们只占总数的一小部分。老练的投资者竞购的"魅力股"还包括特许经营餐厅、杂志和图书出版商、疗养院和医院、装配式住宅和拖车住房制造商等。

部分新成长型企业甚至属于金融业，既可能位于华尔街，又可能是投资信托基金。其中帝杰公司⊜是迄今最早、最成功的新型金融企业。该公司由一群年轻的商学院毕业生创办于 10 年前，到 1969 年已成为在纽约证券交

⊖ 波士顿 128 号公路（Boston on Route 128），美国马萨诸塞州的高速公路，1951 年开通第一段，20 世纪 60～80 年代，公路周边涌现出大量高科技企业，多数由麻省理工学院的毕业生创办。——译者注

⊜ 旧金山南部半岛（the Peninsula South of San Francisco），美国旧金山湾区的一个半岛，分隔旧金山湾与太平洋，常简称为"半岛"（The Peninsula），是硅谷的一部分。——译者注

⊜ 帝杰公司（Donaldson, Lufkin & Jenrette），1959 年，由唐纳森（William H. Donaldson）、杰瑞特（Richard H. Jenrette，1929—2018）等人创建，2000 年被瑞士信贷集团（Credit Suisse）收购。——译者注

易所（以下简称"纽交所"）上市的第七大公司。30年前，富兰克林·罗斯福总统在联邦政府的全力支持下未能实现的目标，该公司却单枪匹马地做到了：迫使纽交所不再是"私人俱乐部"。帝杰公司1969年的资本规模远超过自身的资本基础，声称除非被允许向公众出售股份，否则将退出纽交所（原先的规定实际上对纽交所上市公司的投资进行了严格限制，只允许富有的个人投资），当时该公司已经变得非常重要，足以迫使纽交所做出让步。1970年4月，帝杰公司通过向公众出售股票募集了1200万美元的资金。

虽然在这些新成长型美国企业中，很少能够与第二次世界大战后迅速成长的施乐公司相提并论（该公司的销售额，1950年只有区区100万美元，1960年时仍旧不到5000万美元，1969年却飙升到15亿美元），但其中有大量新成长型企业在短短时间内发展至相当可观的中等规模，销售额居于5000万～7000万美元，少数甚至达到了1亿美元。更多新成长型企业的规模已经足够大，创始人能够通过将其出售给致力于"多元化"的老牌企业（往往趋于保守，活力不足）获得丰厚的资本收益。或者，在少数情况下，新型企业的创始人能够凭借自己的能力成为"收购型企业家"。自从安德鲁·杰克逊⊖时代的铁路和银行井喷式发展以来，类似的新成长型企业集中涌现的情况尚属首次，并且它们从起步阶段就得到了广泛的、大量的资金支持。

"不可能的"发展

根据所谓"众所周知"的美国经济结构，收购型兼并和新成长型企业都

⊖ 安德鲁·杰克逊（Andrew Jackson，1767—1845），美国第7任总统（1829—1836），民主党的创建人之一，以杰克逊式民主著称，在经济领域进行反银行斗争，在政治领域开创政党分肥制。——译者注

不可能出现。显然，这表明实际发展趋势与先入为主的武断认识之间存在严重偏差。而实际发展趋势很快就全面显现出来。

1967 年是收购型兼并井喷式增长的一年，也是资本市场上出现"新成长型企业"数量最多的一年。然而就在这一年，美国著名学者、经济学家加尔布雷思的《新工业国》成为有史以来最畅销的著作。该书的中心论点有两个：一是大企业中的专业管理层地位牢固，不容挑战，更不可能被从内部或外部推翻。分散的"公众"股东被完全剥夺了相关权利，以至于管理层不需要，甚至没必要以利润最大化为目标，就能够轻松惬意地运营企业，并永久掌权。二是在大企业掌控市场（商品市场和资本市场）的经济中，小规模的新企业必然难以发展壮大，甚至根本无法立足。

该书表明加尔布雷思不再是创新者和打破旧习的人，也没有表现出早期作品中常见的对传统观念的反思，其论点与出版时的现实存在巨大的反差。无论加尔布雷思多么滔滔雄辩，《新工业国》宣扬的都是关于美国经济结构最常规、最广为接受的观点。实际上，这些观点最早出现于第一次世界大战之前，由美国制度经济学之父约翰·康芒斯⊖提出。当然，康芒斯的观点为凡勃伦⊜第一次世界大战期间出版的著作⊜奠定了基础。1932 年伯利和米恩

⊖　约翰·康芒斯（John R. Commons，1862—1945），制度经济学的开创者之一，从法学、伦理学、社会学、政治学等角度研究经济问题，是进步主义运动的重要人物，代表作《制度经济学》(Institutional Economics)。——译者注

⊜　托尔斯坦·凡勃伦（Thorstein Veblen，1857—1929），美国经济学家，主张制度必须不断变革才能适应现实需要，工程师和技术人员建立在机器生产过程基础上的有序理性同股东和经营者追逐利润之间存在深刻冲突，代表作《有闲阶级论》(The Theory of the Leisure Class)。——译者注

⊜　第一次世界大战期间，凡勃伦出版的著作包括：1914 年的《手艺本能与工艺现状》(The Instinct of Workmanship and the State of the Industrial Arts)、1915 年的《德意志帝国与工业革命》(Imperial Germany and the Industrial Revolution)、1917 年的《和平的本质及其永存的条件》(An Inquiry into the Nature of Peace and the Terms of Its Perpetuation)、1918 年的《学与商的博弈：论美国高等教育》(The Higher Learning in America: A Memorandum on the Conduct of Universities by Business Men)。——译者注

斯出版了有关美国企业结构的经典著作——《现代公司与私有财产》，系统地阐述了前述论点。詹姆斯·伯纳姆于1941年出版的《管理革命》、我在1946年出版的《公司的概念》和1950年出版的《新社会》重述了该观点，并在过去的25年中，以特有的方式引发了人们对美国企业本身及其研究的巨大兴趣。换言之，至少在《新工业国》中，加尔布雷思阐述的观点是老生常谈。但这也使人们更加清楚地看到，过去几年中，美国经济的结构一定发生了重大变化。

事实上，即使多元化兼并也不能真正与被人们广泛接受的"管理主义"学说共存。该学说声称，大型上市公司中地位稳固的管理层压根不需要外部金融市场。根据过去40年的经验，组织健全的大型企业能够通过"留存收益"为自身融资。无疑，如果该观点成立，那么多元化兼并就不会发生，也不可能发生。"管理主义"学说还认为，大型企业不必在管理层中间开展竞争，管理层可以长期占据现有职位，并且平庸之人也能够轻松胜任。在多元化兼并中会有一位高管自愿让位，因为显然新组建的企业只需要一位高管。然而事实上，如果首先能够不受股东控制，继而能为自己提供获得成功所需的资源，那么就没有哪位高管会主动让贤。确实，在这样的情况下，从没有人这样做过。

与以往的防御型兼并不同，多元化兼并不能提高一家公司在产品市场或生产效率方面的竞争力。那些显然管理状况非常良好的企业（例如，商业信贷公司、控制资料公司、蒙哥马利·沃德公司、美国集装箱公司、喜来登酒店、美国标准公司、西屋电气空气制动公司）有意愿，甚至非常渴望兼并的唯一解释是，它们自身面临着难以承受的压力，也就是说，无法掌握足以维持生存的资源，无法仅凭自身规模庞大、组织健全就能够培育这些资源。如同收购型兼并和新成长型企业，多元化兼并是一种地震扰动，表明在经济的表象背后发生了若干重大的结构性转变。

跨国企业崛起

最近几年，经济结构发生的重大变化，也同样被某些人认为"不可能发生"。15 年前，除了少数几家美国大型企业之外，其他企业的地理分布都完全位于美国境内（或至少位于"北美"，即在加拿大设有分公司）。今天，绝大多数大型制造企业都是"跨国公司"，20%～50% 的产品在美国境外制造。确实，就像塞尔旺－施赖贝尔在《美国的挑战》（紧随加尔布雷思的《新工业国》，该书是 1968 年国际经济学领域的畅销书）中指出的，设在西欧国家的美国企业是世界第三大工业势力，产能超过日本和联邦德国，仅次于美国和苏联。而且，上述"跨国"趋势并不局限于制造业。如今，美国大型银行（如美国银行、第一国民城市银行、大通曼哈顿银行等）国外业务的占比要高于多数跨国制造业公司。而且，几家著名的证券交易商（如怀特—魏尔德公司）也都是名副其实的跨国企业，已成为西欧国家资本市场上的主要承销商。此外还有在美国境外注册，但由美国人管理，并且根据法律规定只能与非美国人开展业务的"离岸"投资信托基金。其中一家是费城的一名前社会工作者伯纳德·科恩费尔德于 1956 年创办的海外投资者服务公司，到 1969 年年底，该公司已经积累了近 25 亿美元资产，成为多个西欧和拉美国家主要的资产管理公司。

跨国企业的发展始于美国，在刚开始的几年，"跨国的"是"总部在美国的"同义词。然而，到了 1965 年左右，跨国化发展的企业才成为真正的跨国企业。近几年，瑞典企业的跨国化发展速度最快。如今，瑞典制造企业 2/3 的工人位于国外，而在短短几年前，这一数字是 1/10。紧随其后是日本，该国企业在 1968 年前后开始纷纷走出国门。日本版的《华尔街日报》——《东方经济学人》，每一期都会报道日本企业在国外新设制造厂、与国外企业合资建厂、在国外设立子公司的情况。跨国化发展趋势异常广泛而彻底，以至于国际商会⊖经济学家波尔克提出，我们应该用生产要素的国际分配新理论来取代论述"生产成果的国际分配"的旧国际贸易理论。另一位观察家，宾夕法尼亚大学的波尔马克教授预计，到 1985 年左右，全球大部分制造业的产品将由 300 家世界级企业供给，它们的生产线遍及所有主要国家，实行跨国管理，所有权掌握在所有主要国家的股东手中。

　　在过去 5 年中，总部位于美国的跨国公司，在国外的产量已经增加了超过一半。而 5 年前，每位经济学家都"知道"，美国跨国公司的扩张已经停止，事实上，正在急剧收缩。因为在 1965 年，联邦政府禁止基金向国外（尤其是发达国家，但加拿大和日本除外）的美国跨国企业进一步投资。这么做的公开借口是美国担忧自身的国际收支平衡，而背后的真正原因当然是为了安抚西欧盟友，尤其是法国总统戴高乐⊖，他公开抱怨美国正使用自身的赤字买下西欧经济。该项禁令受到严格监管，并得到了忠实执行。然而自 1965 年以来，美国跨国公司在西欧各国的投资每年仍在增长。原因很简单，美国联邦政府从未资助跨国公司在西欧的收购和开展新业务，而西欧各国政府却一直都在这么做。这些国家的政府在各自有限的国内市场上将持有的本国公司股份换为世界级跨国公司的股份。实际上，在过去的 10 年中，无论是通过创办新企业还是收购现有的西欧企业，美国跨国公司对西欧产业的投资额，都要少于（少 10 亿～20 亿美元）西欧各国对美国跨国公司股份的投资。结果导致，总体来看，西欧各国现在拥有的主要美国企业的数量（某些情况下可能高达 20%）可能与美国企业拥有的主要西欧企业一样多。迄今为

⊖　国际商会（International Chamber of Commerce），1919 年，由一批企业家创建于巴黎，旨在制定规则、解决争端、倡导政策，是当今世界规模最大、最具代表性的商业组织。——译者注

⊖　戴高乐（de Gaulle，1890—1970），法国总统（1959—1969），第二次世界大战期间领导自由法国运动，1958 年主导制定新宪法，成立第五共和国，坚持泛欧主义外交，扩大法国的影响力，退出北约，反对英国加入欧共体。——译者注

止，这一点尚无人关注。但可以预计，美国人很快就会意识到这一点，到时候恐怕"外国主导美国产业"会成为美国的政治辩论议题，这与"美国主导法国（德国、英国、意大利、荷兰或其他国家）产业"会成为西欧各国的政治辩论议题如出一辙。

瑞典和日本的例子更加令人吃惊。两国政府一直对海外投资实行最严格的控制，禁止企业向海外的制造工厂投资，甚至干脆使它们无法获得相应的资金。换句话说，这两个国家的跨国企业也得到了跨国投资者（尤其是投资所在国的投资者）的支持，后者用自己持有的当地企业所有权交换跨国企业的所有权。

犹如收购浪潮或新成长型企业的涌现与"管理主义"教条不相符，这一切也违背了国际经济理论的"真理"。不仅仅是凯恩斯理论预设了民族国家在财政和金融方面的主权，过去 50 年所有的经济理论都持有该立场。但是，最强大的国家（美国）一行使该主权，"欧洲美元市场"就毫无征兆地出现了，西欧人以此将资本注入美国跨国公司，击败了美国政府和他们各自的本国政府。

在一定程度上，可以说新一轮兼并潮，无论是多元化还是收购型，都只是"暂时现象"，并且其中许多操作既不健全也不可取。也可以说，新成长型企业可能不过是股市繁荣时期的泡沫。甚至还可以说（正如戴高乐将军的所作所为），跨国企业是一种令人憎恶的事物，公然违背了政治和历史的永恒真理。确实，几乎毫无疑问，非常多的大型企业集团的组建过程都存在种种问题，是金融花招和"资产开发"（而非"资产管理"）的结果。股票被"老练的投资者"抢购一空的大量新成长型企业，必然是一时追风的产物，除了种种愚蠢行为之外再无其他。一个人不必是一名极端民族主义者，就能够看出跨国公司带来的一系列真正问题。跨国公司的收入高于许多其运营所在国的国民收入，出台决策的跨国公司总部远离依赖它们的国家，远远超出了这些国家政府的管辖范围。

过去 10 年的前述发展趋势可能不是每个人都喜欢，也不是所有发展趋势都是可取的或健康的，并且不是所有结果都是可持续的，但这并不能改变已经发生的事实。这些已经发生，并且从根本上影响了国内（每个发达国家）和国际的经济结构。无论是否喜欢前述发展趋势（我个人对此持保留态度），我们必须思考其原因所在。而且，我们必须假定，这些影响深远的变化（这严重违背我们熟知的该领域"知识"）必然有其经济结构和社会结构方面的深层原因。

二

我认为，过去 10 年的发展是对两个新出现的"大众市场"（一个是资本和投资的大众市场，另一个是为受过高等教育的知识工作者服务的职业大众市场）的最初回应。如同所有其他最初回应，该回应同样可能是错误的，或者最好的情况下也是不充分的，但它们毕竟是对真正的新挑战的回应，而且挑战将不会消失。

无论结构或发展水平如何，每个经济体都具有三个维度：第一个维度涉及商品和服务、产品、分配、消费，是"当下"经济；第二个维度涉及给未来配置资源，处理的是资本形成和投资问题；第三个维度则涉及工作、就业、职业。

在经济运行的上述每个维度上，任何发展水平的经济都需要以某种方式配置资源。

但只有当经济体发展到一定水平时（每个维度的生产都已经不再仅仅为了维持生计），选择才会开始变得重要。只有这时，区分"市场"和"计划"才有意义。只有当一个地区有足够供给让大量人员做出有意义的选择时，

"大众市场"才能形成。

关于第一个维度（即商品和服务的生产与消费）的大众市场，直到大约
200 年前，世界上任何一个国家都尚未实现。实现该维度的大众市场，恰
恰就是经济史教科书中所谓 18 世纪早期"商业革命"的本质。当然，直到
拿破仑战争前，商业革命仅仅局限于英格兰和低地国家◯。甚至即使在英格
兰，直到进入 19 世纪多年之后（即由于标准面包价格波动，导致 1846 年
《谷物法》◯被废除时期），普通人的福利水平依旧没有达到实现大众市场所
需的高度。换言之，即使在英格兰，直到进入 19 世纪很长时间之后，多数
普通人依旧不能自由地选择商品和服务，大众市场尚未形成。他们的生活依
旧取决于供给而非选择。顺便提一下，在日本，直到第一次世界大战时期，
单位稻米价格仍旧是衡量经济福利的标准。

在 18 世纪，商品和服务大众市场的出现是作为一门学科的经济学得以
形成的原因。因为除非人们能够做出有意义的选择，否则就不会有经济学。

但早期经济学（古典经济学、新古典经济学、马克思主义经济学）都没
有形成关于货币、资本和投资的系统理论，更不用说工作和就业的系统理论
了。因为这两个维度的供给水平，只有最低限度的发展，尚未达到做出有意
义选择的程度，所以没有产生对这两种理论的需求。多个世纪以来，信贷市
场一直存在，最早可以追溯至中世纪晚期的大型定期集市。尽管如此，直到
20 世纪 30 年代早期，我作为一名年轻的投资银行家在伦敦谋生时，虽然伦
敦是当时公认的世界金融之都，经济发展水平首屈一指，但不言而喻的是，
每三四百人中依然找不出一人在金融必需品、人寿保险、住房抵押贷款之外
尚有存款进行其他投资。换言之，直到 1930 年，即使在高度发达的经济体

　　◯　低地国家（Low Countries），位于西欧北海沿岸的国家，领土海拔一般略高于海平面，有
　　　　些地区甚至低于海平面，一般认为包括比利时、荷兰、卢森堡。——译者注
　　◯　《谷物法》(Corn Laws)，1815~1846 年，为保持粮食高价，英国政府对进口食品和谷物征
　　　　收关税及实施其他贸易限制的法律，是英国重商主义政策的代表性法律。——译者注

系中，多数普通人的资本和投资仍旧取决于可得供给，而非任何有实质意义的选择性配置。并且，所有早期经济理论（从亚当·斯密、卡尔·马克思到19世纪末20世纪初的艾尔弗雷德·马歇尔⊖）本质上都假定工作岗位比劳动力供给稀缺。无论是马克思的"工资铁律"⊜，还是更加精致但本质上完全相同的"边际效用"方程，都持这种观点。

在整个19世纪，经济学认为资本和劳动力取决于"实体"经济，也就是商品和服务的经济，二者缺乏独立地位，没有单独的动力机制。

凯恩斯的贡献

从这个角度看，在凯恩斯20世纪30年代初的著作中发展至顶峰的货币经济学，显示出一个重大的结构性变化：经济的资本和投资维度已出现并发展为真正的市场体系，其中大量的人可以进行选择。对于凯恩斯甚至当今米尔顿·弗里德曼⊜等后凯恩斯学者来说，资本和投资维度才是"实体"经济，商品和服务依赖于资本与投资，这就如同之前的经济学理论认为资本和投资依赖商品与服务维度一样。

当凯恩斯在20世纪30年代初出版他的划时代著作⑭时，尽管资本和投

⊖　艾尔弗雷德·马歇尔（Alfred Marshall，1842—1924），英国新古典经济学的奠基人之一，经济学"边际革命"的重要推动者之一，主张把供给与需求、边际效用与生产成本概念结合在一起，提高了经济学的数学化程度，代表作《经济学原理》（*Principles of Economics*）。——译者注

⊜　工资铁律（the iron law of wages），关于劳动市场的经济学定律，认为工资长期接近于仅可维持工人生活所需的最低工资额，理论基础是马尔萨斯（Malthus，1766—1834）的人口学说和李嘉图的政治经济学理论。——译者注

⊜　米尔顿·弗里德曼（Milton Friedman，1912—2006），美国经济学家、货币学派代表人物，1976年获得诺贝尔经济学奖，关于货币、税收、私有化、放松管制的观点对政府政策产生了实质性影响，代表作《美国货币史：1867—1960》（*A Monetary History of the United States*, 1867-1960）。——译者注

⑭　凯恩斯于1930年出版了《货币论》（*A Treatise on Money*），1931年出版了《金本位制的终结》（*The End of the Gold Standard*）。——译者注

资维度的规模要比几十年前大得多，但很大程度上仍旧是小部分人的"专业化大众市场"。1945 年左右，当纽交所宣布其目标是"大众持股"时，是指力图把股东在美国人口中的比例从 1% 提高到 3% 或 4%。当前，该比例已经不低于 80%。在美国，资本并没有被"国有化"，却已经实现了"社会化"。今天，绝大多数美国人通过金融中介机构（最重要的是共同基金和养老基金）掌握"生产资料"，成为真正的"资本家"。可以说，这些机构是为无数金融消费者服务的"专业买家"，正是证券交易委员会和证券交易所所谓的"老练的投资者"。到 1969 年年底，金融中介机构掌握了美国企业 45%～50% 的产权资本。结果导致，美国金融资本所有权分配的平等（或不平等）程度，大致与 20 世纪 20 年代初首次"大众消费"热潮中商品和服务消费的分配相同。富人，即占总人口 20% 的最富有的人，可能仍掌握或控制着美国企业超过 40% 的股权。穷人，即占总人口 10% 的底层人口，当然根本不掌握任何产权资本。中产阶层，即占总人口 70% 的中间人口，直接或通过金融中介机构间接掌握大约 50% 的金融资产。顺便说一下，其余金融资产大部分由外资掌握，并且主要也由相关机构持有。

美国大学教师的养老基金（教师退休基金⊖）就是这种高速发展趋势的典型代表。该机构管理着 30 万人（大部分是私立学院和大学的教师，同时州立和城市学院教师的人数也在增长）的退休基金。成立于 20 世纪 20 年代初的教师退休基金，用了 50 年的时间发展为拥有 25 亿美元的传统养老基金，主要投资于债券、抵押贷款和其他传统的人寿保险。后来，不到 20 年前的 1952 年⊜，该基金推出大学退休教师股权基金（一种普通股共同基金）⊜，

⊖　美国教师退休基金（TIAA），1918 年由卡内基教学促进基金会创立，为教授提供全额退休金的制度，保守的投资行为助其挺过了 1929 年的股市崩溃和经济大萧条，至 2017 年年底已遍布 50 余个国家。——译者注

⊜　此文最初发表于 1970 年，所以作者用了不到 20 年的说法。——译者注

⊜　大学退休教师股权基金（College Retirement Equity Fund），美国教师退休基金推出的一种开放式可变年金股权共同基金，在世界各国的公共股票市场进行投资。——译者注

并开始提供给有权分享收益的大学教师。现在，大学退休教师股权基金管理着远超过 10 亿美元的普通股投资组合，附带说一句，它仍旧属于中型而不是大型的投资组合管理基金。并且，几乎所有传统的固定支付养老基金参与者，都已通过大学退休教师股权基金成为普通股投资者。

人们很少了解的是，这不仅仅是投资者人数的增加，也是投资者性质的变化。他们不是"资本家"，而是"投资者"。他们的主要经济收入不是来自投资，而是源于自身的工作所得。可以说，他们用于经济领域投资的只是"额外的"资金，并不全依赖于此。因此，他们能够承受经济风险。事实上，这些人最理性的经济行为是成为一名"投机者"，也就是说，投资是为了获得资本收益，而非收入和保障。年收入在 8000～20 000 美元的中等阶层，或许最关注的是美国急剧累进的所得税负担，而且因为他们的收入主要源于工资和薪水，所以最不可能通过税收漏洞和减免来减轻负担。因此，源于投资的额外收入对该状况几乎没有影响。从该群体的实际收入衡量，资本增值带来的收入有可能会达到其他收入的两倍。并且，该阶层实际上成为当今股东中的多数，异常乐意接受"资产管理"和"股东投资价值最大化"的承诺。为了获得资本收益和"资产最大化"，他们非常愿意承担相当大的风险。

乍一看，该结论似乎不适用于上述新投资者中的一大部分——养老基金。传统上，如果仅仅由于养老基金未来必然需要一份收入来支付给养老金领取人，那么它们就一直是极端保守的投资者。但是今天的养老基金，尤其是工业养老基金建立的方式决定了唯一可以预测的是，未来所需的收入不能仅从当前缴付的资金中获得，而必须辅以非常可观的资本收益。首先，典型的美国养老金计划将个人的养老金建立在其本人工作生涯最后 5 年（薪水稳步上涨的时期）收入的基础上。这意味着基于当前的平均薪资向养老基金缴费，将不足以支付未来的养老金需求。此外，越来越多的养老基金正根据生活成本的变化和在职人员的薪资水平进行追溯性调整。所以，在薪资和通胀导致物价上涨的时期，未来的养老金负债必然大大超过当前所能提供的缴费。为了履行就业和劳动合同规定的责任，养老基金就不得不为获得资本收益进行投资。经济的通胀压力越大，"投机"行为就越会成为养老基金唯一真正"保守"的行为，而过去常常被认为是保守的行为，却被视为鲁莽甚至是不负责任的"投机"行为。当今典型的养老基金唯一有希望履行自身义务的方式就是投资于增长的资本市场以获取收益，唯一可能忠于信托的方式是支持"资产管理"。

因此，关于"绩效"或"价值"的含义，在资本和投资领域的新兴大众市场上，必然与传统的资本家或职业经理人所认为的截然不同。从传统角度来看，上述新的预期可能仅仅是一种猜测，但它们反映了新兴金融大众消费者（受雇的中产阶层）的经济现实。该阶层或许不切实际，但是非常理性。

职业大众市场

虽然迄今为止公众很少意识到，但从长远来看，或许更加重要的是受过高等教育的知识工作者，也就是大学毕业生大众就业市场的出现。仅仅 40 年前，也就是经济大萧条⊖之前，很少有因为把知识运用到工作中而真正获得报酬的职业。从本质上说，只有牧师、教师、医生、律师等古老的职业能够用到知识。20 世纪初，工程师职业加入该行列。20 世纪 20 年代，华尔街的公司雇用耶鲁大学毕业生担任债券推销员，看中的并非他们的知识，而是其社会关系。

自 20 世纪 20 年代以来，受过高等教育并准备从事知识性工作的人口数量增长了近 20 倍。相比之下，他们的就业和职业机会增加得更快。过去 10

⊖ 经济大萧条（Great Depression），特指 1929 年始于美国，蔓延至全世界的经济大危机，此次危机给世界各国的经济、政治、文化等领域带来了深远的影响。——译者注

年中，这类人的职业机会几乎是无限的。实际上，现在的年轻人不得不选择这类职业，同时又得不到任何有用的信息，这必然是校园骚乱的重要促进因素。毫不夸张地说，年轻人在这些机会面前几乎手足无措，纷纷喊叫："带上我！"

真正能够选择就业和工作的市场刚刚形成，以至于迄今尚未有人创立关于真正的"就业市场"的经济理论。但已经出现的第一个迹象表明，原先的旧假设正在被经济学家抛弃。在过去的 10 年中，"菲利普斯曲线"⊖在经济分析中获得越来越多的应用。该曲线以其发现者（一位英联邦经济学家）的名字命名，描述通货膨胀与就业之间的关系，试图确定为避免通胀压力所需的最低失业率。换言之，菲利普斯曲线假定经济的"常态"是人的稀缺而不是工作岗位的不足，认为劳动力市场绝不是商品和服务市场、货币和资本市场的必然结果，而是塑造整体经济和其他两个维度的主要力量，这显然不同于以前的经济理论。但这仅仅是个开始。迄今为止，还没有任何迹象表明出现了关于工作、就业、职业市场的全面经济理论，更谈不上与包罗万象的凯恩斯模型相媲美的理论。

70 年前，无疑多数美国人没有机会选择自己的职业，如今许多欠发达国家依旧如此。那时，即使在工作机会多而求职者不足的地区，年轻人所得的工作机会及终生职业，在很大程度上取决于父亲的职业和家庭的经济条件。对大多数人而言，这意味着子承父业；当然，在多数情况下，儿子继承的是父亲的农场。只有少数非常有天赋、运气好且有抱负的年轻人能够突破该模式，虽然美国人的职业流动性往往比其他国家更高，但即使在美国这种

⊖ 菲利普斯曲线（Phillips curve），新西兰统计学家威廉·菲利普斯（A.W. Phillips, 1914—1975）于 1958 年根据英国 1861~1957 年的总体经济数据，画出的一条表现通胀与失业率关系的曲线，表明通胀率与失业率存在交替关系，通胀率高时，失业率低；通胀率低时，失业率高。——译者注

情况也不多见。

今天，无论教育机会的分配多么不平等，多数年轻人都可以接受高等教育，随之而来的是有机会自主流动，做出有意义的职业选择。

同样，这种转变更加侧重质而不是量，包括从"找工作"转变为"期望的职业"，从"谋生"转变为"想要做贡献"。在 20 世纪 20 年代中期的经济繁荣时期，劳动力短缺，早期人事管理者撰写的员工教育手册往往以下述问题开始："工作对你的要求是什么？"如今，招聘手册开头的问题往往是："你对本公司的要求是什么？"即使在早期经济最繁荣的时期，人们也认为是人在求职。而现在，人们往往认为是工作岗位在寻觅所需的人才，所以越来越需要满足知识工作者的价值观、要求、期望、心愿等。当然，年轻的知识工作者也是新兴资本大众市场上典型的"投资者"。在很大程度上，这一点就能够解释，为什么许多观察家，尤其是老派商人认为其行为完全矛盾，甚至明显虚伪。因为他们一方面大声宣称自己的"理想主义"和对"做贡献的职业"的需求；另一方面，扭过头来就会询问公司的招聘人员："我能得到多少股份？值多少钱？"但考虑到知识工作者面临的实际情况，他们的这两种期望并不矛盾，至少在多数人身上能够和谐共存。

在过去几年中，我们多次被告知大学教师不再"忠"于所在的大学，而是献身于自身的"职业"或"学科"。实际上，当今所有的知识工作者都是如此。他们已经将注意力从"工作"转移到"职业"。年轻教师只不过是其中表现最为突出的，或许也是埋头著书立说的学者中最为显眼的。

但要想看到该变化的全部影响，我们最好把目光从美国转移到日本。在那里，流动也已被视作理所当然，远远超出了其实际影响范围。这是因为在日本，尤其是对于专业人员和管理人员来说，一份工作一直意味着"终身雇用"。可以说，年轻的大学毕业生犹如被一个"宗族（可能是政府部门，也可能是企业或大学）收养"，自然而然地在那里度过整个余生。无论是主动离职还是被迫辞退，都受到严格限制。员工离职的正当理由只有一个，那就是接掌自己年迈或生病父亲的生意。当然，员工如果做出严重的不当行为或违法犯罪，也会被辞退。虽然上述仍旧是日本人的正式准则，但受过高等教育的年轻人往往不再遵循。实际上，他们的确期望所加入的组织能够终身雇用自己。但他们自己越来越要求拥有跳槽的权利——当然要适度。他们越来越期望（这更像是一种创新）一种与自身的教育和职业资格相适应的"职业阶梯"，而不再是根据资历晋升。索尼是最早做到这一点的日本公司。该公司巧妙地将日本传统观念与年轻知识工作者的新价值观糅合在一起，既为有需求的人提供了终身雇用的保障，又为希望摆脱原先雇主的人提供了开放的雇佣政策。同时，索尼还根据职业资格和个人选择，将薪酬、代表资历的头衔与工作分配、职业阶梯相结合。索尼公司虽然起步较晚，但能够在整个日本"既得利益集团"的坚决抵制下逆势成长，并取得巨大成功，或许"秘密"正在于此。西方人能够从这个例子中学到许多宝贵经验。

最初的回应

美国国内和国际经济的结构性变化，可以被理解为是对上述新兴投资和职业大众市场的需求和价值观的最初回应。

多元化兼并是防御型回应，旨在加强相关企业在两个新兴大众市场中日益削弱的竞争地位。从本质上讲，本次兼并浪潮与20世纪20年代没有什么不同，唯一的区别在于，原本彼此独立的公司之所以付出沉重的代价在管理和竞争方面联合，现在是因为自身在资本和职业市场上的落伍和疲态，20年代则是因为在商品和服务市场上的表现差强人意。这些兼并开展时相关企业发布的公开声明非常清楚地表明了这一点。相关企业之所以进行兼并重组，是因为预期合并后具备"更强的筹资能力""更高的借款限额""更大的股东价值"，还包括预期"为本公司的经理人提供更多的职业机会"或"为本公司的年轻人提供更大的发展空间"等。确实，从两种新市场的合理性来看，企业通过"留存收益"为自身融资，是一个重大缺陷而非优势。该状况并不意味着企业自身高枕无忧，反而表明各项业务处于停滞状态。这种企业可能会给所有者创造收入，但并不会带来资本增长；可能会为中年职能部门领导者提供工作岗位，但不会为年轻的知识工作者创造机会和职业前景（更不用提诱人的股票期权了）。当然，也有大量多元化兼并给双方带来的益处仅仅流于表面。与兼并前各企业单独的业务相比，组建的某些新公司只是做派更加顽固、官僚作风更加严重、业务更加僵化罢了。但也有许多其他案例表明，多元化兼并确实具备兼并公告中提及的"协同效应"，但这种协同往往限于新公司在新兴大众市场上的绩效规模和能力，而非在传统商品和服务市场上的表现。

相比之下，收购型兼并组建的"企业集团"是对新兴大众市场的现实和需求的进攻性回应。"资产管理"只不过是"产品"设计的另一个说法，该产品符合新型投资者及新型投资机构的价值观和需求。资产管理的目标旨在通过剥离过时的、低效的老部门，增加能够快速成长的新部门，最终提高企业的价值。实际上，通过收购和金融操纵建立企业集团的人，以专家身份向新型投资者展示了自己在最短时间内获得最大资本收益的能力，并承诺未来每年都将继续获得资本收益，实现资产增值。这些人明白，新型投资者相信自己能够承担风险，也确实愿意承担风险。这些大型企业集团的组建者明白，起码在当前时期，"盈利率"（过去常常用来表示"资本收益"）如今已经变成新型投资者的"市盈率"。

同时，虽然绝未达到同样的程度，但收购型兼并也将职业大众市场"打包"在内。例如，收购型兼并以股票期权的形式为少数承担高风险的人提供了获得巨大收益的机会，对大量年轻人产生了吸引力，他们当前在组织健全、历史悠久、稳定的企业有一份"工作"而非"职业"，很少有机会成为企业家。

同样（实际上不止于此），新型企业家及其新成长型企业也代表着对两个新兴大众市场的需求和价值观的回应，吸引了新兴资本市场上偏好和价值观截然不同的两类"消费者"。首先，他们销售给老练的投资者，也就是那些新兴金融消费者的基金经理，承诺能够快速增长，并且价值也能大幅提升。其次，许多新型企业家认识到，组织健全但在规模方面成长机会有限的大企业也可以付出很高代价提升自身的"魅力"（即上马增长潜力巨大的小规模业务），以提高自身在新兴大众市场上的竞争力。因此，在许多情况下，他们的整个战略都建立在一旦开始盈利，就将企业卖给一家"巨人"的基础之上。

重要的是，新型企业家代表了对新兴职业大众市场的回应。通常情况下，他们不招聘应届毕业生，而是坐收其他企业培训的成果。他们配备的人才（加盟业主、行政人员、编辑、研究经理、投资专家等）所在的关键职位，往往并非这些人的第一份工作。不论是在产业界、政府，还是大学，都有许多诱人的职业机会。无疑，原先的雇主提供的工作，在安全、社保以及薪资方面，不能满足不断增长的大量求职者的需求。

跨国企业和离岸投资信托公司的发展壮大表明，上述两种新兴大众市场并不局限于美国，而是不同程度上在所有发达国家都存在。犹如多元化兼并、收购型兼并为新兴美国投资者提供一揽子投资，总部在美国的跨国企业利用西欧资本收购西欧企业，也为新兴外国投资者提供了一揽子投资。在多数西欧国家，证券市场受到严格管制，流动性不足，上述投资行为给了西欧投资者获得资本收益的机会，使他们的投资具备了市场竞争力。或许最重要的是，该行为要求西欧投资者公开披露业绩和成果（早在 20 世纪 30 年代，美国的证券立法最早要求美国企业做到这一点），所以老练的投资者，尤其是受托管理其他人资金的金融中介机构，必须且确实需要分析金融和经济数据。西欧企业以往把披露信息视为"不体面的暴露"，日本企业更是如此，如今虽然以美国的标准来看依然不够，但西欧国家甚至日本正走出国门的企业不得不迅速接受披露信息的标准，并非偶然。

但最重要的是，跨国企业开发了全球性的新兴职业市场。尤其是在西欧国家，部分企业仍旧把工作岗位视为有待分配的福利。例如，其行为往往基于下述假设，即使总经理也不过是"雇工"，想要多少就有多少。跨国企业则必须招聘人才，一举一动必须始于下述假定，受过高等教育的年轻人有大量的选择机会，必须创造对他们有吸引力的职业岗位。在很大程度上，跨国企业的成功将有赖于此。在许多情况下，跨国企业通过从零开始发展新业务，而非收购，在过去的 10 年内发展成为许多国家相关行业的领导者。现在人们公认，这不是技术或金融成就，而是管理的成果。具体来说，这就意味着跨国企业必须有能力吸引优秀的年轻人，留住他们，并为他们卓有成效地工作创造条件。

三

收购型兼并、企业集团甚至新成长型企业都已不再如往日那般生机勃勃，吸引力也逐渐消退。在 1969～1970 年的"股灾"中，它们是首当其冲的受害者。实际上，正是由于投资者不再青睐这些经济繁荣的宠儿，最早引发了股市下跌。

投资者的信心必然会崩溃，这并非事后诸葛亮。从一开始就很清楚，那些支持收购且注资支持未经考验的新成长型企业的投资者，过于天真，以至于变得轻信（也贪婪），不再"老练"。如其所作所为，这些投资者相信任何事物，尤其是一家企业能够保持高速度持续增长，这显然愚不可及。如今我们唯一可以确定的，恰恰就是任何增长曲线都会趋于平缓，而且初期上升越快，后期趋平的速度就越快。此外，可以预见的是，业务增长及其带来的对管理知识和控制能力的压力，导致快速成长的新成长型企业面临严重的危机。新成长型企业发展速度越快，遭遇的"青春期认同危机"就越严重。要想顺利渡过难关，往往需要改革最高管理层，否则没人知道企业能否存续，更别提继续增长了。

实际上，也有一些企业集团（尽管并非全部）做得相当不错。很多"资产管理公司"真正有效地管理资产，成功地使状况不佳的企业恢复了健康，并使老牌企业再次具备冒险精神、创新能力和卓越绩效。大量（或许是大多数）新成长型企业遭遇并成功克服了成长过程中的危机。但魔法不能依靠统计的平均数据维持。企业集团、通过金融操纵和收购创造生产性财富、仅仅由于属于时髦行业而轻易成功的成长型企业，投资者对这三种事物的信心类似魔法，未经慎重权衡。魔法经受不起一丝怀疑，更不用说真正的挫折了。

这种信心的丧失，导致许多企业集团（所有主要依赖股价持续上涨的"财务杠杆"的企业）深陷困境。几年前，绩效表现最抢眼的 LTV 公司，实际上不得不出售部分先前收购的业务，其他企业肯定也会这么做。或许，"企业分割"将成为未来几年的流行词。科恩费尔德创办的海外投资者服务公司是一家最引人注目的跨国资产管理公司，虽然拥有近 25 亿美元资产，但在 1970 年年初陷入非常严重的困境，投资者对其众多的子公司和分公司开始丧失信心，科恩费尔德本人也最终不得不辞职走人。

那些实力雄厚的跨国制造企业，虽然在本国市场坚不可摧，但同样面临着严峻的形势。各国政府对它们的抵制正迅速增强，相比于那些公开的民族主义国家，美国联邦政府采取的限制措施要更加严密，包括反托拉斯、国会听证、国内税收、货币和投资限制等。

职业市场库存危机

同时，职业大众市场也将经历一段调整时期（事实上无疑将面临首次

"周期性调整"），原因并不在于经济形势或政府削减资金，而在于人口结构。显然，大学毕业生的供给严重依赖于 22 年前出生的婴儿数量。然而，教育这一重要的细分市场的需求，取决于 6～17 年前出生的婴儿数量。换言之，年轻人在成为教师之前，首先必须是学生，必须为他们配备教师。因此，如果婴儿出生数量突然急剧上升，那么 10 年后，对教师的需求急剧增长会导致供不应求，结果职业市场就会产生"通胀压力"。反之，如果婴儿出生数量急剧下降，10 年后就会出现"通缩压力"。事实上，人口统计（经济学家往往对其视而不见）是"职业市场"的真正动力。

　　美国职业市场面临的人口压力即将发生逆转。10 年前，大学应届毕业生是 20 世纪 30 年代末出生的人，当时的人口出生率很低。但第二次世界大战结束后，即 1946 年"婴儿潮"⊖爆发，其后 10 年人口出生率保持在高位，对教师的需求在 1960 年达到最高峰，因此需求远远超过供给（尤其是对女性毕业生的需求），带来了严重的"通胀压力"。然而，从今往后的 10 年中，形势将会发生逆转：供给主要源自 1946～1957 年的高出生率年份，其中 1957 年是婴儿出生数量的最高峰，1980 年这批学生将从大学毕业。需求将源自 1957 年后的年份，在这段时间开始的几年中，出生人口数量没有太大变化，但 1960 年后开始急剧下降。换言之，小学入学人数已经明显下降。初高中的入学人数将在 1972 年或 1973 年开始下降。大学入学人数则很可能从 1977 年或 1978 年开始下降。即使要维持当前的入学人数不变，也仍旧需要大幅提高年轻人上大学的比例。在过去 10 年中，职业市场受到出生人数创纪录增长的严重影响：1948 年有 280 万名婴儿出生，1957 年有 430 万名婴儿出生，涨幅超过 50%。20 世纪 70 年代，职业市场将受到 1957～1967 年出生人口数量下降（虽然不像 10 年前的出生率上涨一样剧烈，但其幅度几乎同样史无前例）的严重影响——从 430 万降到 350 万，降

　　⊖　婴儿潮（baby bome），是指人口出生率显著上升的现象，第二次世界大战结束后，多个国家出现该现象，据统计，1944～1961 年美国新生儿的数量超过 6500 万。——译者注

幅超过 20%。

　　一定意义上，这是好消息。因为这意味着，在经济的其他领域（最重要的例子是医疗卫生领域），受过高等教育的人将不会像过去 10 年那样严重不足。首先，职业市场的总体压力将会下降。在过去的 10 年中，许多工作岗位都在寻找毕业生（毕业生人数受限于 20 世纪三四十年代低迷的人口出生率），而在未来的 10 年中，即使经济出现繁荣，工作岗位与毕业生人数也会越来越接近平衡。毕业生将不得不再次学习如何求职。然而最重要的是，商品和服务层面的经济存在所谓"库存失衡"现象。教育领域由于经历了最严重、最迫切的短缺，现在已经配备了大量年轻人。不仅小学和中学，大学同样如此（尽管大学能够采用配备"助教"的大规模课堂，以此"扩大"教学供给，但小学、中学则不同，公立学校的班级规模受到法律的严格限制）。美国高等教育领域的著名经济学家——普林斯顿大学的鲍莫尔[⊖]指出，20 世纪 60 年代，美国高校新雇用的年轻教师与退休或去世的老教师之比为 5∶1。结果，在未来 10 年或 20 年中，达到退休年龄或去世教师的比例将大幅下降，同时在读学生总人数将不再提高（起码不再迅速提高）。鲍莫尔预测，20 世纪 70 年代，高校新雇用的年轻教师与退休或去世的老教师之比将为 3∶1，80 年代则预计为 1∶1。在中小学，这种不平衡将会更大。劳工统计局局长穆尔、人口普查局副主任托伊伯计算得出，从现在到 1980 年，将会有 420 万名女性毕业，根据以往的经验，她们将寻求教职，而中小学将只有 240 万个空缺职位。

　　无疑，现在的多数高等院校毕业生（包括本科生和研究生）都非常青睐教学工作，当然，这也是文科学位获得者需要准备从事的具体工作。他们并未接受相关的培训，以顺利接手其他需要填补的职位：医疗保健技术岗位、

　　　⊖ 鲍莫尔（William Baumol，1922—2017），美国经济学家，撰写了大量关于劳动力市场及其影响的论文，提出鲍莫尔—托宾交易性货币需求模型，代表作《宏观经济学：原理与政策》（*Macroeconomics: Principles and Policy*）。——译者注

当地政府中（多数受过高等教育的成员都是经济大萧条时期或 20 世纪 40 年代初参加工作，现在已达到或接近退休年龄）的专业和管理岗位、企业中的工作岗位（尤其是环境和生态方面的工作所需的高技术"正式"职位）。当今的学生经常抱怨，高等院校试图让他们为"军工联合体"⊖工作做好准备。他们有更加过硬的理由抱怨自己被严重误导了（尤其是被年轻教师误导了，可以理解，这些教师认为过去 10 年的状况是"常态"，实际上那恰恰是令人难以置信的"非常态"），以至于徒劳地为不可能得到的岗位做准备。

1970 年春天，当毕业生突然发现自己不得不出去求职时，才猛然惊醒，这可能是典型的"库存危机"的第一个迹象，而这种危机总是让每个人大吃一惊。无论经济形势如何，未来几年都将是职业市场剧烈调整的时期。20 世纪 60 年代就业市场的火爆，如同以往收购型兼并、企业集团、成长型企业带来的股市繁荣一样，都已经成为过去。

新型资产管理公司

在美国以及所有其他发达国家，新兴大众市场仍将是基本的经济现实。的确，在更艰难的时期，金融花招和操纵不再被轻易地误认为是绩效，而会对相关组织的发展和管理提出更高的要求，以更好地服务于新兴市场及其消费者、生产者。

投资信托公司、银行管理的基金、养老基金等"受托人"，将继续作为资本和投资市场的主导力量而成长。如果经济发展不再依靠主动通胀，那么

⊖ 军工联合体（military-industrial complex），美国总统艾森豪威尔在 1961 年 1 月 17 日的告别演说中首次提出，一般按照自身的法规、组织、财政规则运作，人员在行政和生产部门之间流动，通过集中计划控制产品的质量和数量，往往主张扩大军备生产，可能损害国家利益。——译者注

投资机构的重要性将提高而非降低。因为那样的话，"健康"与"不健康"的投资、成长型企业与停滞或衰退的企业、管理良好的企业与首席事务官管理的一般企业，彼此之间的区别会非常重要。受雇并以此为生的投资者，将既没有时间也没有知识亲自挑选投资，与繁荣时期相比，投资者更加急需一名"见多识广的买家"。进而，投资者必须坚持让老练的投资者担任投资经理，迄今为止，在很多情况下，投资者获得的只有承诺。

1970年5月，当海外投资者服务公司陷入困境时，罗斯柴尔德家族⊖提出收购这家陷入困境的投资巨头，这无疑是一种征兆。因为罗斯柴尔德家族有一项独特的记录，曾经从一开始就预言，当一项金融创新转变为一家主要的常设机构时，创始人往往会过度膨胀。在该家族170余年的历史中，这种技巧一次又一次地显现出来，这或许能够解释这一金融巨鳄无与伦比的长寿纪录，该纪录超过更早的金融王朝美第奇家族⊜和富格尔家族⊜许多年，更不用提那些在美国诞生的迄今只有一代人之久的金融家族（例如摩根家族⑭）了。

总体来看，现在要比前段时期更加需要"资产管理"。在经济稳定时期，"资产管理"的成效要高得多，更不用说衰退时期了。进而，尤为重要的是，为了经济形势的健康、员工的福利、社区以及股东的利益，公司的资产应该得到最有效的利用。同样非常重要的是，那些懒惰、缺乏想象力或能力、对现有资产管理不善或不当的管理层，必须被能够恢复企业竞争力和绩效的管

⊖ 罗斯柴尔德家族（Rothschilds），19世纪欧洲著名的银行家族，业务遍布伦敦、巴黎、法兰克福、维也纳和那不勒斯等地区。——译者注

⊜ 美第奇家族（Medici），15～18世纪在欧洲拥有巨大声望的名门望族，主要从事银行业务，后逐渐扩展至政治、宗教领域，产生了四位教皇、两位法兰西王后、多位佛罗伦萨统治者。——译者注

⊜ 富格尔家族（Fugger），15～16世纪德意志著名的工商、银行家族，16世纪初势力达到顶峰，取代了美第奇家族的地位，是神圣罗马帝国皇帝查理五世（Karel V，1500—1558）的债主。——译者注

⑭ 摩根家族（Morgan），19世纪末至今的美国银行家族，美联储创办之前，摩根财团在一定程度上扮演了中央银行的角色，其影响力至今不衰。——译者注

理层取代。

　　然而，这种新型资产管理不会建立起企业集团，也就是各部分彼此不同的商业帝国。相反，我们可以预测，新型资产管理将重新配置资源。例如，通过剥离低效的业务部门，引入称职的管理层，最终使上市企业恢复健康。无疑，许多新型资产管理公司已经开始涌现：有的收购经营不善、岌岌可危的企业，力图将其打造为状况良好、有利可图的企业并加以转售；有的则基于酬金或奖金为当前的所有者服务。

　　总体而言，尽管金融市场的具体形式将会产生巨大变化，但 20 世纪 60 年代金融市场的特征和趋势，很可能会更加强化而非减弱。市场可能会越来越成为投资者而非资本家的市场，这意味着人们的主要关注点将聚焦于资产增值而非收入。也可以预测，随着市场竞争越来越激烈，买家了解的情况也越来越多。与商品和服务市场相比，金融市场的竞争完全有可能更加激烈（当然也更加分散化）。因此，需要资金的公司（这意味着最终会包括每家公司），将不得不奋力使自身在这个新兴大众市场上具备"竞争力"。未来 10 年或 15 年内，对企业财务绩效和财务能力的关注绝不会减少。无论新左派[⊖]说什么（事实上，无论美国人接受什么经济学说），未来 10 年中人们对利润的关注都不可能减少，对资本收益的关注同样不会降低。在这方面最多我们能够预期的是，稳定的美元和受控的通胀，可能会降低受托人（尤其是养老基金）对资产账面价值持续增长的需求。

职业市场发挥作用

　　关于第二个新兴大众市场（职业市场），"库存调整"时期将需要足够的

　　㊀ "新左派"（New Left），20 世纪六七十年代兴起的一场范围广泛的政治运动，在美国，"新左派"是指以"争取民主社会学生组织"（Students for a Democratic Society）为核心的松散政治运动，基本诉求是民主、民权、大学改革、反战等。——译者注

机构以服务市场。市场需要的机构将发挥类似于金融和投资大众市场上"受托人"的作用，也就是说，对大众消费者而言，中介机构是见多识广的买家；高学历人才寻找职业机会时，在提供大量工作机会的用人组织面前，中介机构更是见多识广的买家。

这些必须是市场组织。对那些在知识性工作中求职的高学历人才来说，经济的职业和工作维度是不能被"计划的"。无疑，首先，"开发资源"，也就是培训和教育特定职业人才所需的时间，要比我们能够预测未来需求的时间跨度（一般不超过6～10年）长得多。其次，此处计划遭遇了一个简单的数学定理：从大数定律中（例如，抛掷1000次硬币正面朝上的概率）预测单一事件（例如，任何一次抛掷硬币正面是否朝上）是不可能的。相比于抛掷硬币，个人的职业是"独特的事件"。最后，显然计划个人的职业意味着对个人的强制和控制，并且幸运的是，没有理由相信美国高学历的年轻人会接受以这种方式生活一辈子，而传统上，他们在服军役期间会接受这种"计划"，但那毕竟是有时间限制的。

然而，我们也需要能够得到相关信息、指导和帮助。这一点在未来8～12年中尤为重要，因为我们很可能会面临另一种人口结构变化：由于现在正在上学的婴儿潮一代人将会结婚生子，出生高峰期必然到来。自20世纪70年代末开始，学龄儿童人数应该会再次开始增加。但是，从以往的经验来看，正是在这个时候，当今的青年尤其是作为青年教师的指导人员，将调整自己的思想以适应正在发生的反方向变化。

相关的机构正逐渐开始涌现。过去15或20年中出现了许多"猎头"或"招聘主管"（这是正式名称），专门为处于职业生涯中期的行政人员找工作。这些机构在工商领域最为活跃，但也存在一些专门寻找学术行政人员、牧师、医院行政人员的猎头公司。当然，也有一些大型企业在高等院校派驻招聘人员：30年前，这几乎是无法想象的，但今天已经成为大型企业所必需的，如同研究实验室或销售部门一样必不可少。针对个人，尤其是那些思想成熟、想知道自己的职业道路是否正确或是否应该改变的人，有专门的机构给他们提供职业建议。然而这些只是刚刚开始，如同 40 年前刚刚起步的投资信托基金一样。它们表明了我们的需求，而不是其自身能够满足该需求。未来，没有人可以预测新兴机构能否在新市场上"盈利"，或许这也不是关键问题。但在职业市场上，那些见多识广的新"受托人"很可能会成为 20 世纪 70 年代的主要朝阳产业。

总体来看，长期内职业市场的竞争将会越来越激烈。对于该市场上的"消费者"，即高学历的知识工作者而言，能够做出明智的选择变得越来越重要。对于任何组织机构而言，越来越重要的是吸引自身需要和想要的人才，并提供人才需要和期待的待遇。对于任何机构（企业或非企业）而言，"推销"就业机会变得越来越重要。因此，组织越来越有必要把现有的工作、职业机会与消费者需求、期待和愿望相匹配。或许我们可以概括一下，在过去的 15 年中，人们一直非常强调"管理者开发"，主要目的是使管理者能够更好地为组织（企业、政府、医院）服务。未来，我们可能会需要尽力在这一点与日益得到重视的"组织发展"之间保持平衡，以使组织能够满足其职业消费者（高学历的知识工作者）的要求。

四

可以预见，新兴大众市场必然带来新的公共政策难题。尤其需要注意的是，其中三个难题已经日益显现出来，但我们尚未找到任何一个的解决方案，甚至我们对这些难题还没有形成较为明确的认识。

最新颖的难题是新型金融机构（即金融大众消费者的"受托人"，它们才是真正的"所有者"）的角色和责任问题。

美国（和西欧国家）企业的过半数所有权将越来越掌握在受托人手中，它们既不是所有者，也不是管理者。它们应扮演什么角色？实际上，一些眼光长远的基金经理一直在争辩该问题。可以说，作为受托人，新型金融机构不能，也必须不干预管理。如果它们不喜欢管理层，可以出售该公司的股份，但没有任何权力来行使控制权。但如果它们不行使控制权，那么谁来行使？谁能行使？要么管理层不受控制且无法控制，要么监控职能落在收购的企业家身上。显然，这两种方案都不可行。然而，目前尚未找到新的解决方案。

但这个难题无法逃避。确实，难题已经摆在眼前，而且以最出人意料的方式显现（这是新难题的惯例）。1970 年春天，纳德⊖的"袭击者"（在以汽车安全闻名的纳德手下工作的一群年轻律师）要求基金会、捐赠基金、其他受托人约束各自的代理人不参与通用汽车公司的管理，不投票支持该公司董事会及其政策、管理的一系列改革，并坚持认为这符合公共利益，难题就此显现。几乎与此同时，在一个完全无关的事件中，联邦政府司法部反托拉斯署⊜起诉了一家大型基金（位于芝加哥的大陆伊利诺伊银行⊜）的受托经理。反托拉斯署指控的是该银行的做法（各大银行都参与其中），即同一家银行的不同成员担任彼此竞争公司的董事（即使这些董事并不代表"所有权"，但对无数的个人受益人来说，银行以信托形式持有股份），违反了反托拉斯法。实际上，反托拉斯署的指控并未坐实，纳德的袭击者也没有指责那些完

⊖　纳德（Ralph Nader），美国政治活动家、作家，因主张消费者保护、环保、政府改革事业而闻名，1965 年出版畅销书《任何速度都不安全》（*Unsafe at Any Speed*），率领"袭击者"对联邦贸易委员会展开一项开创性调查，直接促使该机构进行彻底改革。——译者注

⊜　联邦政府司法部反托拉斯署（Anti-Trust Division of the Department of Justice），1903 年由美国国会拨款设立，是反托拉斯法律的执法机构，与联邦贸易委员会共同负责民事反垄断案件。——译者注

⊜　大陆伊利诺伊银行（Continental Illinois Bank），可追溯至美国内战时期的商业国民银行（Commercial National Bank），1984 年宣布进入破产保护程序，由于规模巨大，美联储和联邦存款保险公司不得不进行救助。——译者注

全相同的控制和干涉，但这并不影响难题的重要性和严重性，也不能改变我
们的现有经验对解决该难题并没有多大帮助这一事实。但解决该难题已经迫
在眉睫。在相当长的时期内，该难题将（实际上是应该）成为公共政策的主
要议题之一。

跨国企业与民族国家

从影响来看，最重要的难题将是跨国企业的影响。

波尔马克教授预测，未来 15 或 20 年内，全世界的制造业生产将主要掌
握在 300 家大型跨国企业手中，尽管该预言广为流传，但只不过是一种极端
化的表达，而非最可能的结果。我们可以审慎地预测，在每个非共产主义发
达国家，1/5 或 1/4 的制造业总产出将由跨国企业完成。实际上，在其中 10
个国家（美国、英国、加拿大、德国、意大利、荷兰、比利时、瑞士、挪
威、瑞典），这已经成为现实而不再是预言；在第 11 个国家（日本），这正
在迅速成为现实；仅在两个国家（法国和巴西），这尚未成为现实。⊖这意味
着，发达国家经济的很大一部分决策，超出了该国政府的管辖范围。但反过
来讲，这也意味着多数发达国家（法国和加拿大是仅有的重要例外）政府决
策的影响范围，通过总部位于该国的跨国企业，远远超出其领土范围。美国
的反垄断法律、美国的税法、美国对与共产主义国家进行贸易的限制，都由
美国政府当局掌握，用以约束总部位于美国的跨国企业分布在世界各地的子

⊖　顺便说一下，其中美国、荷兰、瑞士、瑞典是"总部国家"。在德国，由外国（主要是美
　　国、荷兰和瑞士）企业持有的公司所有权，与德国企业持有的外国公司所有权大致平衡。
　　在合资企业（也就是与一家日本企业合作在日本开展业务的部分外资企业）占主导地位的
　　日本，日本企业掌握的外国企业所有权或共同所有权增长迅速，双方很快就会实现"所
　　有权平衡"。英国、加拿大、意大利、比利时、法国、巴西拥有的外国企业所有权，远远
　　少于外国企业掌握的这些国家企业的所有权。

公司和分公司。没有任何其他国家具备如此公开的民族主义政策。但其他国家的政府，尤其是法国、德国、日本等大国，也希望把"本国的"跨国企业作为在世界上推行本国经济政策的工具，与此同时，这些政府也对设在本国境内的"外国"跨国企业分公司（所在国政府多多少少无法完全掌控）表示强烈不满。

这不单单是"资本主义国家"的难题。无疑，苏维埃集团国家㊀彼此之间的经济关系也存在同样的矛盾特征。显然，苏联人一直试图在整个东欧范围内建立跨国企业，但主要由于政治原因而遭到了抵制。波兰、捷克斯洛伐克或民主德国的部分经济决策权和控制权，从这些国家的政府手中转移到跨国企业。无论是在"资本主义国家"还是"共产主义国家"，跨国企业都将经济理性置于政治主权之前。

因此，戴高乐反对跨国企业并非意味着"反美"。他不仅反对非美国跨国企业的企图，例如，反对意大利菲亚特公司与法国经营不善的汽车制造商雪铁龙公司合并，这与他极力反对美国跨国企业进入法国市场如出一辙。他同样反对法国企业走出国门成为跨国公司。确实，关于经济和政治主权的一致性，戴高乐的主张一以贯之，迄今为止，这是世界各国所有领导人为解决该难题而制定的唯一合理的政策。

不幸的是，该政策最终完全、彻底地以失败告终。法国的大部分高端产业（如计算机或制药业）都被控制在外国跨国企业手中，其程度超过除加拿大之外的任何发达大国。同时自相矛盾的是，法国资本对跨国企业的投资要比任何其他"大型企业"投入的资本都要多，但不是对总部位于法国、在巴黎做决策的跨国企业的投资（之所以没有，是由于戴高乐的禁令），而是对

㊀　苏维埃集团国家（Soviet Bloc），广义上是指所有在第二次世界大战后实行社会主义制度的国家，但更通常的用法仅仅是指 1955 年加入华沙条约组织（Warsaw Treaty Organization）的国家。——译者注

总部位于外国的跨国企业股份的投资，如美国、瑞士、荷兰、瑞典的跨国企业。此外，没有哪个国家有那么多才华横溢的年轻高管人员、研究人员、管理人员在外国的跨国公司工作。换言之，击败戴高乐政策的，是两个新兴大众市场的压力和偏好，或许尤其是新兴职业市场上的消费者：受过高等教育的年轻知识工作者。

然而，戴高乐凭借惯有的睿智，起码看到了问题的症结。迄今为止，跨国企业是最有效的经济工具，或许也是能够促使经济真正发展的机构。在狂热的民族主义势力喧嚣纷扰的当今世界，跨国企业是唯一一种非民族主义的机构。其本身并非一种政治机构，也决不能令其变成政治机构。然而，跨国企业导致经济决策超出了政治进程及其决策制定者（国家政府）的有效管辖范围。很可能，这正是我们需要消灭民族主义这只怪兽的原因。但各民族国家政府及其机构（立法机构或行政机构），都不太可能赞同这一点。未来几年，我们如何处理经济理性和政治主权之间的紧张关系，将对全球经济和政府运作产生深远影响。

集中与竞争力

随着新型大众市场和新型企业家的涌现，最难以解决的是集中与竞争力的问题。我们必须在另外两个领域找到新的答案。关于集中和竞争力，我们必须忘记旧的条条框框。尤其是当旧教条被人们以近乎宗教般的热情拥抱，且成为一大群经济学家、政治学家、律师、商人神圣的口号时，人们就会更加难以跳出来。

多年来，我们研究集中和竞争力的问题立足于下述两个概念："制造业资产集中"和"市场力量集中"。为测量这两个方面的经济集中度而开发的工具，因为提供了有关经济骨骼结构的 X 光照片和可靠的诊断及治疗指南，所以被人们广为接受。但如今，第一个概念正变得越来越不可靠，第二个则会造成误导。

长期以来（1910～1960年），"制造业资产集中"的状况相当稳定。但根据反托拉斯论者的说法，在过去的20年中，形势发生了剧变。1950年，200家最大的制造企业控制了美国40%的制造业资产。我们被告知，1970年，200家最大的制造企业控制了美国60%的制造业资产——这是有史以来美国以及其他任何国家经济集中度最大程度的增长。

然而，有趣的是，上述剧烈的集中并没有伴随着任何单一商品市场上经济力量（制造企业在任何单一市场上的运营状况）集中度的提高。在多数市场上，过去20年间集中度可能下降了。在一个接一个市场上，新企业不断挑战老企业，从后者手中抢走一部分传统业务。图书出版业、医药业、建筑业、零售业概莫能外。

在美国，"制造业资产"的状况不再能够衡量生产经济的集中度。在这个标题下核算的资产包括在美国注册的企业资产负债表上显示的资产，而不考虑资产实际上位于何处（在美国国内还是国外）。1950年，这些资产几乎全部位于美国国内。如今，美国的多数大型企业都是跨国企业，至少有20%～30%的产品和资产位于美国国外。200家较大的企业控制60%的制造业资产，其中1/4，即15%的比例，应该直接从官方数据中扣除，这样就导致美国制造业的集中程度降至45%。

然而与此同时，1950年被称作"制造企业"的公司，多数都从事实际的生产制造工作。可以确定的是，虽然通用汽车公司拥有最大的金融公司之一（通用汽车金融服务公司⊖），但其资产仅占通用汽车公司总资产的一小

⊖ 通用汽车金融服务公司（General Motors Acceptance Corporation），1919年，由通用汽车公司设立，为汽车客户提供融资服务，2010年改名为联合金融公司（Ally Financial）。——译者注

部分。今天，作为多元化兼并和收购型兼并的结果，大量仍被视为"制造企业"的公司，实际上已经在不属于制造业的服务业（最重要的是金融业）拥有大量资产，甚至部分企业的大部分资产已经属于该领域。并且在金融领域，"资产"并非真正的资产，其本质上是"负债"，也就是说，借到的款项立刻被借出。每当一家制造企业与金融企业合并时，即使从盈利能力（更不用说经济实力了）来看，前者或许要远远大于后者，但其资产负债表显示收购的金融资产规模要远远大于自身拥有的制造业资产。然而，从那时起，上述金融资产在数据统计中就被视为"制造业资产"。当控制资料公司于1967年12月31日收购商业信贷公司时，其自身拥有4.7亿美元的制造业资产，而商业信贷公司的资产规模则高达30亿美元。然而，由于控制资料公司是合法进行收购的企业，所以现在两家公司的总资产都被作为"制造业资产"。如果最大的一笔收购交易得以成功（也就是说，如果主营计算机服务的利斯科公司成功收购纽约化学银行），那么利斯科公司不足8亿美元的资产，将会被化学银行的90亿美元资产大大扩充，总资产规模接近100亿美元，然而所有这些都将被作为制造业资产。因此，我们必须将"制造业资产"的官方数据再下调至少10%，以剔除不应被算作制造业资产的资产。换言之，从美国名副其实的制造业资产规模来看，当今200家较大的企业在制造业中所占的份额几乎肯定要低于20年前。

这将导致两组数据（制造业资产和市场权力集中度）重新趋于一致。然而很明显，没有呈现"集中"趋势的结论是站不住脚的。原因在于，虽然美国的制造业资产集中度和市场集中度都没有提高，但多元化兼并和收购型兼并（以及跨国化扩张），显然已经导致决策权方面相当大程度的集中。结果，涌现出的大型企业，尽管在多个国家和地区开展业务，但仍被合并为一个法律实体，接受同一个高管层发号施令。

然而，结果往往是竞争加剧，甚至在商品和服务维度的经济领域同样如此。并且，在资本和投资维度、工作和职业维度，确实存在分散化趋势，竞争态势也不断加剧。

控制资料公司与商业信贷公司的合并，既没有提高计算机市场的集中度，也没有提高分期付款市场的集中度。相反，通过重点培育两个市场上的"弱势群体"，上述两家公司的合并使得各自所在市场的竞争形势更加激烈了。几年前，宝洁公司对福尔格咖啡（一家小规模的、区域性研磨咖啡企业）的收购，是一个更能说明问题的案例。此次收购显然扩大了宝洁公司的规模。宝洁公司旗下拥有各种起酥油品牌，是加工食品业的领导者，此次收购进一步提高了（尽管不是很大）公司在该行业的市场份额，从而提高了产业集中度。但凭借宝洁公司的资源支持，福尔格咖啡能够把业务扩展到全美范围。多年来，由于全美咖啡市场一直被少数几家"寡头"品牌主导，福尔格咖啡被宝洁公司收购，也意味着该重要市场的显著分散化。那么，"真正"的后果是什么？集中还是分散呢？

我们很可能正日益面临下述局面：在一个市场（商品市场、资本市场或职业市场）中的领导地位和集中度，是另外一个或两个市场中竞争和分散化的"反作用力"。当然，规模与竞争并非毫无关联，对跨国企业（无论是位于西欧国家的美国跨国企业，还是位于美国的西欧或日本跨国企业）的常见批评是，庞大的规模使它们往往身陷"过度竞争"的泥淖。

现在"集中"的含义迥异于以前，集中的趋势将会进一步增强而不是减小。技术正在朝着这个方向推进，尤其是材料和化学工业更是如此。技术发展正迫使杜邦公司（传统上主要为纺织工业生产化学产品，如合成纤维）一方面进入医药行业，另一方面进入复合材料行业（包括新型合金行业）。技术发展已经迫使两大容器公司，从20年前的单一产品（锡罐）生产商转变为"包装"产品制造商，其中包括塑料、玻璃、纸制品等。如前所述，这又迫使最大的纸制包装生产商（美国集装箱公司）与零售邮购连锁企业（蒙哥马利·沃德公司）合并，以获得足够的财务和管理能力与新的包装业巨头抗衡。推动企业趋向集中的另一强大力量是对环境的关注。单靠美好的愿望并不能保护环境，无论空气、水体、公共空间还是城市，概莫能外。环保需要在各个相关领域从事大量系统工作的企业，即能够调动主要的技术和经济资源的企业，涵盖各种技能、学科、技术、市场领域。

但最重要的是，新兴大众市场（资本和投资的大众市场、工作和职业的大众市场）的压力，应该能够推动产业和地域方面实现持续的多元化。

因此，我们必须考虑哪种多元化是可取的、有效的、合理的，哪些只不过是简单的金融操纵和帝国构建。何种因素促使经济更加开放、更有活力以及更有竞争力？何种因素会助长集中和垄断？何种因素创建的企业更容易管理、绩效更佳？何种因素创建的企业不过是管理型怪物？

我们的目标非常明确。我们想要的是多元化而非散漫，是联邦制而非极权专制或各自为政，是资产管理而非金融操纵。但是，一种既定结构划归何种类型，并不是非黑即白的。确实，甚至反托拉斯论者也做不到一清二楚，他们分裂为两派：一派由于企业集团会促进竞争，所以采取接受，实际上是欢迎态度；另一派则由于企业集团会提高生产的集中度，所以持坚决反对态度。可以预见，这将成为未来 10 年美国和其他国家关注的主要议题之一。对此没有完全"正确的"的答案。实际上我们很少碰到有完全"正确的"答案的问题。但是，被广为接受的旧概念和测量方法不再合适，这将使我们的处境变得艰难。我们必须学会"权衡"，也就是在一个经济维度上的集中与另一个经济维度上的竞争之间取得平衡，这不仅不符合决策者的习惯，而且可以理解的是，所有经济学家、政治学家、工商人士、政府官僚都对这种复杂性表示不满和抵制。

过去 10 年的经济发展形势不仅标志着经济结构的变迁，还改变了社会结构和经济现实。这将需要新思维，并且抛弃有关垄断、集中、竞争的大量传统概念、思想和政策，比如，关于世界经济与民族国家之间关系的传统观念，还需要发展出新的理论认识和政策观念。迄今为止，尚没有经济理论能够涵盖经济的三个维度，甚至没有理论能够将其联系起来，无法将新兴资本和投资大众市场、新兴工作和职业大众市场、传统商品和服务大众市场、传统价格和效率大众市场整合在一起。20 世纪 60 年代的独特发展，很可能只是暂时现象，永远不会重现。种种现象只是此次发展的前期表现，相关症状才刚刚开始显露。

"不合时宜"的克尔凯郭尔[⊖]

一

在过去几年中，克尔凯郭尔热初显疲态。为了理解真实的克尔凯郭尔，我希望这波热潮赶快过去。文学热潮中的克尔凯郭尔的形象是一位机智的现代同伴，主要由于他比其他时髦人士早了 100 年，所以显得与众不同。但是，被贴上心理学家、存在主义者、各种前马克思主义者标签的克尔凯郭尔，与真实的克尔凯郭尔几乎没有任何相似之处。真实的他只关心自己的宗教体验，对辩证法或心理学不屑一顾（除了表明二者是不充分的和无关紧要的）。真实的克尔凯郭尔对认识现代世界的深重灾难有着重要意义。把关于克尔凯郭尔的零碎认知拼凑成整体，我们发现，他既不是圣徒也不是诗人，但起码是一位先知。

如同所有宗教思想家一样，克尔凯郭尔的著作以下述问题为中心：个人

⊖　首次发表于 1949 年秋《塞万尼评论》(*Sewanee Review*)。

的存在如何可能？

　　该问题在整个 19 世纪（19 世纪之前该问题一直是西方思想的核心）不仅非常不合时宜，而且似乎毫无意义、无关痛痒。19 世纪居主导地位的是一个截然不同的问题：社会如何可能？卢梭[⊖]、黑格尔[⊜]、古典经济学家[⊜]等都曾深入思考该问题。马克思和自由主义新教^⑩分别用不同的方式回答了该问题。但无论人们以何种方式提出该问题，最终必然引出一种答案，即除非身处社会，否则个人的存在不可能。

　　卢梭为整个追求进步的时代给出了下述答案：无论个人的存在是什么，无论个人拥有何种自由、权利和责任，无论个人的生命有什么意义，一切都是由社会的客观生存需要决定的。换言之，个人由社会决定，个人是没有自主性的。个人仅在无关紧要的事情上拥有自由，只有得到社会容许，个人才能拥有权利，只有满足社会需要，个人才能拥有意志。只有在与社会意义相关并且满足社会客观目标的情况下，个人的生命才有意义。简言之，没有个人的存在，只有社会的存在。没有个人，只有公民。

　　⊖　卢梭（Jean-Jacques Rousseau，1712—1778），法国启蒙思想家，他的人民主权及民主政治哲学思想产生了广泛的影响，代表作《社会契约论》（*Du Contrat Social ou Principes du Droit Politique*）。——译者注

　　⊜　黑格尔（Georg Wilhelm Friedrich Hegel，1770—1831），德意志哲学家，推崇康德哲学，对人类社会持组织性和目的论观念，思想不同于后来的存在主义和个人权利观念，代表作《法哲学原理》（*Grundlinien der Philosophie des Rechts*）。——译者注

　　⊜　古典经济学家（classical economist），尊奉古典经济学的经济学家，亚当·斯密、李嘉图、马尔萨斯、约翰·穆勒等人是其代表人物，基本认为市场经济是一种自我调节的系统，主要受自然的生产和交易规律（亚当·斯密所说的"看不见的手"）支配，政府不应过度干预经济。——译者注

　　⑩　新教（Protestantism），源于 16 世纪神学家马丁·路德等人所领导的宗教改革运动，与天主教、东正教并列为基督教三大分支，在神学和教会体制上没有单一组织架构或领导，主要包括路德宗、改革宗、圣公宗、浸信宗、循道宗等。自由主义新教泛指接受近现代科学观念（如达尔文的进化论）的教派，兴起于 19 世纪后期，与德国神学有密切联系，主张以现代科学重估正统神学。——译者注

卢梭的 "公意" ⊖、黑格尔作为思想的展开的历史观、马克思的个人根据客观既定的阶级形势做决定，三者彼此截然不同。但针对个人的存在问题，三者给出了相同的答案：没有这回事，没有这样的问题！思想和公民存在，但没有个人的存在。可能的仅仅是思想在社会中且通过社会才能变成现实。

社会如何可能？如果从这个问题出发，没有同时思考个人的存在如何可能，那么必然会得出个人存在和自由的消极观点：个人自由就是不扰乱社会。因此，自由就变成了一种没有功能、没有自主性的事物；变成一种权宜之计、一种政治策略或煽动者的口头禅；绝非至关重要的事物。

然而，把自由定义为没有功能的事物就是否认其存在。除非具有特定功能，否则任何事物都不能在社会中幸存。但 19 世纪的人们过于相信能够确保拥有自由，而忽视了这一点。当时的主流观点没有看到，忽视 "个人的存在如何可能" 这一相关问题，就是否认个人自由的重要性。实际上，主流观点在问题 "社会如何可能" 中看到了自由福音的关键，这主要是因为其目标在于社会平等，并且打破不平等的旧枷锁似乎等同于自由的确立。

现在我们已经明白 19 世纪的观点是错误的。我们正在认识到，如果我们自我设限于 "社会如何可能" 的问题，那么将不能实现自由。个人在自由状态下的存在是不可能的，这或许是真实的。虽然那些声称相信自由的人并没有进一步深入探究，但起码 "个人的存在是如何可能的" 问题不能再被视为无关紧要。

我并不是说，在 19 世纪只有克尔凯郭尔看清了卢梭带领西方世界前进

⊖　公意（General Will），卢梭在《社会契约论》中提出的重要概念，认为 "公意永远是公正的，而且永远以公共利益为依归" "任何人拒不服从公意，全体就要迫使他服从公意，这恰好就是说人们要迫使他自由"。——译者注

的方向。尤其是一些法国浪漫主义者^㊀也意识到了即将发生的事情。尼采^㊁的反抗徒劳无功，且带有自杀倾向——力大无穷的参孙^㊂除自己以外什么都没有摧毁。最重要的是巴尔扎克^㊃，他分析了个人的存在不再可能的社会，描绘了一个比但丁的描述更加可怕的地狱，其上面甚至没有炼狱^㊄。然而，虽然他们也思考了个人的存在如何可能的问题，但只有克尔凯郭尔做了回答。

二

克尔凯郭尔的答案很简单：只有在同时作为精神性个体和社会性公民之间的张力中，个人的存在才是可能的。纵观克尔凯郭尔的著作，他以各种不同的方式表达了这种基本张力——当他将这种张力界定为个人在有限和永恒

㊀　浪漫主义者（romanticist），持浪漫主义观点的人士。浪漫主义是一场艺术、文学、音乐和知识领域的运动，源于18世纪后期的欧洲，19世纪前期达到高峰，其基本特征在于强调情感、个人主义，讴歌过去和自然，法国浪漫主义文学的代表人物是维克多·雨果（Victor Marie Hugo，1802—1885），1831年出版的《巴黎圣母院》是浪漫主义运动的典范之作。——译者注

㊁　尼采（Friedrich Wilhelm Nietzsche，1844—1900），德国哲学家，提出"上帝已死""权力意志""超人说"等观点，对后来的存在主义和后现代主义哲学影响极大，1889年精神崩溃，终生再未恢复。——译者注

㊂　参孙（Samson），《圣经·士师记》中的犹太人士师，拥有上帝所赐超人的力气，攻击非利士人，由于他的女人大利拉告密被活捉，在非利士人首领的献祭聚会上，徒手拆毁支撑房子的立柱，参孙与非利士人首领以及房内的众人同归于尽。参见《圣经·士师记》（和合本）第十三章至十六章。——译者注

㊃　巴尔扎克（Honoré de Balzac，1799—1850），法国作家，创作的91部小说合称《人间喜剧》，含2400多个人物，是人类文学史上的丰碑，被誉为法国社会的"百科全书"。——译者注

㊄　炼狱（Purgatory），但丁（Dante Alighieri，1265—1321）的长诗《神曲》第二部分为《炼狱篇》，炼狱共7级，加上净界山和地上乐园，共9层，生前犯有罪过，但程度较轻，已经悔悟的灵魂，按人类7大罪过（傲慢、嫉妒、愤怒、懒惰、贪婪、暴食、色欲），分别在这里修炼洗过，而后逐渐升向光明和天堂。炼狱的功能在于洗涤罪过，准备进入天堂，所以作者认为巴尔扎克描述的没有炼狱的地狱要更加可怕。——译者注

两方面同时存在导致的后果时，其描述最为清晰和集中。克尔凯郭尔接受了圣·奥古斯丁[⊖]《忏悔录》思想的核心，但赋予反命题重要的意义，这远远超出了圣·奥古斯丁的辩证逻辑推理。

个人有限的存在就是作为这个世界的公民而存在的。随着时间的流逝，个人吃喝拉撒，为征服或生活而奋斗，抚养子女、奉献社会，要么成功，要么失败。但个人作为有限的存在终有一死，死后一切都将烟消云散。所以，在有限方面，个人无法以个体的形式存在，只是一个物种的一员，是世代链的一环。物种有自主的生命、具体的特征、自主的目标，但物种的成员没有生命、特征、目标。只有在物种中间，通过物种，个体成员才能存在。世代链有起点也有终点，但每一环的作用仅在于把过去和未来的环节连接起来。一旦脱离链条，单独的一环将毫无用处。时间之轮不停地转动，但齿轮是随时可以更换的，也是可以彼此互换的。个人的死亡不会终结物种或社会，而是终结自己的生命。在有限的方面，个人的存在是不可能的，只有社会才是可能的。

然而，在永恒的精神领域，用克尔凯郭尔最喜欢用的术语"在上帝看来"，恰恰是社会不存在，也不可能。在永恒方面，只有个人存在，每个人都是独一无二的，茕茕子立，没有邻居和朋友，也没有妻子和儿女，要直面自己的精神。在有限的社会领域，没有人在起点开始，也没有人在终点结束；每个人都从先辈手中继承时代的遗产，并短暂持有，然后移交给子孙后代。但在永恒的精神领域，每个人既是起点又是终点，父亲的经验对其毫无助益。在可怕的孤独中，在彻底的、独一无二的特性中，个人直面自我，仿佛整个宇宙中只有自我及其内在的精神。因此，个人的存在包含有限和永恒

⊖　圣·奥古斯丁（St. Augustine，354—430），罗马帝国末期基督教神学家、哲学家，对基督教进行哲学论证，为人认识上帝的绝对权威奠定基础，去世后被天主教会封为圣人，著作《忏悔录》（*Confessions*）被誉为西方历史上第一部自传。——译者注

两个层面，在二者的张力中得以实现。

通过时间的积累趋向永恒是不可能的；仅仅时间，即使是无限多的时间，也仍旧是有限的。通过细分永恒达到有限也不可能；永恒是不可分割的、无法计量的。然而，只有同时作为精神层面和社会层面的存在，个人的存在才是可能的。圣·奥古斯丁说过，时间内在于永恒，由永恒创造，在永恒中流逝。但克尔凯郭尔认为，时间与永恒位于不同的层面，彼此对立且不兼容。他知道这一点的方式，不仅仅是通过逻辑和内省，还包括观察19世纪的生活现实。

正是这个答案构成了宗教体验的基本悖论。要说个人的存在只有在永恒的存在和有限的存在之间的张力中才是可能的，就是说个人的存在只有在不可能的情况下才有可能：一个层面的存在所要求的，正是另一个层面的存在所禁止的。例如，个人作为社会层面的存在，要求社会生存的客观需要支配公民的功能和行为。但是，在没有律法、没有规则且唯有个人自我及其上帝的情况下，个人作为精神层面的存在才是可能的。因为个人必须作为社会层面的存在，所以只有在无关紧要的事情上才能拥有自由，但因为个人必须作为精神层面的存在，所以在真正重要的事情上不可能有社会规则和社会约束。在社会层面，个人只能作为社会人存在——作为丈夫、父亲、孩子、邻居、同胞。在精神层面，个人只能作为个体存在——独自、孤立，完全被自我意识包围。

个人作为社会层面的存在，需要接受真实的社会价值观、社会信仰、社会奖惩规则。但个人作为精神层面的存在，"在上帝看来"，要求将全部的社会价值观和社会信仰视为彻头彻尾的欺骗，既浮华又虚假，既无效又不真实。克尔凯郭尔引用《圣经·路加福音》第十四章第26节的话："人到我这里来，若不爱我胜过爱自己的父母、妻子、儿女、弟兄、姐妹和自己的生命，就不能做我的门徒。"当然，爱的福音原文没有说爱这些不如爱上帝，

说的是恨。⊖

个人的存在只有同时作为永恒和有限的存在才可能实现，也就是说，个人的存在只有在两个不可调和的道德绝对律之间的界限被碾碎时才有可能，并且这意味着（如果这不仅仅是对残忍的上帝的嘲弄）：唯有作为悲剧，个人的存在才是可能的。个人存在于恐惧与战栗中，存在于焦虑与渴望中，最重要的是存在于绝望中。

三

这似乎是关于个人的存在的一种非常悲观的观点，几乎不值得人们持有。在 19 世纪的人们看来，这似乎是一种病态的奇谈怪论。因为克尔凯郭尔作品的远见，恰恰体现在对 19 世纪乐观思想的分析及其最终后果的预言上，那么让我们看看 19 世纪的乐观主义会通往何方。

19 世纪所有信念的精髓在于，永恒能够且将会通过时间的积累得以实现，真理能够通过社会中多数人的决策得以确立，恒久能够通过改变得以达到。这是一种关于进步的必然性的信念，代表了 19 世纪对人类精神思想的贡献。人们可以遵循最单纯，也是最迷人的进步信念——个人会自动地且经由时间方面的积累变得更好、更完美、更具有神性。人们也可以遵循形式更加复杂的进步信念——黑格尔和马克思的辩证法，真理在正题与反题的综合中得以显现，每种综合又反过来在更高、更完美的层次上成为一个新的辩证统一的正题。⊜或者，人们还可以遵循自然选择进化论的伪科学外衣包装

⊖ 本段引文原文为："If any man come to me, and hate not his father, and mother, and wife, and children, and brethren, and sisters, yea, and his own life also, he cannot be my disciple." 严格根据英文原文，该句话中 "hate" 应该翻译为 "恨"，而非 "爱"，译文摘自《圣经》（和合本）中译本。——译者注

⊜ 黑格尔辩证法由三个阶段构成：正题，引发反应；反题，反驳或否定正题；合题，综合正题与反题，解决二者之间的张力，有人将其简称为 "正反合" 三段论。——译者注

下的进步信念。每种进步信念都有相同的内在本质：通过时间的累积实现永恒、坚信物质积累能够转变为精神、汇聚变化能够达到恒久、不断试错能够找到真理等狂热信念。对克尔凯郭尔来说，最终价值问题是彼此对立的品质之间无法调和的冲突之一。对 19 世纪而言，问题仅在于数量。

克尔凯郭尔认为人的境况本质上是悲剧，而 19 世纪的人普遍持乐观主义观点。自从公元 1000 年以来，所有欧洲人都期待着耶稣再临⊖，从没有一代人像 19 世纪的人一样，认为自身已接近时间的永恒。当然，在当时的社会结构中也存在不和谐因素。但自由主义者信心满怀地期望，在一代人或最多一个世纪的时间内，这些因素将被日益加强的理性之光洗涤干净。进步是自动的。虽然黑暗和迷信的势力有时会占上风，但那只是暂时现象。"黎明之前总是最黑暗的"是自由主义的真正格言（顺带言之，这句话的字面意思和隐喻含义都是错误的）。这种天真、乐观情绪的巅峰是德国著名生物学家海克尔⊜在世纪之交前夕出版的著作。书中预言，在一代人的时间内，所有未解问题将由达尔文生物学和牛顿物理学给出最终的决定性答案。在达尔文生物学和牛顿物理学构建的宇宙逐步坍塌的时期，海克尔的《宇宙之谜》被我们祖父辈的数百万人买走（至今还藏在旧书架的角落里），这或许是 19 世纪进步信念之命运的最佳注脚。

对于那些不满足于自由主义或达尔文主义乐观情绪的人而言，马克思提供了一个更复杂、更深刻的千禧年愿景，恰恰由于现实世界的黑暗和诸多缺陷，千禧年愿景必须实现。

⊖ 耶稣再临（Second Coming），又称为第二次降临或基督再临，2000 年前耶稣"第一次来到"，然后升到天堂，耶稣再临是指他在未来将回到人间，不同的教派对耶稣再临的性质有不同看法。——译者注

⊜ 海克尔（Ernst Haeckel，1834—1919），德国生物学家、哲学家，将达尔文的进化论引入德国并加以完善，其若干理论和观点被后来的纳粹理论家利用，代表作《宇宙之谜》（*Die Welträthsel*）。——译者注

在这种即将实现的完美信念中，前进的每一步都意味着更加接近永恒、永久和真理，没有悲剧（两种绝对力量、绝对法则之间的冲突）存在的余地，甚至也没有灾难存在的空间。在 19 世纪的每一种传统中，悲剧被驱除，灾难被抑制。例如，近些年很受欢迎的一种观点是，试图用"错误的心理调适"来解释像希特勒主义这样的灾难性现象，即认为希特勒主义与人类的精神领域无关，而仅仅是一个技术问题。在完全不同的领域中，比较莎士比亚的《安东尼与克利奥帕特拉》^㊀与福楼拜的《包法利夫人》^㊁，可以看出本质上悲剧性的"爱神"是如何变成赤裸裸的"性爱"的（心理的、生理的甚至是激情的性爱），而不再是悲剧性的、无法解决的冲突。或者，作为抑制灾难的成功尝试之一，人们可能会相信早期共产党对纳粹主义的解释，即视其为"无产阶级必将胜利的一个必要阶段"。在那里，人们持有最正统的信念，无论当下发生的事情有多么邪恶，都必须被视为好的。灾难或悲剧都不存在。

迄今为止，西方历史上还没有任何一个世纪像 20 世纪一样，人类经历了两次世界大战，悲剧意识却又如此淡薄。200 多年前（确切地讲是 1755 年），里斯本地震^㊂造成约 1.5 万人死亡，足以把已经摇摇欲坠的维护欧洲传统基督教信仰的体制推倒。当代人对此无法理解；他们无法将这种悲惨事件与仁慈的上帝观念调和起来；他们看不到任何关于这种大规模灾难的答案中的悖论。多年来，我们每天都目睹更严重的破坏，如整个民族被饿死或消灭。从现代理性的角度理解这些人为灾难，要比在 18 世纪用传统基督教的

㊀ 《安东尼与克利奥帕特拉》(*Antony and Cleopatra*)，莎士比亚的戏剧作品，约 1607 年首次公演，讲述了安东尼和克利奥帕特拉之间的关系，剧中的克利奥帕特拉被认为是莎士比亚创作的最复杂、最成熟的女性角色之一。——译者注

㊁ 《包法利夫人》(*Madame Bovary*)，法国作家福楼拜的长篇小说，1856 年开始连载，描述了年轻貌美的包法利夫人因不满平淡的婚姻生活而出轨、欺骗，最终走投无路的故事。——译者注

㊂ 里斯本地震（Lisbon earthquake）发生于 1755 年 11 月 1 日，地震及随后的火灾海啸，几乎摧毁了里斯本和附近地区，数万人死亡，破坏了葡萄牙的国力，对此次地震的研究孕育了现代地震学。——译者注

观念理解里斯本地震困难得多。然而，人类经历的灾难并没有给成千上万弥漫着乐观情绪的委员会留下任何印象，这些委员会致力于使人们相信永久和平与繁荣将"必然"从当今的悲惨事件中产生。可以肯定的是，他们意识到了发生的事实，并因此而感到愤怒。但他们拒绝将其视为悲剧。他们已经受到训练否认悲剧的存在。

四

然而，无论 19 世纪如何成功地抑制了悲剧，但有一个事实是不能被压制的，那就是死亡。恰恰是死亡，仍然是独一无二的，不能被视为普通事件；仍旧是个人性的，无法被社会化。19 世纪的人尽一切努力消除死亡的个体性、独特性和定性，使得死亡成为一个根据保险精算的概率来计算的人口动态统计事件，不仅可测量，而且可预测，且试图通过将死亡的后果加以组织化而逃避死亡。人寿保险或许是 19 世纪思想观念的最佳体现，其"分担风险"的主张最能体现试图把死亡视为人生中的一个事件而非终结的观念。此外，19 世纪的人发明了招魂术，尝试用人为手段控制死后生活。

然而，死亡依然存在。社会可能将死亡视为禁忌，可能出台认为谈论死亡是不礼貌行为的规则，可能用"卫生的"火葬取代那些可怕的公开葬礼，甚至可能把掘墓人称为殡葬业者。博学的海克尔教授很明显地暗示读者，达尔文生物学将使人们获得永生，但他的预言并不准确。并且，只要死亡仍然存在，个人的存在就依然保留着外在于社会和时间的一极。

只要死亡依然存在，乐观主义的生活观念，对积累时间能够实现永恒、个人能够在社会中实现自我的信念，最终唯有一个结局就是绝望。突然之间，每个人都发现自己面临死亡，并且在这一点上，他是完全独立的个体。如果个人的存在完全是社会性的，那么他就会迷失自我，因为死亡来临时，社会性的存在已变得没有意义。克尔凯郭尔分析了该现象，并将其称为"对于不愿意成为个人的绝望"。从表面上看，个人能够摆脱那些个人在永恒方面存在的问题，甚至可能会暂时忘记这些问题，但他永远无法重拾自身对社会方面存在的信心，基本上将处于绝望之中。

如果个人能够只生活在社会中，那么社会必须给人不绝望地死亡的可能。实现这一点唯有一条路：使个人的生活变得毫无意义。如果个人只不过是族谱上的小小分支、社会躯体中微不足道的细胞，那么他的死亡并不是真正的死亡，而最好称之为群体再生的过程。当然，如此看来，个人的生命就不再是真正的生命，只不过是群体生命历程中的一个功能性环节，离开了整体将没有任何意义。因此，克尔凯郭尔在 100 多年前预言，宣称个人的存在是作为社会方面的存在，会直接导致绝望，并且这种绝望带来的后果唯有极权主义。极权主义的基础，恰恰就在于确认生命的无意义和个人的不存在，这是与以往的暴政相比最显著的特征。因此极权主义信条强调的重点不是如何活着，而是如何死亡；为了使死亡变得可以忍受，个人的生命必须变得毫无价值、毫无意义。乐观主义信条，始于认为在这个世界活着意味着一切，直接导致纳粹将自我牺牲颂扬为人类唯一可以有意义地存在的行为。绝望成为生命的本质。

五

19 世纪所处的阶段，与罗马帝国晚期的异教徒世界相近。就像古代一样，19 世纪试图通过逃避进纯粹的道德方式来寻找出路——通过基于人类理性的美德。伟大的德意志唯心主义哲学体系（最重要的是康德⊖哲学，还

⊖　康德（Immanuel Kant，1724—1804），德意志古典哲学创始人、启蒙哲学家，综合了理性主义和经验主义，代表作《纯粹理性批判》（*Critique of Pure Reason*）是西方哲学史上划时代的巨著。——译者注

包括黑格尔哲学）认为理性、美德与美好生活一致，所以在当时占据了主导地位。将耶稣视为"有史以来最好的人"的道德文化和自由主义新教的标志，以及黄金法则⊖、定言令式⊜、服务的满意等口号，这些及相关的道德准则在 19 世纪变得同古代一样常见。并且它们都没有为现代社会中个人的存在提供牢固的基础，这与过去的两千年没能为个人的存在奠定基础如出一辙。

　　无疑，上述道德准则中的代表性观念培育了人们的节操和高尚的品格。19 世纪的人道主义，一半基于普鲁塔克⊜，一半基于牛顿，是一种高尚的思想观念（我们却仅仅记住了 19 世纪的那些名人，如伍德罗·威尔逊、马萨里克⑳、饶勒斯㉑、蒙森㉒等），其对克尔凯郭尔的吸引力，也要比他本人意识到的更加强烈。虽然克尔凯郭尔竭尽全力，但始终无法摆脱黑格尔的影响，并且对他而言，道德生活的象征——苏格拉底，仍旧是人类历史上最伟大的人物。

⊖ 黄金法则（Golden Rule），与伦理道德有关的品德，是指人应该有同理心，积极方面是指"推己及人"，消极方面为"己所不欲，勿施于人"，在古中国、古希腊、古犹太、古印度文明中均有相关论述。——译者注

⊜ 定言令式（Categorical imperative），又译为绝对命令，是康德在 1785 年出版的《道德形而上学基础》（*Grundlegung zur Metaphysik der Sitten*）中提出的哲学概念，认为道德完全先天地存在于人的理性之中，只有基于道德的义务感做出的行为，才具有道德价值。——译者注

⊜ 普鲁塔克（Plutarch，46—125），古罗马作家，其作品在文艺复兴时期大受欢迎，蒙田对他推崇备至，莎士比亚不少剧作都取材于其记载，代表作《希腊罗马名人传》（*Vitae parallelae*），旨在说明人的性格如何决定命运。——译者注

⑳ 马萨里克（Thomas Masaryk，1850—1937），1918 年第一次世界大战结束后，捷克斯洛伐克共和国成立，马萨里克被选为首任总统，后分别于 1920 年、1927 年、1934 年连任总统。——译者注

㉑ 饶勒斯（Jean Léon Jaurès，1859—1914），法国社会党领袖，最早提倡社会民主主义的人士之一，1904 年创办《人道报》（*L'Humanité*），反对第一次世界大战，一战爆发之初被暗杀。——译者注

㉒ 蒙森（Theodor Mommsen，1817—1903），德国古典学者、历史学家、法学家、政治家，1902 年获得诺贝尔文学奖，代表作《罗马史》（*A history of Rome*）。——译者注

但克尔凯郭尔也看到了道德观念虽然能够培养正直、勇气、坚毅等，却不能赋予生命和死亡任何意义。道德观念能赋予人的唯有斯多噶主义⊖的顺从。克尔凯郭尔认为，该立场要比乐观主义更加令人绝望，他将其称为"对渴望成为个人的绝望"。通常，道德立场不会导致任何像斯多噶哲学一样高尚和一贯的理念，而是堕落为极权主义毒药表面的糖衣。我认为，这就是许多为苏联辩护之人的立场；他们希望，人能够在使邻居快乐的道德尝试中实现自我，并且这将足以抵消极权主义的现实。或者，道德立场会变为纯粹的感伤主义⊜——那些相信邪恶能够被消除，和谐能够通过善意得以确立之人，持该立场。

在所有情况下，道德立场都必将堕落为相对主义⊜。由于要在人身上发现美德，那么人所接受的一切都必须是美德，因此，如同 200 年前的卢梭、康德等人一样，以确立人为的道德绝对性为起点的立场，必须以完全否定绝对性为终点，并且进而完全否定真正道德立场的可能性。这种方式无法摆脱绝望。

那么，唯一的结论就是个人的存在是否只能在悲剧和绝望之中？那些在自我毁灭、沉入涅槃和虚无中觅得唯一答案的东方圣贤，是正确的吗？

克尔凯郭尔提供了另一个答案：作为一种非悲剧、非绝望的存在，个人

⊖　斯多噶主义（stoic），古希腊和罗马的思想流派，公元前三世纪早期创立，以伦理学为重心，秉持泛神物质一元论，强调神、自然与人为一体，"神"是宇宙灵魂和智慧，其理性渗透整个宇宙，个体小"我"必须依照自然而生活，爱人如己，融合于整个大自然。——译者注

⊜　感伤主义（sentimentalism），又称道德感理论（moral sense theory），是道德认识论和元伦理学中有关道德真理之发现的理论，认为道德与不道德的区别，是通过对经验的情感反应加以辨别的，大卫·休谟（David Hume，1711—1776）、亚当·斯密（Adam Smith，1723—1790）为其代表人物。——译者注

⊜　相对主义（relativism），是一种认为观点立足于不同的知觉和考虑的思想，不存在普遍、客观的真理，每种观点都有其自身的真理，道德相对主义包括不同的人、文化之间有关道德判断的差异。——译者注

的存在是可能的；个人的存在作为信念中的存在是可能的。罪恶⊖（完全属于社会层面的存在的术语）的反面不是美德⊖，而是信念。

信念是一种信仰，相信在上帝那里不可能也是可能的，有限与永恒是一体的，生命和死亡都是有意义的。信念是关于人是上帝之造物（不是自主的，不是主人，不是目的，也不是中心，却是负责任的和自由的）的知识。信念是对个人本质上的孤独状态的接受，因确信上帝往往（甚至"直到死亡时刻"）与个人同在而被克服。

我最喜欢克尔凯郭尔的简短著作《恐惧与战栗》。其中他提出问题：是什么使得亚伯拉罕将儿子以撒献祭给上帝的行为区别于普通的谋杀？如果亚伯拉罕从未想过要献祭，而只是想表现出对上帝的顺服，那么无疑他将不是一名杀人凶手，但将成为一名更加可鄙的骗子。如果他不爱以撒，而是对他无动于衷，那么他将愿意成为杀人凶手。然而亚伯拉罕是一个献身于上帝之人，上帝之令对他而言是绝对命令，必须不折不扣地执行，我们都知道他爱以撒甚至超过爱自己。问题的答案就是亚伯拉罕拥有信念，他相信在上帝那里不可能之事将成为可能之事，并且他能够在执行上帝之令的同时保住以撒。⊜

亚伯拉罕是克尔凯郭尔本人的象征，献祭以撒则象征着克尔凯郭尔内心最深处的秘密，即他那伟大而悲剧的爱情，纵然他对爱情的执着胜过爱自己，却亲手扼杀了这种爱情。但这种自传式暗示只是偶然性的。亚伯拉罕的故事是个人存在的普遍象征，唯有在信念中才有可能。在信念中，个人成为

⊖　罪恶（sin），是宗教语境中违背神法的行为，也可以被认为是危害个人与上帝之间理想关系的思想和行为，不同宗教对罪恶的界定存在差异。——译者注

⊖　美德（virtue），是一种特征或品质，被视为原则或良好道德的基础，天主教认为美德是"一种做善事的习惯性、坚定的性情"，包括七项美德：审慎、正义、节制、勇气、信仰、希望、仁爱。——译者注

⊜　关于亚伯拉罕献祭以撒的故事，参见《圣经·创世纪》（和合本）第二十二章"神吩咐亚伯拉罕献以撒"。——译者注

普遍,不再孤立无援,成为有意义的和绝对的,因此在信念中存在真正的道德伦理。并且在信念中,个人在社会方面的存在也变得有意义,这就如同人在真正的善行中的存在一样。

信念并非当今通常信口开河所谓的"神秘体验",即明显可以通过适当的呼吸练习或长期聆听巴赫⊖音乐而引起的反应。唯有通过绝望、苦难、痛苦而不懈的斗争才能树立这种信念。信念并不是非理性的、感伤主义的或自发的,而是认真思考和学习,严格执行纪律,彻底地节制、谦卑,自我服从更高的绝对意志的结果。只有少数人能够获得自我在上帝那里统一的内在知识(圣保罗称之为希望,我们称之为圣洁)。但由于每个人都知道绝望,所以都能获得信念。

克尔凯郭尔坚定地秉承西方宗教体验的伟大传统,具体包括圣·奥古斯丁、圣·文德⊜、马丁·路德⊜、圣十字若望⊛、帕斯卡⊛等人的传统。克尔凯郭尔强调有限和社会层面的生命对有信念之人、基督徒的意义,这使他显得与众不同,且使他在当今时代具有特别重要的意义。克尔凯郭尔是"现代的",这并非由于他采用现代心理学、美学和辩证法术语("克尔凯郭尔热"

⊖ 巴赫(Johann Sebastian Bach, 1685—1750),巴洛克时期德意志音乐家,历史上最重要的作曲家之一,将前人的创作成果融汇贯通,并采用对位法技术,创造出极为崇高、深邃、丰富的音乐世界,将巴洛克音乐发展到巅峰,代表作《马太受难曲》(Matthäuspassion)。——译者注

⊜ 圣·文德(St. Bonaventure, 1221—1274),意大利中世纪经院哲学家、神学家,方济各会第 7 任总会长,同时也是枢机主教,1482 年被封圣。——译者注

⊜ 马丁·路德(Martin Luther, 1483—1546),德意志神学家,1517 年在诸圣堂门前贴出《九十五条论纲》,发动德意志宗教改革,把拉丁文《圣经》译为德语方言,主张"因信称义",创立信义宗。——译者注

⊛ 圣十字若望(St. John of the Cross, 1542—1591),西班牙神秘学家,反对宗教改革的主要人物,罗马天主教圣徒,其诗歌及对灵魂成长的研究是西班牙神秘文学的顶峰,1726 年被封圣。——译者注

⊛ 帕斯卡(Pascal, 1623—1662),法国哲学家、数学家、物理学家,代表作《思想录》(Pensées)、《致外省人信札》(Provincial Letters)。——译者注

中出现的暂时特征），而是由于他关注现代西方出现的特有病症：个人的存在分崩离析，同时作为精神和肉体的生命被否定、每个人对其他人的意义被无视。

相反，在今天，我们将其彼此彻底分离，把"修行者"与"政委"（当然是阿瑟·库斯勒⊖采用的词汇）并列为相互排斥的两种可能性：在有限与永恒、善行与信念之间非此即彼，个人的双重存在中的其中一极被视为绝对的。这就等于完全放弃了信念："政委"为了权力和效力完全抛弃了精神领域；"修行者"将个人有限的存在（即社会生活）指派给魔鬼，并且只要自我能够得救，宁愿坐视数百万人丧失生命和灵魂。对任何虔诚之人而言，这两种立场都是不可能的，但对于那些过着精神生活，必须经由且在善行中（也就是通过和在社会责任中）维持真正信念的基督徒而言，情况更是如此。

但起码这两种立场都是诚实的立场，老老实实地承认自己破产；与此对照，西欧国家各种"基督教"政党、新教徒和天主教徒、在美国依然强大的"社会基督教"⊜运动却试图回避这个问题。这些流派试图用道德和善意代替信念与宗教体验，并作为行动的主要动力。虽然他们真诚而认真，往往以善意甚至圣人作为支持和引导，但他们不仅在政治上必然像"修行者"一样毫无建树，而且在精神生活上必然像"政委"一样归于失败，之所以这么说，是因为他们在有限的生命和永恒的生命两方面都进行了妥协。那些20世纪30年代的奥地利牧师和天主教政党领袖支持希特勒，声称"起码他反对男女混浴"，这是对政治领域那些基督教卫道士的可怕讽刺，但此处讽刺的是道德与信念混淆的事物。

⊖　阿瑟·库斯勒（Arthur Koestler，1905—1983），英国作家、记者，1931年加入德国共产党，后来逐渐倾向自由主义，代表作《中午的黑暗》（*Darkness at Noon*）。——译者注

⊜　社会基督教（Social Christianity），产生于美国内战前，罗斯福新政时期达到巅峰，由各种不同的传统构成，但均主张社会问题更多地源于个人的外在而非内在因素，基督徒应努力奋斗，积极创建更加公平合理的社会。——译者注

　　克尔凯郭尔没有提供简单的出路。无疑，对于所有专注于体验而不是理性和教条的宗教思想家而言，他过分地强调精神领域的生命，因此未能将人的存在的两极统一为整体。但他不仅看到这项任务，也展现了自己的生活，在自己的作品中指出个人的存在的现实无处可逃，存在于张力之中。克尔凯郭尔创作的大量文学作品，都以笔名面世，唯有《诠释话语》以真名出版，这并非偶然。并不是说他想隐瞒其他作品的作者身份——采用笔名并不能欺骗任何人，但"诠释"书籍本身将信念转化为社会效力，因此是真正的宗教信仰而非仅仅是"修行者"。克尔凯郭尔的全部著作，长达 20 年的隐居、著述、思考、祈祷、苦难，都是为自己生命最后几个月中采取的激烈政治行动做准备——一个人与把道德、传统与善行、信念混淆的整个丹麦教会及其高级神职人员展开激烈的斗争，这也并非偶然。

　　虽然克尔凯郭尔的信念不能克服个人的存在之可怕的孤独、孤立、不和谐，但可以通过使其变得有意义进而变得可以忍受。极权主义的哲学信条使人死亡。低估这种哲学的影响力会导致危险，这是因为，在这个令人悲伤和痛苦、充斥着灾难和恐惧的时代（也就是我们所处的时代），能够死亡是一件伟大的事情。然而死亡并不足够。克尔凯郭尔的信念也使人去死，但也使人活着。

美国政治的新形势[⊖]

过去 15 年来，美国政治赖以立足的客观现实已然发生了剧烈变化，具体包括下述四个方面：

- 人口结构。
- 社会和政治结构。
- 美国社会的权力中心。
- 国际环境。

结果导致几乎被作为公理普遍接受的美国内政和外交基本假设越来越站不住脚。

美国政治活动越来越围绕着一些新议题展开。这些新议题与过去半个世纪中的传统议题截然不同。那些长期以来被接受的议题，尤其是其传统表述方式，即使尚未变得毫无意义，也已显得越来越不现实。

最重要的是，新现实正在迅速取代传统的政治联盟。过去一个世纪的大

⊖ 首次发表于 1966 年夏季《公共利益》(*The Public Interest*)。

部分时间里，塑造美国政治进程的联盟（"南方基地"[⊖]的"桥梁"作用及其政治势力、经济集团的战略角色等）很可能会变得无足轻重。这一发展过程尚处于开始阶段，共和党的混乱形势和苦苦挣扎是其主要表现。然而，如果不改变美国政治在"非意识形态的"利益和内政事务上公认的两极分化态势，恐怕两大政党都将难以独善其身。而且，外交领域的"两党合作"模式不仅难以持续，反而有可能成为重大政治分歧的焦点。

林登·约翰逊总统[⊜]的"伟大社会"[⊜]构想，代表了美国政治对国内外某些新议题的初步回应，但回应的方式仍旧是在原有框架的范围内采用传统辞藻，诉诸旧价值观处理新议题。因此，"伟大社会"构想本质上是一个过渡阶段，人们或许会猜测，总统对此心知肚明。最重要的是，强调"共识"的目的是在部分最重要的新议题上升到政治层面之前予以解决，这种意图既具有建设性又具有很大的政治风险。即使在最成功的时期（即存在"共识"的时代），犹如早期的"善意时代"^⑩，强调"共识"往往不过是（可能持续很长时间）口头抗议、暴力性政治动荡、急剧的政治崩溃时期的先导。

国内的新现实

在最近的历史上，也就是第二次世界大战结束后的 20 年或朝鲜战争结

- ⊖ 南方基地（Solid South），美国南方各州组成的选举投票集团，自 1877 年重建时期结束到 1964 年《民权法案》通过期间，南方基地一直是美国政坛不可忽视的政治力量。——译者注
- ⊜ 林登·约翰逊（Lyndon Baines Johnson，1908—1973），美国第 36 任总统（1963～1969 年），在任期间扩张政府权力，号召"向贫困开战"，推出"伟大社会"纲领，积极介入越南战争。——译者注
- ⊜ 伟大社会（Great Society），林登·约翰逊总统于 1965 年 1 月 4 日提出的国家立法改革规划，旨在构建全面的社会福利立法体系，包括联邦政府支持教育、老年人社会保障、继续执行 1964 年的《民权法案》、消除选举权障碍等。——译者注
- ⑩ 善意时代（Era of Good Feeling），1815～1825 年，大致与门罗总统（1817～1825 年）的任期重合，当时美国宣布实行保护性关税，成立第二国民银行（the Second National Bank），孤立主义逐步发展。——译者注

束后的 15 年中，美国内外的政治、社会和经济现实发生了明显变化。

开宗明义，我认为最重要的变化如下：

（1）在过去的 15～20 年中，美国已经步入依赖公共服务的都市社会，绝大多数人生活在若干人口稠密的都市区，每个都市区都是技术和治理体系高度复杂的系统。

（2）美国劳动力的重心已经从体力劳动者（在农场、车间、工厂中受雇的熟练或非熟练工人）转变为受过正规高等教育的知识工作者。对于知识工作者和基于知识工作的经济来说，贫困已不再是面临的普遍状况。这并不是说知识工作者多么"富裕"，而是说他们的收入足以消除对吃了上顿没下顿的恐惧。整体来看，人类曾经长期处于这种恐惧状态。最重要的是，知识工作者享有前所未有的工作保障。

向知识工作转型进一步导致的后果是，体力劳动者的社会地位正逐渐发生根本变化。他们的工作保障和收入水平都没有降低，但往往被认为在经济上是"非生产性的"，在社会上是"边缘性的"。体力劳动者不再被作为重要人物。取而代之的是，受过高等教育的中产阶级雇员日益成为新的多数派。

（3）在过去 15 年中，美国已经成为一个由组织严密的大型半自治机构组成的社会。不仅有"大型政府"，如联邦政府、州政府、市政府，在政府系统内部，公务员队伍和武装力量代表着自我组织严密的、半自治的、有特定规则和领导体系的大型权力中心，还有各种大型大学、大型医院、大型工会以及其他大型组织。

工商业不过是大型组织在美国社会中最早出现的领域，在一定程度上讲，这是每当我们说到"大型组织"，往往立刻联想到"大型企业"的原因。实际上，美国社会以及其他每个现代工业社会，都已经变成由大型组织构成的多元社会，其中每个大型组织都服务于社会的一个（且只有一个）

目标和需求。

因此，在当今美国社会和政治领域中，每个组织都专注于自身的具体目标。但这些规模庞大、实力不凡、组织严密的专业组织之间的相互作用和紧密协调，才是最具有决定性的。

（4）传统联邦制理论认为，联邦政府和各州政府之间既相互竞争又彼此合作。但在新联邦制理论中，除各州政府之外的其他政治实体（尤其是都市政府）直接与联邦政府联系并紧密合作。或许更重要的变化是，"私营"组织（而不是"政府"组织）正日益成为政府履行公共职能甚至制定公共政策的代理机构，如大学、大型企业、大型教学医院等。

（5）美国社会出现了一种新的权力中心，即使尚不能超越传统的政治权力中心（如传统的经济利益集团），也足以与其匹敌。这些新的权力中心包括国防产业、教育行业、大科学领域。诚然，教育行业正快速成为美国最大的单一雇主和资本投资者，但尚未成为权力中心。然而，人们就业需要文凭，无疑代表教育工作者取得了巨大的社会胜利，身处能够控制社会的地位。而在美国，以前从未有任何单一群体获得过该地位。

国防实力和教育水平被公认为当今世界综合国力的两大支柱，也是强国地位的两大象征。

这两个权力中心（即国防产业和教育行业）共同致力于推动科学发展和技术进步，政府已承诺将其作为一项重大的新国家责任和新国家目标。

新内政议题

（1）在国内政治中，美国人已经从以经济议题为中心转向根本性政治议题，包括宪政议题、道德议题和审美议题。当然，最典型的例子是民权。无疑，民权之所以成为一个重大议题，只是因为形势越来越明显，单靠经济手段不能赋予美国黑人公民权。

虽然"向贫困开战"⊖使用的是经济术语，但也象征着从经济议题向政治议题的转变。在富裕社会中，大量人的生活衣食无忧，由于问心有愧或很大程度上从审美角度关注肮脏和丑陋现象，所以人们愿意为解决贫困问题献计献策。

另外，受过高等教育的专业雇员则很容易异化而非贫困，他们不担心经济收入，却害怕英雄无用武之地。他们缺少的不是工作岗位，而是成就感和使命感，而满足这种需求将成为美国政治的基本目标。

（2）国会自身及其职能很可能会成为重要的讨论议题。很大程度上，过去 20 年的发展导致国会不再作为政治决策的合作伙伴。相反，在许多领域中，国会正逐渐退化为批评者和评论者。新联邦制的复杂制度安排，即使没有完全超出国会的权限，也在很大程度上超出了其能力范围。

国际政治议题

塑造甚至决定美国国际政治议题的关键现实是，第二次世界大战以来美国外交政策赖以立足的公理正在逐渐消失。这条公理是：国际经济依赖美国经济，而不是互相依赖。

由于上述公理日益消失，所以我们再也不能假定，美国以自由世界领袖身份开展的行动自动符合美国的国家利益，反之亦然。

外交事务中的两党合作模式已无法延续。"实用主义"政策的时代已经来临，这正是美国当前所需的。

⊖ 向贫困开战（War on Poverty），由林登·约翰逊总统在 1964 年 1 月的国情咨文中提出，包含一系列旨在终结贫困的扩张性社会立法，是"伟大社会"规划的一部分，被公认为美国自由主义的高潮。——译者注

一、政治联盟

在过去 15 年里，美国政治中最重要的政策本质上都是在对应的政治进程之外做出的。最重要的政策涉及在传统政治联盟内部无法抉择的议题，所以几乎不可能在政治进程内部做出。

在过去 10 年左右的时间里，美国国内政治的两个关键政策可能是学校隔离[⊖]和重新分配。二者均没有经过任何值得一提的政治讨论过程，而是由最高法院（不属于政党政治的机构）直接做出。

外交政策方面同样如此：美国大规模介入越南战争，无疑是最重要的政策。该政策的出台，没有经过任何"决定"，当然也没有任何公开辩论。令人吃惊的不是存在批评美国介入越南战争的声音，而是在美国政府做出无可挽回的行动之前，几乎没有任何公开的讨论和异议。

毫无疑问，美国政治领域中最重要的传统政治联盟，正在日益消失。

南方丧失决定票

在过去几年中，传统政治联盟的两个主要基础之一（1876 年妥协[⊜]）实际上已经被废除。

除了让一位共和党总统候选人（海斯[⊜]）坐上总统宝座之外，历史书籍

⊖ 学校隔离（School Segregation），美国的学校隔离制度由来已久，1954 年，在布朗诉托皮卡教育局案（Brown v. Board of Education of Topeka）中，最高法院判决种族隔离法律违宪，开启了废止一切种族隔离措施的大门，促进了民权运动的发展。——译者注

⊜ 1876 年妥协（Compromise of 1876），又称 1877 年妥协，是民主党与共和党达成的一项不成文、非正式协议，大致内容包括联邦军队撤出南方，民主党人承认海斯当选总统，黑人的公民权逐步被南方各州议会剥夺。——译者注

⊜ 海斯（Rutherford B. Hayes，1822—1893），美国第 19 任总统（1877~1881 年），见证了重建时期的结束，开始推行公务员制度改革，试图弥合内战遗留的分歧。——译者注

几乎没有告诉我们此次妥协的台前幕后。投票前，海斯的民主党对手实际上在民意调查中领先，作为交换，联邦政府撤回了在"美利坚联盟国"⊖各州维持"外来者"⊜政权的军队。但所有各方都非常清楚，这项妥协中隐含的是美国南方和北方之间一项影响深远的协定，北方确保不干涉南方的"内部制度"，也就是南方白人至上的政策不受挑战。作为交换，南方承诺，除了在种族关系领域外，默认且不挑战北方在所有领域的领导地位。正所谓常言道，"没有南方人能成为总统"。

此次妥协使得南方代表在美国政治，尤其是国会中掌握的权力，远远超过其人口实力，甚至超出了其自身的才能。造成这种情况的一个原因是，南方人占据了国会多个重要委员会的主席职位，而这又是国会的资历制度和南方不可挑战的一党制结构共同作用的结果。⊜

虽然不是很明显，但也许更加重要的是，南方在主要政党和主要派系之间扮演的桥梁角色，确保了几乎每位总统都能够在国会获得所需的多数支持，也使得南方成为美国政坛不可或缺的组成部分。显然，不让任何一个政党在国会长期占据主导地位，符合南方的利益，因此国会中的南方议员，总是倾向于和少数派达成共识——除非是在非常时期，如战争爆发或罗斯福新政的头 100 天。

⊖　美利坚联盟国，又称"美利坚邦联"，成立于 1861 年 2 月 4 日，先后共计 13 个州加入，一般认为，1865 年 4 月 9 日，罗伯特·李（Robert Edward Lee，1807—1870）将军麾下的北弗吉尼亚州军团向格兰特（Ulysses S. Grant，1822—1885）将军缴械投降，标志着美利坚联盟国的终结。——译者注

⊜　外来者（carpetbagger），美国内战后，战败的南方百废待兴，北方的商人、政客等看准机会，纷纷在过去的蓄奴州买地、置业，或供职于处理美国黑人事务的政府部门。这些人南下的时候，往往背着一只用毯子缝制的旅行袋（carpetbag），装着他们的全部家当。南方的白人讨厌他们，于是就有了"carpetbagger"这个充满怨毒的词，用来指代怀着投机心理、谋求私利的外来者。——译者注

⊜　1876 年妥协之后，美国南方各州在政治上被民主党牢牢控制，实行严格的种族隔离制度，在长达一个世纪的时间内成为事实上的民主党一党制。——译者注

90 年来，几乎每届联邦政府都面对着国会中的政治联盟，其中南方虽然只是次要的合作伙伴，但实际上决定了相关议程和条款。

1876 年妥协被"废除"的直接原因是，第一次世界大战结束后黑人开始大规模地向北方移民。由于黑人在北方享有正式的政治平等，南方剥夺黑人的相同权利不再被认为是"内部事务"。1954 年最高法院判决公立学校中种族隔离为非法之后，一旦联邦政府抨击南方的白人至上政策，南方人就不再履行自己的义务了。这在很大程度上是约翰·肯尼迪总统的国内政策受挫的原因。

美国南方政治地位的急剧变化，最根本的原因在于南方白人人口及其分布的变迁。因为老南方⊖倾向于保留大量乡村和小镇，所以不再有足够的人口来支撑自身的桥梁角色和决定票。或者更确切地讲，由乡村和小镇构成的南方没有足够的人口来确保自身的重要地位，正如亚特兰大和迈阿密所证明的那样，成为都市的南方不再是"南方基地"。

哈里·杜鲁门和林登·约翰逊都没有得到南方的支持，这就等于放弃了传统的政治联盟。但更加重要的是，两人都能够在没有南方支持的情况下当选，证明南方不再是保持力量平衡的天平。至于约翰·肯尼迪，虽然普选票仅以微弱的优势获胜，但即使多数"美利坚联盟国"各州的选举人将票投给了支持州权的南方人，他仍旧能够当选。上述变化的附带后果是，南方人已经证明同样能够赢得提名和总统选举，这算是一个无关痛痒的安慰。⊜

当然，为了使南方发挥桥梁作用，美国在民权方面付出了过高的代价。但对于当代美国政治而言，在这 90 年中，南方发挥的特殊作用总体上是健

⊖　老南方（Old South），是指美国内战后投票支持民主党的南方各州，在文化领域中，老南方用来描述内战前美国南方以农业为基础的乡村社会。——译者注

⊜　在 1964 年美国总统选举中，来自美国南方得克萨斯州的林登·约翰逊击败了来自亚利桑那州的巴里·戈德华特当选第 36 任总统，打破了南方人不能当总统的惯例。——译者注

康的、富有成效的。

外界普遍认为，国会中的南方议员倾向于"反动保守"。这种评价只适用于他们在种族关系问题上的立场，但直到经济大萧条或第二次世界大战时期，种族问题才成为美国政治的议题。除此之外，国会中的南方议员往往是平民主义激进分子。最重要的是，为了维护南方的权力地位，他们必须与其他势力达成共识。全国性政策不会因为南方的转变而右转或左转，相反，南方却会随着全国性政策的风向而改变。实际上，南方人总是不得不起码与"自由主义者"或"保守主义者"达成部分共识，以便政府顺利发挥应有的职能。

长期担任国会委员会主席的人，虽然为了维护自己的地位往往独断专行，但也会做大量工作以牢牢掌控自己的一亩三分地。他们赋予国会扎实的专业基础，而这是其他国家的议会所不具备的。人们很难找到比来自佐治亚州的罗素参议员㊀和文森众议员㊁更努力工作、更了解所属领域的人。多年来，两人一直担任各自所在国会分支的军事委员会主席。正是由于他们的专业知识，使得国会仍有能力与联邦行政机构打交道，并对官僚体制进行一定程度的政治和政策控制，这在其他任何现代国家都是闻所未闻的。

在外交领域中，由于南方没有重要的制造业和工会利益集团，所以南方议员通常能够顾及国家利益，且比中西部或新英格兰地区的议员（他们往往受相关企业或行业的短期直接利益摆布）具有更广阔的视野。

最后，"没有南方人能成为总统"意味着国会中的南方议员没有太大野心，知道自己唯有依靠作为立法者的表现才能青史留名。

㊀ 罗素（Richard Russell Jr.，1897—1971），美国佐治亚州州长（1931～1933 年）、佐治亚州联邦参议员（1933～1971 年）、参议院军事委员会主席（1955～1969 年）、国会保守派联盟创始人，也是南方反对民权运动的领袖。——译者注

㊁ 文森（Carl Vinson，1883—1981），美国佐治亚州联邦众议员（1914～1965 年）、众议院军事委员会主席（1955～1965 年），被誉为"两大洋海军之父"，支持种族隔离，反对1954 年最高法院对布朗诉托皮卡教育局案的判决。——译者注

无论如何，南方的上述地位已经一去不复返。

绝非偶然，在参议院历史上，阻挠民权议案通过的议员首次被如此决然地挫败（在围绕肯尼迪总统的民权法案展开的斗争中）。两年后的 1965 年，南方议员甚至没有试图阻挠林登·约翰逊总统提出的更为全面的法案。同样毫不意外的是，自从 20 世纪初国会委员会采用现行的主席制度以来，委员会成员首次成功地挫败主席的意图：反对规则委员会[⊖]主席（来自弗吉尼亚州的史密斯[⊜]众议员）；反对金融服务委员会[⊜]主席（来自得克萨斯州的派特曼®众议员）。

我绝不认为南方各州会主动放弃一党制。可以想象，在未来许多年中，保持一致的压力，对外部人以及不友好的外部世界的抵制，可能会导致强化投票纪律，以至于反对党候选人在大部分南方州压根没有机会当选。

但即使南方自身没有任何变化，也已经变得无关紧要。近一个世纪以来，南方两党制的出现，即使不像内外部的"自由主义者"期待的那样是解决南方所有弊病的灵丹妙药，也被视为解救终于到来的时刻。讽刺的是，就在两党制真正有机会在南方建立起来的时候，其自身却变得无足轻重了。在国家事务中，南方必须停止作为一支单独的甚至是独特的政治势力。无论

⊖ 规则委员会（the House Rules Committee），美国国会众议院的下设委员会，成立于 1789 年，不对某个特定政策领域负责，而是决定根据什么规则提交法案，被称为"国会的交警"。——译者注

⊜ 史密斯（Howard Worth Smith，1883—1976），美国弗吉尼亚州联邦众议员（1931～1967 年）、规则委员会主席（1955～1967 年）、国会保守派联盟领导人，反对种族融合，运用手中权力阻挠多项民权法案在国会的投票。——译者注

⊜ 金融服务委员会（United States House Committee on Financial Services），又称银行委员会，美国国会众议院的下设委员会，成立于 1865 年，负责监督证券、保险、银行、住房等金融服务行业。——译者注

® 派特曼（John William Wright Patman，1893—1976），美国得克萨斯州联邦众议员（1929～1976 年）、金融服务委员会主席（1963～1975 年），1975 年被罢免，政治上持反对种族融合的立场。——译者注

"老南方"留下的是什么，都在迅速成为美国又一个人烟稀少、相对贫穷的地区，也是一个无关紧要的地区。

经济集团的衰退

美国政治格局发生的第二个重大转变是传统的经济集团不断衰退。无论是"劳工集团""农业集团"还是"工商集团"，都不能再作为政策载体。因为任何政策变化，实际上都会威胁到既得利益，所以它们只能日益成为几乎所有政策的反对力量。

在美国内战⊖至第二次世界大战期间，联邦政府内阁层级的三个部门——农业部、商务部、劳工部，分别代表一个主要的经济领域，负责确保其利益不受损害。三个部门背后的特殊利益集团，对相应部长的任命拥有实质上的否决权。确实，部长的行为更像是某一强国的大使，而不像联邦政府的内阁成员。

与之形成鲜明对比的是，第二次世界大战后联邦政府新设立的两个内阁部门（不考虑情况特殊的国防部，该部门由先前彼此独立的内阁机构合并组成）是卫生、教育、福利部和住房与城市事务部，二者的设立都不是为了代表经济利益，而是为了在主要的政策领域摆脱经济利益集团的控制和支配。并且，有关内阁设立交通部的提议，也是出于相同的目的。

因为管理是所有新型大规模组织必不可少的职能，所以在所有传统群体中，只有"经理人"群体有机会继续保持影响力并成为政策载体。无疑，管理是大型复杂组织的特有职能，企业、军队、大学、政府机构、医院概莫能外。当然，经理人群体作为一种独特的组织化权力中心，能够幸存的唯一原

⊖ 美国内战（Civil War），又称南北战争，1861～1865 年，林肯总统领导的联邦政府与南方各州围绕奴隶制问题爆发的内战，深刻地影响了美国的历史进程。——译者注

因是，以往的"资本家"已经被当今的"职业经理人"取代，后者不局限于某种特殊经济利益，而是顾及整个社会，且不完全以经济利益为导向。职业经理人企图使自己成为所在组织全部利益相关方（雇员、投资者、消费者等）的"受托人"，在这一广为宣传的问题上，他们取得了多大程度的成功尚需检验。但他们正在尝试的，毕竟是一件重要的事情。职业经理人群体是以往的联盟和未来的联盟之间的桥梁，因此对约翰逊总统倡导的"共识"至关重要，这就解释了为什么约翰逊总统一直在向他们示好。

相比之下，劳工利益集团尚未开始这种转变。除非发生重大的经济危机，很大一部分"受雇的专业中产阶级"基本不太可能实现工会化。这不仅激发了员工的活力和增长潜力，而且工作特征的改变甚至比"资本家"向"职业经理人"的转变更为剧烈，已经改变了企业的利益所在。无论如何，使专业中产阶级工会化的目标，很可能是社会层面的而非经济层面的。就经济层面而言，专业中产阶级很可能与传统工会中普通蓝领工人的目标直接冲突。

即便仅仅由于长远目标和大规模难题不是经济问题，而是政治、社会、道德、审美问题，传统的经济集团也不再代表美国社会的动态。但这并不意味着经济集团变得无足轻重或有心无力。例如，第一次世界大战以来，农场主早已失去原先的关键地位，但农业集团的能量没有同步消退。

然而，很可能会出现的情况是，上述经济集团会变得完全消极。任何变化都会威胁它们的利益。政策目标不再是它们的目标。因此，它们越来越成为"既得利益集团"，一味地致力于维护自身的特权地位。勒索而非政策，成为它们的着眼点。

种族集团复杂化

最令人困惑的领域是种族和宗教集团，如爱尔兰天主教徒、犹太人、意大利人等各类集团。

在都市的不同区域，种族和宗教集团的重要性将会此消彼长。

在都市的旧"市中心"（如纽约市的五个行政区⊖），种族集团的地位应该会变得更加举足轻重。显然，都市中的黑人正日益成为组织严密、势力强大的种族集团。因为个体黑人只有通过有组织地运用其政治权力，即通过集团"庇护"的形式采取集体行动，才能抓住上升渠道，所以都市政治中黑人以集团形式采取行动的倾向必然增加。波多黎各人⊜和墨西哥裔美国人同样如此。

反过来，这可能带动都市的其他群体组织起来采取集体行动。例如，波士顿的爱尔兰裔天主教徒再次组织为种族集团，击退了黑人集团对"社区学校"的抨击。这仅仅是众多例子中的一个。其他主要由产业工人和低级服务类雇员构成的种族群体也同样如此，如芝加哥的捷克人、克利夫兰的波兰人、匹兹堡的匈牙利人等。

然而，在市中心外围的郊区，种族集团可能不那么重要。无论出身如何（除非是一名黑人），郊区居民往往认为，最能体现自身特征的是受教育水平（这一点越来越重要）和文化素质，而不是种族身份。实际上，他们可能会对明目张胆地诉诸种族身份来质疑自己在社区内的地位之人感到愤恨。

因此，种族或宗教集团可能会变得错综复杂，能否保持吸引力同样难以准确预测。在市中心，这些集团有望变得更加重要，随之而来的将不是议题、思想或个人，而是强势"老板"以及对"团结一致"的要求。在郊区，尽管宗教信仰在大部分地方仍发挥着重要作用，但种族身份色彩可能会越来越淡化。

⊖　包括布朗克斯区（The Bronx）、布鲁克林区（Brooklyn）、曼哈顿区（Manhattan）、皇后区（Queens）、斯塔顿岛（Staten Island）。——译者注

⊜　波多黎各（Puerto Rican），美国在加勒比海地区的自由邦（境外领土），2012 年 11 月 6 日，波多黎各公投结果显示 61% 的人支持成为美国第 51 个州，但尚需美国国会批准才能正式成为州。——译者注

市中心与郊区

种族和宗教集团在市中心和郊区的不同诉求，仅仅是二者的一个区别。两种不同诉求很可能会成为都市的两大特征，最终可能导致都市在国家政治中陷入严重的分裂。

总体来看，市中心可能越来越深陷过去的政治、过去的议题以及过去的联盟。事实上，集团投票很可能使市中心将目光着眼于过去，而不是未来。当然，导致市中心深陷过去议题的因素还包括市中心很可能成为"富裕社会"中最不富裕的区域。郊区有大量年轻人，意味着有许多受过高等教育和更加富裕的居民，他们很可能会关注未来的难题，尤其是未来都市面临的难题。

而且，市中心将越来越必须承担都市服务的职责，同时税源却在逐渐枯竭。税源正日益向郊区转移。确实，我们可以想象，市中心环境的恶化，将促使大批企业将总部迁至郊区。实际上，一批最大规模的企业已经搬离。这进一步导致市中心越来越强烈地要求郊区承担部分税负，而郊区居民对市中心的抵制情绪必将日益高涨。

但比上述有形因素更加重要的可能是无形因素。都市的上述两个部分越来越代表都市文化的两个侧面。不止遥远的艾奥瓦州人会说："纽约是个旅游胜地，但我不想住在那里。"位于纽约市中心的威彻斯特郡人也会深表赞同。

因此，可以想见，美国在地理上的区分（南北之分、城乡之别、工农之差）可能会逐渐被遍及全国所有地区的市中心与郊区之间的差别所取代。未来全国性政党的组织工作，实际上意味着要把来自都市两大区域足够多的群体凝聚在一起，以支持某一项目或候选人。甚至可以预见，未来政党将主要以"市中心"或"郊区"气质为特征。

对政党的影响

政治联盟已经发生的整体性变化，可能会给两大政党带来严重难题。

（1）共和党的危机。从传统票仓衡量，共和党已经成为永久少数党。无论如何，在"老南方"成为多数党无法扭转上述整体趋势，并且会反过来进一步加剧共和党的孤立。原因在于，无论有多少犹太人、天主教徒、黑人投票支持共和党，当今共和党在气质上都接近"白人新教徒"，而白人新教徒不再是政治上的多数派。

当然，从统计数字来看，白人新教徒占总人口的2/3；从文化上看，美国过去是，且未来将一直是白人新教徒国度（尽管盛行犹太笑话和意大利比萨）。但在政治上，白人新教徒政党不再能够获得多数人的支持。在美国，几乎一半白人新教徒居住在乡村和小镇，因此不再是全国政治权力的适当基础。在都市区域，白人新教徒团体仅占总数的一半，甚至更少，且彼此之间并非铁板一块。因为他们从不认为自己是少数派，所以投票的积极性并不高。而所谓的少数派，即那些原本缺少影响力和话语权的群体，往往认为有必要组织起来为获取政治权力而战。

我们清楚永久少数党适合采取什么战略，因为这正是民主党在长达60年的时间里（从美国内战到1932年富兰克林·罗斯福当选总统）的所作所为。事实上，只有两种可行的战略，而追随者的内斗可能造成政党分裂。

首先是温和战略，即那些本质上说"我也是"的人采取的战略。除了他们是"在野的"，并不对执政的多数党发生的灾难、丑闻或任何意外事件负责之外，还恰恰因为不容易把他们与多数党区分开来，所以他们也期望有朝一日能够上台执政。在这种形势下，"温和派"希望能够吸引来自多数党抗议者的选票，从而得以上台执政并着手使自己成为永久多数党。

其次是激进战略，旨在重建一个"奉行原则"的新政党。与祖先崇拜

（具备美国政治惯有的花言巧语特征）一致，该战略很可能宣称旨在恢复过去的理想。威廉·詹宁斯·布莱恩⊖是一名"原教旨主义者"，巴里·戈德华特⊜是一名"保守主义者"。实际上，该战略的目标是制造一场重大危机，进而从中获益。

上述两种战略的前提条件都非常苛刻，在当前情况下，共和党不可能满足其中任何一个。温和战略只有在控制了一些重要权力中心的情况下才能发挥作用。例如，民主党在内战结束后的长期在野时期控制了南方基地和北方大城市。在当前形势下，共和党温和派将必须控制主要的都市区域。这可能要求把市中心和郊区合并为一个政治实体。然而，共和党对郊区的吸引力，恰恰完全取决于他们承诺不让市中心"吞噬"郊区。

激进战略要发挥作用（迄今为止，除非美国遭遇大灾难，否则不会出现该战略），需要一位具有政治领导力和足够成熟的候选人，且不会吓跑可能追随自己的本党成员以及反对党的温和派成员。如果该候选人的所作所为都是为了吸引反对党的激进派（就像威廉·詹宁斯·布莱恩和巴里·戈德华特的做法一样），那么他几乎必然会由于不能取得绝大多数人的信任而败北。多数人往往对政治冒险家感到恐惧，他们的感觉无疑是正确的。

然而，这仅仅意味着共和党对实行哪种战略举棋不定，就像罗斯福新政前的民主党犹豫不决一样。这将造成共和党在多年内动荡不安，在此过程中，每位共和党政客的首要目标，可能是阻止另一位共和党人当选，而不是

⊖ 威廉·詹宁斯·布莱恩（William Jennings Bryan，1860—1925），美国平民主义者，曾三次竞选总统，皆以失败告终，1913～1915 年任威尔逊政府的国务卿，反对美国参加第一次世界大战。——译者注

⊜ 巴里·戈德华特（Bany Goldwater，1909—1998），美国亚利桑那州联邦参议员（1953～1965 年、1969～1987 年），1964 年作为共和党候选人竞选总统，宣称"捍卫自由时的极端并不是罪恶，追求正义时的温和并不是美德"，成为保守主义运动复苏的精神领袖，被称为"保守派先生"。——译者注

击败民主党。正如约翰·林赛[⊖]在纽约市市长的竞选中所表明的，当前形势下共和党候选人赢得竞选的唯一方式就是尽可能表现得不像一名共和党人，努力使选民认可其为"独立候选人"。

所以，共和党人将被迫寻找能够使他们团结起来的议题，同时回避一定会分裂他们的议题。由于美国政治联盟的改变，内政议题几乎必然会造成共和党分裂，除非发生国际灾难、严重的经济衰退或真正耸人听闻的丑闻。因此，共和党可能试图将外交政策纳入使他们团结起来的施政纲领中。自美国独立以来，主要政党可能围绕着外交事务，而不是内政事务来组织政治联盟，尚属首例。

（2）民主党的困境。同样，民主党也将受到政治联盟变化的强烈影响。该党必须赢得"新的多数派"（受过高等教育的中产阶级雇员）的拥护。但与此同时，该党还必须忠于传统的权力群体、经济集团和种族集团。这就有可能造成顾此失彼，甚至有可能把新老集团同时得罪，1965年民主党在纽约市的选举战略就出现了这种尴尬的局面。在选举过程中，试图争取"右派"守旧群体选票（犹太人、爱尔兰天主教徒、意大利人等）的新颖尝试，反而造成这些群体中大量受过良好教育的年轻成员跨越党派界限，投入共和党阵营。[⊜]

在这种两难困境中，民主党可能试图把注意力集中在能够团结两类群体的议题上，即城市议题，包括都市议题、医保议题以及最重要的教育议题。出于同样的理由，民主党可能会淡化造成两类群体分歧的议题：传统的经济议题和外交议题。

⊖ 约翰·林赛（John Lindsay，1921—2000），美国联邦众议员（1959~1965年）、纽约市长（1966~1973年），1971年从共和党转投民主党，1972年参与竞争民主党总统候选人提名，但以失败告终。——译者注

⊜ 在1965年的选举中，共和党候选人约翰·林赛击败民主党候选人亚伯拉罕·比姆（Abraham D. Beame，1906—2001），成功当选纽约市市长。——译者注

（3）创造新的多数派。从长远来看，胜利不会属于把过去的碎片最好地拼接在一起的政党，而将属于任何能够构建新的全国性政治联盟和新的权力基础之人。胜利者的倚靠将不再是经济利益集团，而是受过高等教育的专业中产阶级构成的"新的多数派"，以及把中产阶级认为有意义的议题具体化的能力。（在美国政治中，上次开展类似工作是在 1896 年总统选举之后，当时马克·汉纳⊖利用经济利益集团，搭建起美国政治大厦的结构性框架，虽然住户早已换了一茬又一茬，但大厦多年屹立不倒。）现在，人们甚至难以预测未来的政治联盟会是什么，可能的依靠力量是什么。

因此，美国政党政治面临着非常大的创新机遇，也亟须创新。未来所需的政治家，是能够通过处理新议题、调动新权力中心创造性地组建新政治联盟之人。

二、新一代的政治

行文至此，我只是给出了清单，并没有深入分析。即使清单的每个细节都准确无误，我仍不能准确地预测美国政治的未来。在政治领域中，重要的不是特定的难题及其答案，而是整体模式和框架结构；不在于讨论的议题是什么，而在于涉及的相互关系和政治价值观，相关议题侧重的是什么；与其说是正在制定的什么法律，不如说什么样的品格能够有效发挥领导力。政策和措施的重要性不如价值观和基本假设。

关于未来的框架结构，最重要的事实很可能是，美国（甚至是全世界）正在经历一次重大的代际转换。

⊖　马克·汉纳（Mark Hanna，1837—1904），美国俄亥俄州联邦参议员（1897～1904 年）、共和党全国委员会主席（1896～1904 年），重组共和党，支持威廉·麦金莱入主白宫。——译者注

当然，该转变的外在表现是，单从年龄来看，当今世界各国的许多政治领导人显然是他们那代人中硕果仅存的最后几位。他们成长于20世纪二三十年代，但即便是第二次世界大战后的四五十年代，对他们而言也正迅速成为历史。

从人口年龄结构来看，虽然与欠发达国家（如拉美国家、印度）相比，当今美国并不是一个很年轻的国家。由于婴儿死亡率大幅下降导致的"人口爆炸"，上述欠发达国家的人口平均年龄已经下降至15岁左右。但与本国的历史和近年的形势相比，美国确实正在变成一个年轻的国家，其中半数人口不足26岁，且大多受过良好的教育，其经历和期望明显不同于那些仍主导着美国社会、政治、经济政策之人。相比之下，美国的中年一代人（30～50岁）现在非常弱势，10年后必将更加严重。当然，这个结果的根源在于20世纪30年代低下的人口出生率。到1972年，美国超过一半的合法选民将不到32岁。然而，除了罗伯特·肯尼迪参议员，其他政治人物似乎都没有注意到这一事实。

因此，权力和地位可能很快就会从经济大萧条之前或期间开始工作的那代人手中，转移到对大萧条仅有模糊的童年记忆的新一代人手中——如果不是那些仅在高中课程中听说过第二次世界大战的人的话。林登·约翰逊总统手下的年轻人（那些30岁出头的助理）只是新一代人的先锋队，他们很快就会在美国生活的所有重要领域占据顶尖位置，如企业、政府、大学、军队，甚至包括工会。

但代际转换不仅仅是年龄的转变，更是观念、认知、整体经验的转变。在新一代美国人看来，"正常的"世界由科学和技术主导，具有丰裕的物质财富、多年的高等教育、完善的就业保障，且在国际领域充满动荡和危机。这一切都是他们的父母在相同年龄时无法想象的。

更剧烈的或许是观念方面的转变。新一代人认为理所当然之事，老一代人尚未真正学着去了解。对新一代人而言，理所当然的是：

- "地球村"：利用现代通信手段，把整个地球整合为一个人们能够彼此瞬时联系的地方。
- "太空人"：超出公认的人类生存极限。
- 技术：既指从事体力劳动的方法，本质上又包括运用系统的组织化方案切实解决经济难题。

上述三种新观念带来的后果异常重要，但遗憾的是多数人可能完全想象不到。

地球村观念可能不会使我们成为更彻底的"国际主义者"。⊖确实，这可能会大大挫伤传统的美国传教士为他人做事的积极性，而不一定会提高和他人一起做事的愿望（这也是美国的一个悠久传统）。然而，地球村观念可能使我们不再透过欧洲人的眼镜（无论是德国学者的，还是英国费边主义者⊖的）看待外部世界，而这恰恰是长期以来美国"自由主义者"看待世界的方式。

甚至很多迹象表明，新一代人将抛弃老一代人持有的"世俗主义"观念——他们不是转向组织化的宗教信仰，而是信奉一种强调个人价值和个人承诺的新型"内在导向"理念。无疑，今天在校园里"疯狂胡闹的孩子"，多数都将成长为墨守成规的中年人，既理智、顺从又让人感到压抑、无趣。且无论如何，调皮捣蛋者在总人口中毕竟是极少数的。这些可能预示着人们的价值观和关注点的转变——转而关注道德、审美、价值观、人。

然而这仅仅是推测。我们可以很有把握地说，代际转换很可能改变美国

⊖ 国际主义者（internationalist），国际主义的支持者和倡导者，主张超越民族主义，国家间应为共同利益而开展更广泛的经济和政治合作，自 19 世纪诞生以来至今影响不衰。——译者注

⊖ 费边主义者（Fabian），英国社会主义流派，主张通过民主国家的渐进改革实践民主社会主义原则，直接影响了英国工党的成立和发展，1884 年成立费边社，代表人物有萧伯纳（George Bernard Shaw，1856—1950）、西德尼·韦伯（Sidney Webb，1859—1947）等。——译者注

的政治风向——美国各政治势力转而关注气候、感情、价值观等议题。

类似的转变必然导致混乱无序。这意味着过渡时期必将充斥尖酸刻薄的异议，形势急剧变化必然破坏长期以来熟悉的标准，党派之争、政治倾轧在所难免。过渡时期不可能是一个有"共识"的时代，也根本不可能是一个政治冷漠的时代，而外交领域可能会成为政治风暴的一个中心。

1964 年的总统选举显然是美国政治的分水岭。现在我们面临的形势，即使不像 1822 年之后的形势（"善意时代"逐渐成为过去，美国政坛进入长期重组时期），也非常接近 1896 年⊖总统选举之后的局面。

伟大社会：实质和辞藻

林登·约翰逊总统的"伟大社会"构想，明确关注新现实，致力于解决未来可能出现的问题。在内政方面，该构想主要关注都市、教育、医疗、工业社会审美、基本伦理道德等。迄今为止，在他最重要的演讲（1965 年在霍华德大学发表的关于美国黑人的演讲）中，明确地把伦理道德置于施政的中心位置。

另外，约翰逊政府也开始解决一些宪政层面的难题。（顺便说一下，这方面是肯尼迪政府政策议程的延续。）"白宫会议"⊜（例如关于教育或自然环境的会议）起码使得"新联邦制"的相关计划不再隐匿于办公室内部，而是暴露在公众眼皮底下。军队与文官政府的新型从属关系，无论在多大程度上要归功于某位国防部长的个性和强势，显然从一开始就是约翰逊总统的既定政策。

⊖ 1896 年，马克·汉纳开始担任共和党全国委员会主席，重组共和党，支持威廉·麦金莱当选总统，此次选举是一场重新转型的选举，开启了共和党长期执政的时期。——译者注

⊜ 白宫会议（White House Conferences），美国总统行政办公室主办的全国性会议，旨在讨论对公众具有重要意义的问题，1909 年西奥多·罗斯福总统首开先例，林登·约翰逊总统 1966 年召开过一次白宫民权会议。——译者注

　　甚至在外交领域中，虽然肯尼迪政府和约翰逊政府都表现得中规中矩，既不"大胆"，又没有多少"创新"，但即便仅仅因为东南亚局势[⊖]，新的思考可能已经开始。

　　但从其使用的辞藻来看，"伟大社会"非常古老，重点关注的是过去。

　　正如约翰逊总统的用法，"共识"实际上意味着把全部传统的权力群体（尤其是全部经济利益集团）聚集在一起，共同制定一项政策来解决当今面临的难题。当然，这尤其意味着在共同的经济政策中，引入迄今尚未与其他经济利益集团结合在一起的工商利益集团。

　　在现实政治中，"共识"会把所有接受过去的既成事实的人团结在一起，唯有那些仍想否定历史的不妥协者会被排除在外。

　　起码迄今为止，"共识"的有效性毋庸置疑，将使约翰逊政府比我们记忆中的任何一届政府做更多的事情。最重要的是，这使得约翰逊政府能够完成更多的新任务。当约翰逊总统利用美国人在过去的议题上近乎一致的意见，推进解决当今难题的新方案时，我甚至认为，美国或其他任何国家的领导人都不曾展现出更高的技巧和更强的意志。约翰逊总统充分利用"共识"来解决难题，并在其成为政治议题之前予以回应，或许该过程的唯一问题是，手段如此高超，以至于许多人不能完全领会其奥妙所在。

　　前任总统的经验表明，或许没有其他方法能完成约翰逊总统从事的事业。肯尼迪总统也是一名过渡时期的人物，但颠倒了实质和辞藻之间的顺序。他采取的行动，重在清理和完成过去遗留的任务，所以其政治行为显然立足于旧的新政联盟。但他采用的是新一代人的辞藻（如果你喜欢，也可以称作"风格"）。然而，他必须竭尽全力地奋斗，实质上并没有取得什么成

　　⊖　是指越南战争的局势，美国自 20 世纪 50 年代中期艾森豪威尔政府时期，历经约翰·肯尼迪政府、林登·约翰逊政府，日益深陷越南战争的泥潭，在美国国内外造成了巨大的负面影响。——译者注

就。这不能归咎于国会，约翰逊总统在执政的第一年，面对的是同样的国会，但克服了其阻挠肯尼迪总统的所有行动。换言之，无论约翰逊总统要采取什么行动，可能必须压制异议才能如愿以偿。

然而，"共识"政治中也隐藏着巨大危险，并可能与日俱增。

头号危险显然是失去年轻人（即受过高等教育的专业中产阶级构成的"新的多数派"）的拥护。

我认为，毫无疑问，对这些人而言，约翰逊总统绝非英雄。确实，显而易见的是巴里·戈德华特在1964年获得了该群体的热情支持。用传统政治议题的辞藻来讲，"新的多数派"是一个非常保守的群体，以往的"自由主义"措辞必然让他们厌烦。若说他们对极右势力的构想很感兴趣，这是值得怀疑的。但起码巴里·戈德华特讨论了"原则"问题。

约翰逊总统有被"新的多数派"完全误解的危险。原因不仅在于他的个性，还在于他明显不同于自己的前任，既不是"新一代"，又非真正的"老练"。"新的多数派"可能完全没有领会约翰逊总统采取的行动所体现的政策实质，并误认为是一个聪明的宣传噱头。总而言之，在期待坚定的信念之处，新一代人可能听到投其所好的聪明回应。

因此，谈论政策必将疏远传统的权力群体，不谈论政策会冒失去新一代人支持的风险，对约翰逊总统来说，这种谨慎做法能够维持多久是一个根本性难题。如果他不主动出击，那么仍能得到年轻人的理解吗？毫无疑问，是冲突创造了政治激情，孕育了政治支持，调动了迄今尚未投入的政治力量，在国会历练多年的林登·约翰逊先生对此是否真的明白？

次要危险是，靠压制异议得到的"共识"也会扼杀讨论和理解。在外交领域中，正因为当前美国可能必须迅速贯彻震惊世人的不同政策，所以这种做法尤其危险。公众对转变毫无准备。不论是由于约翰逊总统不喜欢被批评，还是担心政策辩论会限制自己的行动自由，公众一直被有意地蒙在鼓里。在美国，几乎没人知道我们已经致力于一项新的重大战略：遏制中国。更少的人认识到，美国在西欧的传统军事、外交和经济政策，正面临巨大的挑战。当然，压制异议非常危险的原因是，在一个如此复杂和不稳定的世界里，如果任何事情出了差错，就会有产生严重的暴力和非理性行为的风险，并且必然会发生一些事情。

"共识"政治最大的弱点，是在制定政策和建立新的政治联盟方面对总统领导力的限制。

新想法尚未落实。约翰逊总统可能期望自己的行动能够孕育新政策。他可能是对的。但在政治领域中，行动不一定胜于雄辩。这些话并没有被公开说出来。在霍华德大学的演讲表明，他有能力表达自己的观点，而且滔滔雄辩，感人肺腑。尽管（或许是因为？）他不断公开露面，但显然避免明确支持一种新的政治观点、思想、方向。因此，他可能会对国家和时代形成误判。在我看来，在这片土地上似乎存在着一种期待，一种对所有繁荣背后的不祥预感，一种对严重不尽如人意状况的逆来顺受。

共识政治也使得总统难以（如果不是不可能的话）成为政治设计大师，新政治联盟的构建者，新（或起码是变化了的）力量、认知、思想结构的塑造者，而这恰恰是国内外新形势所要求的。他必然忙于延长旧框架结构的运作时间，以至于似乎没有留下时间致力于创建一个新结构。

这并不是批评。事实上，难以想象约翰逊总统还能做些别的事情。毫无疑问，他所做的一切都表现出精湛的技巧。但尽管如此，"伟大社会"仅仅是子孙后代将会路过的暂停站，还是美国人民的目的地，这个问题似乎将取决于约翰逊总统成为未来政治设计大师的能力——尽管需要维护历史，甚至使历史长存。

显而易见，林登·约翰逊政府是一个过渡政府。但未来将会把它视为从旧的过渡，还是向新的过渡呢？

第 4 章 | CHAPTER 4

浪漫的一代年轻人[⊖]

　　我拿起电话，里面的人说道："我是奥洛克嬷嬷，是一所大型天主教女子学院的院长。董事长和所有教职员工都非常希望您能接受我们的邀请来演讲，就社会议题及其重要性与我校的女孩们聊聊。10 年前，我校学生的兴趣集中在劳资关系、国际关系以及其他重大社会和政治问题上。现在她们却只关心公民权利、'个人的人生哲学'、自己未来的家庭规模以及如何抚养小孩等良心问题和个人事务。当然，那些都无可厚非，我们都非常支持。但经济和政治问题依然存在，且远远没有得到解决。女孩们当然应该了解这类问题，而非将注意力局限于小我和良心方面。"

　　极力邀请演讲者（尤其如果是免费演讲的话）的院长，与得克萨斯州投机分子筹集资金的行为一样，都难免夸大事实。然而院长嬷嬷在电话中的概括性观察评论，使我对当今这一重要群体（20～25 岁，正在读大学或研究生的年轻男女）中的风尚产生了好奇。该群体引领了从圣迭戈州立大

⊖　首次发表于 1966 年 5 月《哈珀斯杂志》（*Harper's Magazine*）。

学⊖到哈佛大学校园中的知识潮流，但在我看来，该风尚与这个规模不大却非常有影响力的群体一点都不相符。

例如，"人人都知道"这些受过高等教育的年轻人已经抛弃了传统的新教伦理。自从 1950 年大卫·理斯曼⊜出版名著《孤独的人群》以来，美国年轻人越来越趋向"外在支配型"人格，这几乎成为一条公理。但是，当我挂断电话，从奥洛克院长嬷嬷的邀请中解脱出来之后，突然意识到，当今美国大学和研究生院的许多年轻人正在寻求一种基于个人价值观（如果不是精神的话），而非社会效用或社区习俗的道德伦理。旧的意识形态和口号让这些刚成年的人感到心灰意冷，约翰逊总统的"伟大社会"也不例外。人们满怀热情地追求个人对生活哲学的承诺。最重要的是，一种新的内在支配型人格在这个群体中弥漫开来。

或许，校园中的畅销书是风尚的最佳指针。本科生和研究生以同样的方式读过许多书，其中之一可被历史学教学助理恰当地称为"立地禅"⊜类著作。他们阅读弗洛姆⑳的著作，还阅读下列两位貌似矛盾、实则互补的作者的著作：①保罗·古德曼㊄（代表作：《荒唐的成长》《乌托邦散文和实践建

⊖ 圣迭戈州立大学（San Diego State），位于加利福尼亚州圣迭戈市的一所公立研究型大学，成立于 1897 年，约翰·肯尼迪总统、马丁·路德·金均在该校做过演讲。——译者注

⊜ 大卫·理斯曼（David Riesman，1909—2002），美国社会学家、作家，研究主题聚焦于城市中产阶层的社会性格，"孤独的人群"成为现代城市社会中的流行语，代表作《孤独的人群》（*The Lonely Crowd: A Study of the Changing American Character*）。——译者注

⊜ 立地禅（Instant Zen），20 世纪 60 年代，美国流行文化中称服用 LSD 致幻剂为参"立地禅"，此处"立地"取"立地成佛"之"立地"，为登时之意，所谓立地禅类著作，即与激发人的神秘官能相关的书籍。——译者注

⑳ 弗洛姆（Erich Fromm，1900—1980），德裔美国精神分析学家、法兰克福学派成员，主张把精神分析原理用于治疗文化疾病，建立心理平衡的"健全社会"，代表作《逃避自由》（*Escape from Freedom*）。——译者注

㊄ 保罗·古德曼（Paul Goodman，1911—1972），美国小说家、剧作家、诗人、精神治疗师，20 世纪 60 年代左翼和平主义倡导者，也是学生运动的灵感来源，代表作《荒唐的成长》（*Growing Up Absurd*）。——译者注

议》），堪称反对社会及其所有工作的现代梭罗⊖，其"瓦尔登湖"就是大学的研究生心理学系；②安·兰德⊜（代表作：《源泉》《阿特拉斯耸耸肩》以及新书《自私的美德》），可谓全国制造商协会⊜的尼采，宣扬组织超人。他们也读萨特⊛的著作。（尽管他们声称对存在主义哲学⊠感兴趣，但倾向于把加缪⊗的著作置于"必读书"的边缘，而他的同情心、慷慨和对同胞的关怀，使其受到怀疑能否作为"经典人物"。）

自从 200 年前，歌德在《少年维特之烦恼》(顺带提一下，这也是第一本国际畅销书）中发明"青春期"这个词以来，总有一种文学作品声称自己是青春期文学。塞林格的《麦田里的守望者》是 10 年前刚成年之人的"时髦"书籍，虽然本书主人公生活在现代富裕社会中，有条件通过精神疗法对其进行救助，而歌德书中的主人公唯有自杀一途，但仍不过是一本当代的《少年维特之烦恼》。我们的祖母一代人会被斯文伯恩⊕稍微有点老套色情的小册

⊖ 梭罗（Henry David Thoreau, 1817—1862），美国作家、哲学家、废奴主义者，文体风格结合了对大自然的关怀、个人体验、象征手法和历史传说，善感敏锐，且富有诗意，代表作《瓦尔登湖》(*Walden*)。——译者注

⊜ 安·兰德（Ayn Rand, 1905—1982），俄裔美国哲学家、小说家，强调个人主义、理性的利己主义、彻底自由放任的资本主义，开创客观主义哲学运动，代表作《阿特拉斯耸耸肩》(*Atlas Shrugged*)。——译者注

⊜ 全国制造商协会（NAM），1895 年，托马斯·伊根（Thomas P. Egan, 1847—1930）等创建于美国辛辛那提市，现总部位于华盛顿，代表美国制造商向政府、媒体等提供相关政策建议，是美国最具影响力的制造业倡导组织之一。——译者注

⊛ 保罗·萨特（Jean—Paul Sartre, 1905—1980），法国小说家、剧作家、20 世纪最重要的哲学家之一、存在主义的领军人物，1964 年获诺贝尔文学奖，但拒绝接受，与西蒙·波伏娃（Simone Beauvoir, 1908—1986）结为非传统伴侣，代表作《存在与虚无》(*Being and Nothingness*)。——译者注

⊠ 存在主义（Existentialism），非理性主义哲学流派，认为人存在的意义是无法经由理性思考而得到答案的，强调个人、独立自主和主观经验，代表人物有海德格尔（Martin Heidegger, 1889—1976）、保罗·萨特等。——译者注

⊗ 加缪（Albert Camus, 1913—1960），法国小说家、存在主义哲学家，1957 年获诺贝尔文学奖，其作品主要关注的是在一个陌生的宇宙中，人类的孤立、个体与自身的疏离、罪恶、死亡的紧迫结局等，代表作《薛西弗斯的神话》(*Le Mythe de Sisyphe*)。——译者注

⊕ 斯文伯恩（Algernon C. Swinburne, 1837—1909），英国诗人、剧作家、评论家，许多作品涉及同性恋、受虐狂等禁忌题材，曾在牛津大学和剑桥大学的学生中广泛流行，代表作《诗与谣》(*Poems and Ballads*)。——译者注

子感动得泪眼婆娑，深深铭记于心。一代代头脑冷静、不苟言笑的新英格兰女孩，则沉浸在纪伯伦○的《先知》酿就的低热量碳酸糖浆中。一代代同样理智的欧洲男孩，一边为成为德国工程师或法国海关检查员而不懈努力，一边像司汤达○赞颂激情之爱一样沉迷于男性洛丽塔○。当我们这一代人在1930年左右刚刚成年时，艾略特的《荒原》和更早的多恩⑩的作品是我们的"圣经"，我们错过了流行的门肯⑩和尼采仅仅几年的时间。

所以，在不同代的人之间，校园流行的作家和书籍差别很大，而不仅仅是在他们的文学价值方面。此外，整个流派都有共同的特点。例如，某些作品普遍充满天真的多愁善感或充满苦乐参半的感情，德国人称之为悲观主义（只有非常健康、精力充沛，并且满怀希望的年轻人才能承受得住）。某些作品沉溺于自艾自怜（这方面的著作，《少年维特之烦恼》在世界文坛上仍然无出其右）。每一代校园偶像往往没有任何理由地反对一切。毕竟，20岁左

○ 纪伯伦（Kahlil Gibran，1883—1931），黎巴嫩裔美国作家，其浪漫主义风格的散文诗，被视为阿拉伯文学复兴的核心，在20世纪60年代的反主流文化中广受欢迎，代表作《先知》（*The Prophet*）。——译者注

○ 司汤达（Marie-Henri Beyle，1783—1842），法国作家，以准确的人物心理分析和凝练的笔法闻名，在《论爱情》中，他认为存在四种不同的爱情：激情之爱、情趣之爱、肉体之爱、虚荣之爱。透过作品人物形象，可以窥见其本人憧憬激情之爱，认为"爱情在伦理学上是一切感情中最强烈的激情"，代表作《红与黑》（*The Red and the Black*）。——译者注

⑤ 男性洛丽塔（male Lolitas），"洛丽塔"一词源于俄裔美国作家纳博科夫（Vladimir V. Nabokov，1899—1977）的小说《洛丽塔》，后发展为一种亚文化和时装风格，接近英国维多利亚时代的童装，从头到脚都布满蕾丝、褶边和蝴蝶结。女性洛丽塔要比男性洛丽塔更加常见，后者通常有两种形式：维多利亚时代男童装和男扮女装。如今已发展为多个风格流派，各国均有爱好者，以日本为盛。——译者注

⑩ 多恩（John Donne，1572—1631），英国诗人，伦敦圣保罗大教堂教长（1621～1631年），其作品在20世纪再次流行，成为许多英语诗人和评论家的偶像，代表作《歌与十四行诗》（*Songs and Sonnets*）。——译者注

⑤ 门肯（H. L. Mencken，1880—1956），美国讽刺作家，抨击美国伪善的社会现象，后来出版的日记表明他持有种族主义和反犹主义思想，代表作《美国语言》（*The American Language*）。——译者注

右刚成年的人，虽然身心已经成熟，但仍旧不需要承担过重的责任——无疑，他们受到一种令人愉快的错觉鼓励，认为无论自己砸烂汽车挡泥板还是在某个机构中捣乱，父母都将替他们料理好一切。

流行的文学作品，总是反映特定时代之人的感情。正是由于文学作品说出了年轻人自己无法表达出来的感受，所以其实就是他们自己的感情。流行的文学书籍不是向读者说教，而是为读者说话。即使转瞬即逝（通常是些垃圾作品），但也忠实地反映出当下校园中一代人如何看待自己，或起码反映出他们想要如何看待自己。

当今这类流行书籍，即使算不上对社会及其需求、价值观、奖惩怀有敌意，也绝对是对这些都不屑一顾。这些书往往宣称，真理只能源自个人的内在体验，个人的良心需求是行为和行动的可靠指南。因为唯有自己的话语和思想构成的保护层是为了自己而存在的，所以萨特的作品"广泛流行"，而加缪的作品不能投其所好。

在前述当今的作家中，显然新弗洛伊德学派㊀精神分析学家弗洛姆是"温和派"。他在当代校园文化中扮演的角色，与30年前的雷茵霍尔德·尼布尔㊁所扮演的一样。尼布尔后来甚至提醒读者，不要忽略人及其精神需求。但在那时，他因为宣扬公共责任和自由派改革的"社会福音"㊂，所以

㊀ 新弗洛伊德学派（neo-Freudian），20世纪中期一群联系松散的美国理论家，都受到西格蒙德·弗洛伊德的影响，往往在社会或文化领域扩展各自的理论，弗洛姆（Erich Fromm，1900—1980）是其代表人物之一。——译者注

㊁ 雷茵霍尔德·尼布尔（Reinhold Niebuhr，1892—1971），美国神学家、伦理学家，发展了基督教现实主义的哲学观点，抨击乌托邦主义无助于解决现实问题，使许多人从理想主义转向现实主义，代表作《道德的人与不道德的社会》（*Moral Man and Immoral Society*）——译者注

㊂ 社会福音（social gospel），1870～1920年，美国兴起的一场声势浩大的宗教性社会改革运动，支持者声称神的王国需要社会和个人来拯救，主张应用《圣经》中的慈善和正义原则改善大工业社会，其中劳工改革是社会福音运动的重要努力方向，最终融入罗斯福新政时代的社会立法。——译者注

才成为年轻人的偶像。相比之下，今天的弗洛姆则提醒人们不要忘记社区和社会，但他被接受是因为侧重强调人与其自己内心的关系。尼布尔问读者，作为一个道德高尚的人，你想要生活在什么样的社会中？弗洛姆则问，你想要成为一个什么样的人？就像其他为年轻人发声的作家一样（保罗·古德曼、安·兰德等），弗洛姆关注的中心是个人自我。

这种新的"内在支配型"人格还有许多其他表现。"真诚"这个词汇的流行就是其中之一。对老一代人来说，这是一个令人不快的词汇。我们犹记得 30 年前的绥靖主义者和叛国者说过："起码希特勒是真诚的。"但对当今刚成年的人来说，"真诚"再次成为衡量其行为（尤其是公共生活中的行为）的有效标准甚至是最终标准。一年前，我听说一些聪明博学的哥伦比亚大学研究生时常通宵座谈讨论。实际上，他们对不同发言者的具体论证或论点一点都不感兴趣，更对其事实判断不屑一顾，唯一想知道的只是："你认为他是真诚的吗？"

还有一个与此相关的现象，即现在人们普遍对"精神药物"如 LSD ⊖感兴趣。无论人们产生什么幻觉，都完全以自我为中心，强调自我意识的内在体验，屏蔽外部世界，忽略他人，也不存在人际关系。

去年夏天，在奥洛克院长嬷嬷打来电话几周之后的一次登山旅行中，一位心理学家朋友开始谈论一家中西部心理健康中心的"管理难题"，该中心培训的大批研究生，后来成长为精神病学家、心理学家和社会工作者。

我插话问他："你把这些管理难题归咎于什么原因？机构的发展？"

他回答说："无疑，我们的成长速度非常快，规模比 1950 年增长了 4 倍，但这是次要因素。我们面临的最大难题是学生态度的根本转变。10～15

⊖　LSD，德语 Lysergsäure-diäthylamid 的简写，中文名为麦角酸二乙基酰胺，1938 年由瑞士化学家艾伯特·霍夫曼（Albert Hofmann，1906—2008）首次合成，是一种强烈的半人工致幻剂，能造成使用者 6～12 小时的感官、记忆和自我意识的强烈变化，20 世纪五六十年代曾被部分精神病学家用于临床治疗，如今被欧美多数国家列为非法药品。——译者注

年前，来我们中心的人都想要成为科学家，普遍以研究为导向。当他们发现心理学或精神病学的经验数据和科学理论尚存在不足时，会感到沮丧。我们不得不日复一日地再三强调，从业者与之打交道的是一个个独特的人，有自己的感情、愿望、经验、价值观，并且从业者本人也是一个人。"

"通常，现在来我们中心的人往往得到了更好的科学训练。但他们就像一些受挫的神职人员，来我们中心只是因为周边没有非宗派的普通神学院。我们每天都必须告诉他们，自我实现、怜悯、邻里之爱是不够的。事实上，如果没有经验事实和健全理论的支持，将使他们受到伤害。10～15年前来找我们的人，都出去寻找事实；现在来找我们的人，都出去寻找自我。"

20世纪50年代，学生都是外在支配型；今天，学生都是内在支配型。如何解释这种转变呢？

第一个原因当然是，这代年轻人对传统社会议题不再抱有幻想。在20世纪60年代，无论那些议题多么重要，都不能让他们提起兴趣。对于报业工会提出的养老金要求，任何人都难以动容。在印度和巴基斯坦的冲突中，哪一方是"邪恶的帝国主义者"？事实上，多数社会难题，已不再是"议题"，而成为"研究领域"。在过去，他们常常呼吁带来承诺和行动的激情，而现在，他们呼吁能够用来写博士论文的艰苦乏味研究。几乎没有博士论文能激发作者的想象，灌注作者的情感，更别说对这代年轻人而言了。

第二个原因是，越来越多的研究生致力于攻读更高的学位。一个独特的研究生共同体的诞生和迅速发展，孕育了对"内在体验"和"真诚"的强调，并致力于追求"个人哲学"。许多研究生有一种强烈的内疚感，因此需要内在支配的伦理来证明自己行为的合理性。

在某种程度上，他们需要一个将自己的经济地位合理化的理由。多数研究生虽然不富裕，但生活水平远超贫困线。然而，他们的收入来自奖学金或助学金，而不是工资薪水。如果家里有一位工薪阶层，那往往是妻子而不是丈夫。作为消费者，他们是富裕社会的一部分。但作为生产者，他们并不属于该社会。一些研究生对此非常难为情，因此他们强烈主张为读研支付固定工资。但更多的人寻求的是一种伦理道德，主张经济报酬基于工作对个人的意义和对其自我发展的贡献，而非工作的社会效用和对他人的价值。

　　然而，最重要的是，研究生需要这样一种内在支配型伦理来合理化自己的动机。可以肯定的是，追求学问是某些人的主要动机。其他人则是被现代经济提供给受过高级专业教育之人的高昂回报所吸引。很多研究生都非常清楚，他们决定留在学校，很大程度上是因为奖学金和助学金使他们衣食无忧。他们常常暗中猜测，为推迟成长及随之而来的许多责任和决定，读研是一种愉快的方式。还有一些人为了避免服军役而读研，他们情不自禁出此下策。因此，当他们谈论自己留在学校的原因时（他们不厌其烦地谈论这些），就倾向于强调"自我实现""真诚""基本价值观""个人的人生哲学"。

　　虽然继续读研正迅速成为一流大学生的正确选择，但研究生人数依旧不多——把他们的妻子和孩子包括在内的话，或许会有 50 万人。然而，该群体的影响力与其人数不成正比。多数研究生聚集在为数不多的几所大学内，如加州大学伯克利分校、哈佛大学、麻省理工学院、加州理工学院、纽约大学、芝加哥大学、斯坦福大学等。结果，研究生日益主导了上述一流高校，当然也就成为整个学术界、教职员工以及大学生的引路人和时尚创造者。的确，在伯克利分校的骚乱和大量宣讲会中，领头的首次是研究生而不是大学生。

　　当然，民权运动也是新时尚的巨大推动力量。民权运动使这代学生能够从事自己期望已久的事业——良心事业。与过去的自由主义者相比，这代年轻人的民权观点更接近一个世纪前的废奴主义者^㊀。他们认为，压迫黑人是

㊀　废奴主义者，主张废除奴隶制度的人，自 18 世纪启蒙时代起，欧美各国掀起了一场废除奴隶制度及奴隶贸易的运动，19 世纪中期达到高峰，美国内战的主要原因即为奴隶制的存废问题。——译者注

一种罪恶而非错误。众口传唱的"我们必得胜"⊖是一首福音赞美诗,而非一篇《新共和》杂志⊜评论。这在很大程度上解释了民权运动对一代学生的感情、视野、世界观的深远影响。此外,民权运动给个人的首创精神和实现目标提供了空间,而在其他时期,20 岁出头的年轻人不可能得到这样的机会。有些学生(有白人也有有色人种)去南方的自由学校⊜教书。有些白人女大学生深入北方最肮脏且危险重重的市中心黑人贫民区,完全靠一己之力给居民做指导和咨询。

然而,单靠国家形势的发展并不能解释校园时尚的转变。这绝不是美国独有的现象。事实上,无论实行什么种族制度、政治制度和经济制度,所有发达工业国家都发生了上述转变。不论在西欧还是东欧,那些内在支配理念的倡导者,如美国垮掉派⑩诗人艾伦·金斯伯格㊄,都风靡一时。苏联大学生心目中的偶像是诗人叶夫盖尼·叶甫图申科㊅,与个人良知相比,社会几乎是无关紧要的。在当今任何一个发达工业国家中,吸引无数大学生参与的

⊖ 我们必得胜(We Shall Overcome),福音赞美诗,自 1959 年开始,民权倡导者开始传唱,逐步成为著名的抗议歌曲,林登·约翰逊总统、马丁·路德·金都曾加以引用。——译者注

⊜ 《新共和》(*New Republic*),美国持自由主义立场的政治和艺术评论杂志,1914 年,由赫伯特·克罗利(Herbert David Croly,1869—1930)等人创办,肯尼迪总统曾被拍到手持该杂志登上空军一号。——译者注

⊜ 自由学校(freedom schools),为美国黑人提供临时替代性教育的免费学校,主要分布在南方,最初是民权运动期间为黑人争取社会、政治、经济平等的全国性努力的一部分,以密西西比州的自由学校最为典型。——译者注

⑩ 垮掉派(Beat),第二次世界大战后美国后现代主义文学最具影响力的流派之一,核心理念包括拒绝主流话语的价值观,进行精神探索,反对物质主义,试验致幻剂和性解放,对整个西方文化影响深远,代表人物有艾伦·金斯伯格、杰克·凯鲁亚克(Jack Kerouac,1922—1969)、威廉·柏洛兹(William S. Burroughs II,1914—1997)等。——译者注

㊄ 艾伦·金斯伯格(Allen Ginsberg,1926—1997),美国垮掉派诗人、哲学家、藏传佛教徒,强烈反对经济唯物主义、官僚主义、性压抑,诗集《美国的衰落》(*The Fall of America*)获得国家图书奖,代表作《嚎叫》(*Howl*)。——译者注

㊅ 叶夫盖尼·叶甫图申科(Yevgeni Yevtushenko,1933—2017),苏联诗人、剧作家,在国际上公开倡导艺术自由,主张文学应基于美学而非政治标准,代表作《巴比耶·亚尔》(*Babiyy Yar*)。——译者注

群众运动是日本的创价学会⊖。该组织一半持宗教原教旨主义立场，宣扬内在体验绝对至上；另一半持政治狂热主义立场，"真诚"是唯一口号。

时尚（尤其是青少年的时尚），通常不会比他们那代人更长久。然而，或许这种可能性很小，这代大学生的时尚将会证明是一种罕见的例外，最早标志着现代人意识和愿景的转变。

当前学生对社会难题兴趣缺乏可能是（只是勉强有可能性）传统的社会议题正越来越变成红鲱鱼⊜的第一个信号。"管理层和劳工""经济权力集中""大政府"等术语都假定社会由少数大型组织构成，其他领域相对无权。但实际上，当今社会几乎所有社会任务都趋向集中在一起，由掌握巨大权力的大型复杂组织负责完成。

20 世纪增长最快的机构，根本不是经济机构或政治机构，而是大学。实际上，在美国反托拉斯法律通过之前，摩根和洛克菲勒全盛时期经济权力的集中程度，还不如当今 20 所最大规模的大学中才智的集中程度。医院也变得规模庞大、结构复杂，现代都市的天主教主教教区、美国医学协会、军队、公务员队伍等都一样。规模庞大、结构复杂的组织，而不是具体的某个特定机构，是当今社会的关键。把任何一个机构单独挑出来代表这类组织，就不可能理解这个问题，更别提解决了。

我认为，人们已经开始意识到这一点。最近，关于组织的权力结构发生了两次完全独立的抗议活动，而这在以前是从未被视为有问题的领域：伯克利分校的学生骚乱和在第二次梵蒂冈大公会议⊜上（尤其是在教

⊖ 创价学会，源自日本的佛教系新兴宗教团体，成立于 1930 年，信奉妙法莲华经，以日莲大圣人佛法和生命哲学为中心思想，现为日本政府立案的宗教法人组织，是日本规模最大的新兴宗教团体。——译者注

⊜ 红鲱鱼（red herrings），误导或分散对某个议题的注意力，是一种看似合理但实质上毫不相干的转移注意力策略，在小说、戏剧、公关、政治领域中时常用到。——译者注

⊜ 第二次梵蒂冈大公会议，是天主教会第 21 次大公会议，于 1962 年 10 月 11 日由教宗若望二十三世主持召开，会议目标确定为"发扬圣道、整顿教化、革新纪律"，1965 年 9 月 14 日由次任教宗保罗六世（Beatus Paulus PP. VI，1897—1978）宣布结束。——译者注

皇⊖去世前的前两次会议上）对罗马天主教教会官僚机构的抨击。这是纯粹的巧合吗？

大型复杂组织确实导致了一系列奇怪的难题。首先，大量证据表明，我们尚不清楚如何使其发挥作用，如何对其进行控制。现实中，大型组织要么管理过度，要么欠缺管理，往往错把程序和"适当的手段"当作方向和目的。由于管理失误，以及位于彼此相邻办公室里的高层小圈子成员可笑的沟通失败，伯克利分校的学生骚乱被大大激化。然而不可否认，该校的校长科尔⊜是美国最有成就的职业经理人之一。同样，管理失误和沟通失败似乎大大加深了天主教主教们对罗马教廷的不满。

当然，更重要的是，一个由大型组织构成的社会面临的一系列新难题：大型组织彼此之间以及大型组织与公共利益之间的关系问题；政府对它们的有效控制问题；公众及其代表对政府的有效控制问题；这些机构怪物的权力、权威和责任问题。

尽管学生心目中的英雄之一保罗·古德曼一直在竭尽全力抨击组织的理念，但我们仍不可能把组织废除。正相反，为了现代都市能够顺利运转，也为了做好国际社会中大量的新工作，如交通管制和外层空间管理，我们显然需要更多大型组织。但是，不管学生心目中的另一位英雄安·兰德女士的主张是什么，如果我们只是让超人般的行政人员我行我素，大型组织带来的难题绝不会消失。麦克纳马拉⊜和哈马舍尔

⊖ 此处是指若望二十三世（Sanctus Ioannes PP. XXIII, 1881—1963），经核实，若望二十三世于 1963 年 6 月 3 日去世，第二次梵蒂冈大公会议第二期为 1963 年 9 月 29 日至 12 月 4 日，所以，此处表述不准确。——译者注

⊜ 克拉克·科尔（Clark Kerr, 1911—2003），美国经济学家，加州大学伯克利分校首任校长，期间对该校的各项事业做出了巨大贡献，但因对 1964 年该校学生骚乱事件处理不当，遭致各方批评。——译者注

⊜ 罗伯特·麦克纳马拉（Robert McNamara, 1916—2009），美国国防部长（1961～1968年）、世界银行行长（1968～1981 年），任国防部长期间推行计划项目预算制（planning-programming-budgeting system，PPBS），该体系具备强烈的理性特征和严密的计划性，对英国、加拿大、日本等国的预算体制产生了较大影响。——译者注

德[⊖]这样的人太少了，安·兰德女士的小说《阿特拉斯耸耸肩》中成吉思汗般的高管，更是凤毛麟角。

大型组织带来的难题需要新的政治理论和社会政策来应对。的确，当前正因为政治家和政客尚缺乏公认的理论支持，所以政治理论和社会政策需要更高超的技巧，承担更大的责任。显然，我认为，萨特和一些从学生左派中分裂出来的极端小派别的例子表明，当前情况下的内在支配时尚很快就会堕落为不负责任。然而，我们也能够理解为什么年轻人可能得出下述结论：解决社会问题是专业人士、政治哲学家、社会创新者的主要任务，而像他们这样的业余人士，不需要掺和进去。

但一个由大型组织构成的社会也以尖锐的新形式提出了人的问题。人与这些新型利维坦[⊜]的关系是什么？人是主人还是仆人？人面临的机遇和约束有哪些？人掌握的工具和所处的环境如何？在这样的社会中，个人如何保持诚信和隐私？个人自由是否必然仅存在于高耸的组织摩天大楼之间？在由大型组织构成的社会中，为老问题寻找新答案变得更加迫切，我是谁？我是干什么的？我应该干什么？在过去的几百年中，西方社会一直倾向于认为这些问题要么已经解决，要么不重要，主要强调物质的本质而非人的本质。但现在，年轻人可能已经正确地感觉到，这些问题不能继续被忽视，所以成为他们自己直接的、个人的关注点。

当下校园内的时尚，并非没有严重的危险。学生容易被一些可疑之人（左派和右派）利用，以达成这些人的政治目的。无疑这是一种威胁，但可

⊖ 哈马舍尔德（Hammarskjolds，1905—1961），瑞典经济学家、外交家，联合国第二任秘书长（1953~1961 年），刚果危机期间，参加停火谈判途中死于飞机失事，肯尼迪总统称其为"20 世纪最伟大的政治家"。——译者注

⊜ 利维坦（leviathan），西方文化传说中的一种巨兽，英国启蒙思想家霍布斯（Thomas Hobbes，1588—1679）使用该词形容近现代的大型政府，此处作者则用该词比喻现代社会中各类大型组织机构。——译者注

能不是主要的危险。因为当前的时尚助长了不负责任，强调"真诚"很容易堕落为对那些所谓的诚信专家、煽动者或包装出来的电视名人的奉承。美国加利福尼亚州受年轻人及其时尚的影响最为强烈，演艺业的成功被视为胜任州长或联邦参议员工作的充分条件，二者之间纯粹是一种巧合吗？

至关重要的是，当前校园的文化时尚令人心灰意冷。多数抗议大型组织的人，很快就会成为其中（大学、大规模政府、大企业）手握高薪、事业有成的一员。进而，可以预见的是，尽管他们非常鄙视组织人⊖的所作所为，但仍会把自己对安全和服从的情感需求强加给所在的组织及其下属。他们反对参立地禅的前辈的可能性是极大的，这绝非空谈。

然而，在伴随"内在支配型"人格的回归过程中，今天的大学生可能（仅仅是可能）在有关未来成年人需要做的准备工作上弄虚作假。至少这一次，长谈可能会引起觉醒而不只是随声附和。这一次，当今刚成年之人的时尚可能预示着对未来的担忧以及知识的前景。

⊖ 组织人（Organization Man），源自美国作家威廉·怀特（William H. Whyte，1917—1999）的小说《组织人》，用于描述各类大型组织中成员的一般特征：顺从、刻板、保守、程序化等。——译者注

卡尔霍恩的多元主义^㊀

安德鲁·杰克逊时代，美国政党制度的基本框架最终确立，但一直饱受质疑。批评的焦点始终针对美国政治领域的多元主义体制，即以利益集团合法施压、部门之间相互妥协为特征的独特的政府组织形式。从史蒂文斯㊁到华莱士㊂，批评的最终目的始终是用西欧式基于"意识形态"和"有原则的"政府取代美国"无原则的"多元主义体制。实际上，恰恰由于支配当今美国人生活的政治问题（产业政策和外交政策）最不可能经由利益集团之间的相互妥协而得以解决，所以美国多元主义体制在过去 10 年中遭遇的危机，至少自美国内战以来是最严重的。并且，尽管美国民主党的危机症状（左翼第

㊀ 首次发表于 1948 年的《政治学评论》(The Review of Politics)。

㊁ 史蒂文斯（Thaddeus Stevens, 1792—1868），宾夕法尼亚州联邦众议员（1849~1853 年、1859~1868 年），强烈反对奴隶制和种族歧视，对林肯总统及其继任者安德鲁·约翰逊总统的妥协举措不满，主张弹劾约翰逊总统，最终以 1 票之差败北。——译者注

㊂ 华莱士（Henry Wallace, 1888—1965），美国副总统（1941~1945 年），反对杜鲁门总统的冷战政策。——译者注

三党派[⊖]的兴起和南方民主党令人不安的分裂[⊜]）更加严重，但美国共和党的形势也好不到哪里去。在 1940 年的总统选举中，虽然"理想主义者"威尔基[⊜]广受欢迎，但依旧无法吸引数量庞大的劳工选票，这表明共和党同样面临着严峻的意识形态压力。

　　然而，由于几乎没有人真正理解美国多元主义体制的基本原理，所以无人能洞察当前危机的本质。当然，美国的每一位政客，都必须本能地通过协调不同群体之间的利益开展工作，选民对此早已习以为常。但现实中没人意识到，协调不同群体之间利益的组织，既是美国独特的政治组织形式，又是现代美国所有主要政治机构的中流砥柱。甚至像温斯顿·丘吉尔[⊜]那样睿智的观察家，似乎也没有认识到美国国会与英国议会的运作立足于完全不同的基础，同样，恐怕 9/10 的美国人，甚至 1000 名"公民课"教师中有 999 名也对此不甚理解。因此，很少有人能明白，协调不同群体之间利益的多元主义体制不仅仅像普通美国人传言和"政客"所说的股市投机那样容易滋生腐败，实际上，多元主义体制本身就是一种基本意识形态和基本原则，并且，无疑是美国自由社会和自由政府的基石。

　⊖　在美国，民主党和共和党之外的其他党派统称为第三党，从历史上看，这些党派往往与工人运动联系较为紧密，但影响力有限，从未赢得总统选举，此处作者可能是指亨利·华莱士脱离民主党后，组建进步党参加 1948 年美国总统选举的行为。——译者注

　⊜　作者此处可能是指，美国南方右翼保守民主党人主要由于反对本党总统哈里·杜鲁门的民权政策，1948 年推举时任南卡罗来纳州州长的瑟蒙德（James Strom Thurmond，1902—2003）竞选总统。——译者注

　⊜　威尔基（Wendell Willkie，1892—1944），美国律师、企业高管，一向支持民主党，但1940 年代表共和党竞选总统，对富兰克林·罗斯福总统的国内政策多有批评，但最终被后者击败。——译者注

　⑭　温斯顿·丘吉尔（Winston Churchill，1874—1965），英国首相（1940~1945 年、1951~1955 年），率领英国人民赢得第二次世界大战的胜利，凭借《第二次世界大战回忆录》等著作获得 1953 年诺贝尔文学奖，瑞典文学院在颁奖词中对丘吉尔高度赞美："一项文学奖本来意在把荣誉给予作者，而这一次却相反，是作者给了这项文学奖以荣誉。"——译者注

一

为了深入分析协调不同群体之间利益的政治原则，我们不得不回顾 100 年前的约翰·卡尔霍恩及其去世后 1852 年出版的两篇政论文章。[○]卡尔霍恩的观点是美利坚联盟国的理论基础之一，因此内战后被美国人视为洪水猛兽，无人问津，但阅读其著述后读者可能惊讶地发现，卡尔霍恩的理论堪称美国政治史上既精致又深刻的公理。该"公理"即为美国内战后重建时期[○]创立的党派投票制度。当然，卡尔霍恩构建有关奴隶制问题的理论契机是既定的；各州在宪法层面上对全国性立法的否决权，在卡尔霍恩的理论中具体化为不同利益集团之间的妥协原则，现实中则转换为各种机构、利益团体、压力集团在国会和各党派内部的相互否决权，虽然这种否决权的权力更强大也更灵活，但在《美国宪法》中并没有涉及。根据法无禁止即自由的原则，否决权位于宪法的禁止范围之外，[○]其基本内涵是：国家中每一个重要的地区、经济或宗教利益集团，其中任何一方都应该有权否决对其产生直接影响的政治决策，卡尔霍恩称其为"复合多数规则"，虽然名称有点晦涩，但这已成为美国政治运作的基本规则。不幸的是，今天该规则正遭受重重抨击。

卡尔霍恩的理论之所以对于理解美国政治至关重要，原因不仅在于他认

○ 论文《论政府》和《美国的宪法和政府》。——原书注；广西师范大学出版社于 2015 年出版了林国荣翻译的《卡尔霍恩文集》，收录了《论政府》和《美国的宪法和政府》。——译者注

○ 美国内战后的重建时期（reconstruction period），一般有两种划分方法，分别为 1863～1877 年和 1865～1877 年。——译者注

○ 卡尔霍恩持极端守法主义（legalism）立场，坚信一切都应在成文宪法中得到明确阐述（许多与他同时代的人都持该观点），这也是其观点的重要性得不到普遍认可的重要原因。无疑，正是"复合多数规则"的内在本质，使其无法在一个有效的政府中获得正式的合法地位，例如《联合国宪章》（*U.N. Charter*）明确授予常任理事国（Great Powers）否决权，使得有效治理变得不可能。

识到地区和利益集团的多元主义在美国政治生活中的重要性（实际上其他剖析美国政治的学者，如托克维尔、布莱斯[⊖]、威尔逊[⊜]等同样意识到了这一点），还在于只有卡尔霍恩真正理解，美国的国家规模决定了多元主义体制的权宜性与合理性，最重要的是，他把多元主义视为自由政府的基本原则：

没有这一点（复合多数规则立足于利益而非原则）就……没有宪政。无论立宪政府采取何种形式，上述断言对所有立宪政府都是成立的：的确，消极权力塑造了宪政，积极权力则塑造了政府。一边是行动的权力，另一边则是预防或制约行动的权力。二者结合，共同构成了立宪政府。

……因此，必然的推论就是，数量上的简单多数操纵的政府，必然不是宪政……因此，若数量多数不与复合多数结合，无论如何都必然会造就独裁政府。

被他们（政府）支持和维护的原则……在立宪政府中的原则是妥协；在独裁政府中是强制……[⊜]

并且，无论美国人对本国政治体制的"无原则"发出多少抱怨之词，他们时常表现出来的行为却表明，他们相信如果没有不同部门、不同利益集团之间的妥协，就没有立宪政府。如果不理解这一点，往往会误以为美国政府和政治不仅抠门而且贪腐，甚至有时还表现得完全丧失理智且无法预测。

⊖ 布莱斯（James Bryce, 1838—1922），英国驻美大使（1907~1913 年）、法学家、历史学家，追随托克维尔的足迹游历美国，从宪法学和历史学视角深入考察各项制度，对托克维尔关于美国平等主义的论述提出修正，代表作《美利坚共和国》（*The American commonwealth*）。——译者注

⊜ 威尔逊（Thomas Woodrow Wilson, 1856—1924），美国总统（1913~1921 年）、政治学家，带领美国参加第一次世界大战，战后提出"十四点"原则，1921 年获诺贝尔和平奖，代表作《国会政体：对美国政治的研究》（*Congressional Government, A Study in American Politics*）。——译者注

⊜ 《论政府》（Columbia, S. C., 1852），35-37。——原书注；中译本见林国荣翻译的《卡尔霍恩文集》31、32、34 页。——译者注

二

不同部门和利益集团的多元主义已经塑造了美国的所有政治机构。正是遵循这种规则（完全是非正式的且《美国宪法》对此只字未提），美国的各级政府机构得以顺利运转，领导人得以被选出，政策得以制定，民众和各类团体为控制和管理政治权力得以组织起来。尤其重要的是，多元主义能够恰当地解释美国政治体制的特色：国会运作的方式、主要政府部门建立和运作的方式、候选人竞选公职的"资格"要求、美国的政党结构等。

几乎所有外国观察家都难以理解美国国会中的两类事情：正式的党派归属和跨越党派界限的"集团"之间的区别；国会中各委员会的权力和职能。虽然多数美国人对此已习以为常，但同样感到困惑不已。

各个"集团"（如美国国会中不同党派议员组成的"农业集团""劳工集团""工商集团"等）的行为生动地体现了不同部门和利益集团多元主义的基本宗旨，即主要利益集团对直接影响其利益的立法具有否决权。所以，这些集团必须跨越党派界限，而党派界限体现的是不同党派的数量多数而非"复合"多数。由于这些集团掌握的只是消极否决权，且只能用于直接影响到它们切身利益的决策，所以它们不可能长期组织在一起以取代政党。这些跨党派议员集团只能松散地组织在一起；同一位国会议员在不同的时期必须为不同的集团投票。就像那些阻挠议事的参议员近乎神圣的生动形象所表现得那样，集团的力量并不依赖于自身的人数多少，而是依赖于美国政坛赋予每个主要集团一种有限自治权的基本惯例。例如，农业集团并不依靠乡村选票的数量优势（虽然人口稀少的农业州在人口上居少数，但在参议院拥有超过其人口比例的影响力），而是依靠其"战略"优势，即其发言人口中所谓公认的重要利益。

某个集团也可能会服从整体利益，但那仅仅是"暂时的非常举措"。显然，罗斯福新政的多数举措既非"暂时的"又不是"非常举措"，但其倡导者不得不努力使利益集团相信其属于"暂时的非常举措"，只有这样，才能跨越宪法未涉及的工商集团的否决权，顺利出台新政举措。

一旦以"暂时的非常举措"为借口完全丧失了合理性，那么其他的主要利益集团就不能再被跨越，政策很可能就会夭折。例如，在1946年，解决劳工问题就只能立足于劳资双方共同接受的基础：更高的工资和更高的物价。（即使数量上的多数派可以通过立法反对少数派——在20世纪40年代后期，工商集团的主张偶尔仍然会被跨越，但解决方案的出台仍需以双方共同接受为前提。）

不同地区和利益集团相互妥协的原则，直接孕育了美国国会中的委员会体制（这在世界各国中是独一无二的）。很大程度上，为了使公众身在家中知晓天下事，议员们的发言和投票记录往往被过度公开。因为只有私下在安静的委员会会议室中才能顺利实现不同利益的相互妥协，所以美国国会尤其是众议院已经基本将权力下放到各个委员会。委员会的目的是在所有受影响的主要利益集团之间达成妥协，因此将有待表决的法案提交给"正确的"委员会就显得异常重要。但是，除美国国会之外，在其他国家的议会，一旦某党派认可一项提案，那么该提案的命运就几乎与自身内容没有关系了，而是取决于政府中的权力制衡和党派纲领。因此，在这些国家的议会中，提案由哪个委员会讨论，或是否提交给某个委员会，通常都不会产生任何实质性影响。然而，在美国，由于每个委员会都代表着特定的利益集团，一项法案被分配给一个特定的委员会，就意味着承认该利益集团会受到法案中相关措施的直接影响，因此该集团就有权参与制定法案（"谁会站在委员会席位前"）。在许多情况下，待决提案被分配给某个委员会审核往往决定了该提案的前途，尤其是当委员会出台了妥协方案后，议员尤其是众议员一般都会接受。

不仅是国会，每一位议员也都被期待按照"复合多数规则"行事。国会议员既是美国人民的代表，要为国家利益负责，又是特定选区选民的代表，要为局部利益负责。当议员所在选区的选民利益得到保障时，他就是全国性政治家；当议员所在选区选民的价值观和利益受到影响时，他就摇身变为选民的发言人。这与其他议会制政府所依据的理论形成鲜明对比（其理论由埃德蒙·柏克200多年前在布里斯托尔市对选民的著名演讲发展而来），根据后者，议员代表的是共和国而非选民。因此在议会制国家中，代表可能与选民素不相识（极端例子是魏玛德国⊖，该国的每个选区都有一份冗长的全国候选人名单），然而美国的国会议员却必须是其所代表的选区的居民。若被冠以"棉花·艾德"⊜之类的诨号，美国参议员会认为是一种赞誉，并视其为宝贵资产，与此对比，英国下院的议长不久前严厉地批评了一名议员，原因竟是该议员称呼另一名议员（矿工工会的一位官员）为"煤矿工人的代表"。

在行政部门中，全世界只有美国联邦政府的内阁成员可以合法代表农业、劳工、工商等特殊利益集团，地区和利益集团多元主义原则正是其原因所在。在其他任何国家中，政府部门（所有与政府有关的机构）的公务员都必须庄严宣誓，要捍卫公共利益，反对"利益集团"。然而美国的政府机构，甚至一些更小的部门，如政府的内部处室和分支机构，都可以合法代表特殊利益集团。第二次世界大战期间，代表消费者的物价管理局和代表厂商的战时生产委员会⊜之间彼此斗争；甚至在战时生产委员会内部，代表国防工业

⊖ 魏玛德国（Weimar Germany），是指1918～1933年采用共和宪政政体的德国，1933年希特勒成为德国总理后，魏玛德国被纳粹德国取代。——译者注

⊜ 此处是指民主党政客埃利森·史密斯（Ellison D. Smith，1864—1944），此人多次连任南卡罗来纳州联邦参议员（1909～1944年），持极端种族主义立场，反对妇女选举权运动，1901年组织农民保护协会，1905年参与创设美国南部棉花协会，公开宣称"棉花为王，白色最美"，诨名"棉花·艾德"由此而来。——译者注

⊜ 战时生产委员会（War Production Board），1942年1月，根据罗斯福总统的9024号行政令设立，负责监督第二次世界大战期间的生产，分配稀缺战略资源，调整原材料和服务的优先顺序，1945年11月被撤销。——译者注

利益的采购部门和代表"大后方"工业利益的民用部门之间钩心斗角，皆为这一观念的具体表现。

曾使詹姆斯·布莱斯等许多国内外观察家困惑不解的神秘"被选举资格"（决定谁将成为一名前途光明的公职候选人的标准），也可以追溯到"复合多数规则"。被选举资格仅仅意味着，任何候选人必须得到所有主要利益集团、宗教势力或地方团体的认可，显然这是一种消极方面的限制。美国所有级别的选举、所有的选举委员会，都采用这种独特的"被选举资格"。"老板"弗林的回忆录《你说了算》[⊖]对此进行了精辟分析，披露了民主党支持哈里·杜鲁门竞选 1944 年副总统的内幕。因为杜鲁门既不是东部人，也不是西部人或南方人，既非罗斯福新政的拥趸，又非保守分子，总之他没有任何太突出的特点，各方面平淡无奇，不会在任何地方冒犯任何人，所以他比亨利·华莱士、詹姆斯·伯恩斯[⊜]、威廉·道格拉斯[⊜]更具有"被选举资格"。

虽然美国的政党制度是利益集团多元主义政治体制的核心，但《美国宪法》只字未提政党。若任何外国观察家试图根据自身对政治生活的理解考察美国的政党体制，最终必然感到惊讶甚至绝望。美国的政党制度（而不是各州）已然成为践行卡尔霍恩倡导的"复合多数规则"的工具。

⊖ 埃德华·弗林（Edward J. Flynn, 1891—1953），美国民主党全国委员会主席（1940~1943年）、罗斯福总统的亲密助手和朋友，参加雅尔塔会议，1947 年出版个人从政回忆录《你说了算》(*You're the Boss*)，披露了若干政坛秘闻。——译者注

⊜ 詹姆斯·伯恩斯（James F. Byrnes, 1882—1972），先后担任美国联邦众议员（1911~1925年）、联邦参议员（1931~1941 年）、最高法院法官（1941~1942 年）、经济稳定办公室（Office of Economic Stabilization）主任（1942~1943 年）、战时动员办公室（Office of War Mobilization）主任（1943~1945 年）、美国国务卿（1945~1947 年）、南卡罗来纳州州长（1951~1955 年）。——译者注

⊜ 威廉·道格拉斯（William O. Douglas, 1898—1980），美国证券交易委员会主席（1937~1939 年）、最高法院法官（1939~1975 年），曾被民主党高层认真考虑与罗斯福搭档参加1944 年总统选举。——译者注

美国的政党体制与西欧各国迥然不同，前者除了组织彼此互异的派系追求共同目标，夺取政权外，别无其他任何规划和目标。维持团结的关键要素是共同行动，而非信仰，其唯一的行动准则是吸引（或至少不排斥）最大数量的团体。显然，美国的政党必须得到左派和右派、穷人和富人、农民和工人、清教徒和天主教徒、本土居民和外来移民的共同支持，必须能够把密西西比州的兰金先生⊖和纽约州的马肯托尼奥先生⊜（或者是弗兰德斯参议员⊜和麦考密克上校⊛）团结在一起，投票支持该党同一位总统候选人和同一份"党纲"。

起码，一个政党要能够赢得每个主要利益集团中少数派的支持，否则一旦该党被某一部门、利益集团或阶层否决，就会面临分裂的危险。无论何时，每当政党丧失了将部门压力和特殊利益融合为统一的国家政策的能力时（美国内战前的两大政党、马克·汉纳重组前的共和党、当今的两大政党），政党体制及与之相连的美国政治体制就会陷入危机。

因此，卡尔霍恩的理论观点并未由于美国内战而被抛弃，相反，却在内战结束后被纳入政治实践，这是理解美国政治的关键。

⊖ 兰金（John E. Rankin，1882—1960），联邦众议员（1921～1953 年）、众议院退伍军人事务委员会主席（1949～1953 年）、种族主义者、反犹主义者，二战中主张全部监禁西海岸地区的日裔美国人。——译者注

⊜ 马肯托尼奥（Vito Marcantonio，1902—1954），联邦众议员（1935～1937 年、1945～1951 年）、民主社会主义者，属于美国众议院中最左翼的议员，同情社会主义和共产党，支持工会，反对种族主义。——译者注

⊜ 拉尔夫·弗兰德斯（Ralph Flanders，1880—1970），佛蒙特州联邦参议员（1946～1959 年），持保守主义立场，对罗斯福的新政举措多有不满，支持马歇尔计划，主张对苏联采取强硬态度，强烈批评麦卡锡（Joseph R. McCarthy，1908—1957）参议员的行为。——译者注

⊛ 麦考密克（Robert R. McCormick，1880—1955），一战中晋升野战炮兵上校，退役后进入报业，20 世纪 20 年代成为《芝加哥论坛报》的所有人和发行人，全面反对罗斯福新政，反对美国参加二战。——译者注

　　表面上，史蒂文斯众议员、苏华德国务卿[⊖]、蔡斯大法官[⊜]等"激进派共和党人"获得了胜利，他们不仅千方百计地摧毁奴隶制和州权，还力图废除"复合多数规则"。实际上，早期共和党（美国内战前和重建时期）确实曾下定决心废除美国政治生活的指导方针——利益集团多元主义原则。但最终，亚伯拉罕·林肯、安德鲁·约翰逊等推崇的多元主义政治思想，而不是自由之土党成员[⊜]和废奴主义者的意识形态塑造了共和党。自此以后，美国政治体制的重大发展均立足于卡尔霍恩的原则。美国政治体制的优缺点皆由此而来。

三

　　地区和利益集团相互妥协的多元主义原则，其缺点要比优点明显得多；100 多年来，这些缺点已经被讨论得非常彻底。弗朗西斯·利伯^⑭将 19 世纪早期流行的德意志政治理论引入美国，并早在 100 多年前就已经在卡尔霍恩的家乡南卡罗来纳州抨击多元主义。推后 20 年，沃尔特·白芝浩仔细比较了下述二者的优劣：一方是格兰特任总统时期美国的低效政府；另一方是

⊖　苏华德（William H. Seward，1801—1872），美国纽约州州长（1839～1842 年）、联邦参议员（1849～1861 年）、美国国务卿（1861～1869 年），激烈反对奴隶制，是共和党形成时期的领导人之一。——译者注

⊜　蔡斯（Salmon P. Chase，1808—1873），美国俄亥俄州联邦参议员（1849～1855 年）、俄亥俄州州长（1856～1860 年）、财政部长（1861～1864 年）、最高法院大法官（1864～1873 年），主张废奴主义。——译者注

⊜　自由之土党（Free Soil Party），活跃于 1848～1852 年的总统选举和部分州的选举过程中，存在时间很短，主要诉求是反对美国西部各州实行奴隶制，大部分党员后来加入共和党，蔡斯（Salmon P. Chase）大法官为该党领导人之一。——译者注

⑭　弗朗西斯·利伯（Francis Lieber，1798—1872），德裔美国法学家、政治哲学家、南卡罗来纳州公民，致力于编辑《美国百科全书》，在美国内战中积极支持林肯总统的政策立场。——译者注

格雷斯顿和迪斯雷利任首相时期英国的高效政府，结论是后者的意识形态政党体制具有明显优势。伍德罗·威尔逊教授对美国的多元主义体制进行了最彻底和最尖锐的批判，他担任美国总统的亲身经历，充分证明了曾经提出的每个观点都所言不虚。时间似乎并没有消弭美国多元主义体制的缺陷，具体如下：

首先，基于"复合多数规则"的多元主义政治体制无法解决价值观分歧。多元主义体制唯一能做的，就是否认"意识形态"冲突（当今的说法）的存在。多元主义者坚信，那些冲突从根本上看要么是赤裸裸的权力斗争，要么是不同集团之间的利益摩擦，争吵不休的党派只要在会议桌前坐下来，就能够解决彼此之间的分歧。或许，最简洁、最完美、最天真的总结，还是已故的巴顿将军⊖的名言：说到底，纳粹党、共和党、民主党在本质上都是同一回事儿。（卡尔霍恩虽然不那么天真，但同样不理解围绕着奴隶制问题的所谓"意识形态"冲突。）

在绝大多数情况下，否认存在意识形态冲突是有益的，能够防止权力斗争和利益冲突恶化为宗教战争，这类战争以不可调和的价值观冲突为基本特征（西欧各国的意识形态政治几乎无法抵御此类灾难）。否认存在意识形态冲突，有助于在能妥协的领域中达成妥协。但当出现真正的价值观冲突时（不

⊖ 乔治·巴顿（George S. Patton, Jr. 1885—1945），美国陆军四星上将，早期大力推动装甲作战，指挥风格迅速果断，为人率直，脾气急躁，数次因口无遮拦引发争议。德鲁克此处提及的事件是，1945 年 9 月 22 日，记者问巴顿："为什么在政府部门中仍保留了一些纳粹分子？"巴顿答道："我跟其他人一样痛恨纳粹。……如今超过一半的德国人是纳粹分子，如果将所有人都驱逐，我们立刻就会陷入困境。我看待纳粹问题的方式，就好比美国共和党和民主党之间的竞选（The way I see it, this Nazi question is very much like a Democrat and Republican election fight.）。经历了四年的战争，巴伐利亚现在陷入混乱和无序，为了使一切尽快步入正轨，我们不得不稍微向魔鬼妥协。我们别无选择，只能求助于那些知道该做什么和怎么做的人。"该言论在美国国内外引起轩然大波，巴顿因此被解除巴伐利亚军政府首长和第三集团军指挥官职务。——译者注

管多元主义者如何辩解，终究存在这种冲突），"复合多数规则"将不再发挥作用；实际上，在卡尔霍恩时代面临的奴隶制存废问题上，这一预言不幸成为现实。多元主义者拒绝承认存在意识形态冲突，反而导致原本合理的意识形态争论日趋恶化：那些认为奴隶制问题能够通过召开表达善意的会议，或者支付一定款项加以解决的妥协者，可能比废奴主义者更加推动了美国内战的爆发。

其次，地区和利益集团多元主义原则存在严重弊端，有时沦为一种不作为原则。"错误决策也比无所作为要好"的流行口号当然是靠不住的，但如果一国的政府立足的基本原则规定，除非全体一致赞同，否则什么都不能做，那么不管该国的资源多么丰富，政府都不能及时出台合理的政策。尤其当利益集团游说国会议员反对某项决策时，多元主义原则致使组织有序的小型利益集团的重要性过大。国会很容易迫于压力，通过删除某些相关条款的权宜之计阉割一项法案；国会只有在面临强大的压力时才会积极地行动起来。很大程度上这能解释，为什么在过去的 100 年中，国会作为政府决策机构，在赢得民众尊敬和实际行动的魄力方面越来越黯然失色。开国元勋⊖意图把国会作为政治体制的核心机构，直到安德鲁·杰克逊总统时期，该项任务才终告完成。然而，国会成为不同地区和利益集团代表的集合，结果却使整个国家日益缺乏领导力。

再次，多元主义充分重视（有过之而无不及）地区和利益集团，但谁代表国家的整体利益呢？自卡尔霍恩时代起，多元主义倡导者就一直在试图回避这个问题，他们声称国家利益等于所有局部利益的总和，因此国家利益不需要特定机构来代表，但通过最基本的观察就可以驳倒这一模棱两可的观点。实践中，那些没有任何个人、部门、组织代表的国家利益，最容易被多元主义者牺牲掉，以作为解决地区和利益集团之间冲突的代价。

　　⊖　开国元勋（Founding Fathers），一般是指签署《独立宣言》和《美国宪法》的政治领导人以及参加美国独立战争的领袖，有时也称为"美国国父"。——译者注

卡尔霍恩活跃在政坛时，即美国第一位持多元主义观点的总统安德鲁·杰克逊就职后的 10 年间，多元主义的上述缺陷就已经暴露无遗，这确实令支持者非常苦恼。卡尔霍恩去世后的几年内，多元主义体制已经无法弥合和解决意识形态的冲突（即围绕奴隶制存废的分歧），从根本上讲，该体制无法代表和捍卫国家利益，最终不幸演变成一场灾难——美国内战。既然不能完全克服上述缺陷，那么是否可以缓和或抵消呢？实际上，100 多年来的美国政治思想，就是围绕着该问题而展开的。其最终成果表现在，美国人从三个方面完善本国的立宪政体：总统不再仅仅是国会的执行代理人，而成为一名"领导人"，其权能日益加重；最高法院及"法治原则"逐渐突出，成为政策仲裁机构；发展出一套统一的意识形态，即所谓的"美国信念"。 ⊖

其中最重要（也最少被意识到）的是美国信念。实际上，除托克维尔之外，我没见到任何重要作家阐述过这一点。这个"非美国式"词汇难以被翻译为其他语言，尤其不能被翻译为"英国式"英语。在其他任何国家中，包含一系列观念要素的国家认同是不能立足于假设的，至少在自由国家中不能。例如，这种独特的多元主义原则的集合表明，美国选民之所以拒绝承认社会主义和共产主义政党为"正常"党派，只是因为它们都不认可存在一种共同的美国信念的假设。美国本土劳工运动的目标，在于利益分配而非政治理念。美国是唯一在学校开设"公民课"的西方国家，也是唯一坚信正确的社会理念能够或应该纳入公共教育体系的民主国家。

西欧人往往认为普遍信念与自由社会不兼容。极权主义 ⊜ 兴起之前，没

⊖ "美国信念"（American Creed），是美国人界定自身特性的一套陈述，最早见于杰斐逊起草的《独立宣言》，后随着历史的发展而不断丰富，包括自由、平等、个人主义、平民主义、民有、民治、民享等理念，政治学家马丁·李普塞特（Seymour Martin Lipset, 1922—2006）将其概括为美国例外主义。——译者注

⊜ 极权主义（totalitarianism），又译为极权政体、全能政体等，不允许存在个人自由，力图使个人生活的所有方面服从政府权威，典型代表是墨索里尼统治的意大利、纳粹德国等。——译者注

有任何欧洲人明白美国学校里的孩子向国旗敬礼之类的事情。⊖因为在西欧国家所有政治活动都基于意识形态派别，所以西欧国家若实行统一的意识形态，意味着要取消所有反对党。在美国，意识形态的同质性恰恰是政治多样性的基础。这种情况赋予利益集团、宗教团体和压力集团等类似组织几乎无限的自由；从这个意义上讲，美国信念正是自由政府的根基所在。（这也解释了为什么在美国，捍卫公民自由的重要性要比在英法等其他国家重要得多。）统一的意识形态即美国信念赋予该国最低限度的凝聚力，否则美国的政治体制根本无法正常运转。

四

但如今，仅仅依靠"美国信念"，是否仍然足够推动基于"复合多数规则"的政治体制顺利运转呢？多元主义体制对美国政治两大难题的处理（外交政策的制定和工业社会的政治组织）能比奴隶制问题的解决更加成功吗？或者，美国政治体制正面临与卡尔霍恩晚年同样严重的危机，是由于几乎相同的原因吗？

地区、经济、种族等方面的特殊利益集团相互妥协折中，但这种方式从来都不能制定外交政策；外交政策必须超越特殊利益。为特殊利益服务将会自动地实现国家利益，如果说卡尔霍恩的这种多元主义观点有任何错误的话，那么可以确定的是，外交领域就是谬误之处。

⊖ 美国最高法院关于强制国旗敬礼的两项判决及其异议，或许是迄今所见的有关美国意识形态凝聚力的最深刻探讨，理应在所有美国政府文件中受到高度评价。——原书注；本注中提到的"两项判决"，分别是指：1940 年最高法院对迈纳斯维尔学区诉戈比蒂斯案（Minersville School District v. Gobitis）的判决，即使学生的宗教信仰反对宣誓效忠行为，公立学校仍可以强迫学生向国旗敬礼并背诵效忠誓词；1943 年最高法院对西弗吉尼亚州教育委员会诉巴纳特案（West Virginia State Board of Education v. Barnette）的判决，推翻了 1940 年的判决，认为宪法第一修正案保护学生在公立学校不被强迫向国旗敬礼或宣誓效忠。——译者注

　　政党唯有立足于意识形态基础，即立足于普遍性原则时，外交政策和政党体制似乎才可能共存。因为如果政党不是立足于普遍性原则，那么外交政策就会沦为一系列心血来潮的临时举措。所以，在各个政党竞争选票和政权的自由社会中，制定外交政策的压力可能会迫使政党转向意识形态，而这迟早也会体现在国内政策中。

　　建国之初，英国、法国、西班牙等国虎视眈眈，弱小的美利坚合众国缺乏战略纵深，唯有依托漫长而脆弱的海岸线保卫国内刚刚起步的新型政治体制。所以美国人早在建国初期就已经清楚地认识到了外交政策的至关重要性。对于外交政策的上述认识在一定程度上解释了开国元勋（尤其是汉密尔顿⊖）建立一套意识形态政党体制的原因；也解释了门罗主义⊜（美国 19 世纪唯一积极的外交政策理念）由建国时期幸存的最后两位政治家（詹姆斯·门罗⊜和约翰·昆西·亚当斯⊛）制定的原因。无论卡尔霍恩对此的认识多么不足，实际上美国内部整合最关键的时期，恰逢法国大革命和拿破仑战争⊛导致欧洲各国无暇西顾，否则他的理念根本不可能得到落实。到 1820 年，

　　⊖　亚历山大·汉密尔顿（Alexander Hamilton，1755—1804），美国开国元勋、第一任财政部长（1789~1795 年），独立战争中追随乔治·华盛顿参与对英作战，参加 1787 年费城制宪会议，与麦迪逊等人合作撰写文章呼吁各州通过《美国宪法》，后辑录为《联邦党人文集》，任财政部长期间，向国会呈交《关于制造业的报告》，论证发展制造业的重要性，其影响至今不衰，被誉为美国历史上最伟大的财政部长。——译者注

　　⊜　该主张最初由约翰·昆西·亚当斯等人构思，门罗总统于 1823 年向国会提交的《国情咨文》系统阐述，史称《门罗宣言》，主张欧洲国家停止向美洲殖民且不干预美洲独立国家的内政，美国不干预欧洲事务等。——译者注

　　⊜　詹姆斯·门罗（James Monroe，1758—1831），美国第五任总统（1817~1825 年），提出"门罗主义"，宣称"美洲是美洲人的美洲"，任总统时期大致与美国历史上的"善意时代"重合。——译者注

　　⊛　约翰·昆西·亚当斯（John Quincy Adams，1767—1848），美国第六任总统（1825~1829 年），第二任总统约翰·亚当斯（John Adams，1735—1826 年）之子，1829 年卸任总统后担任联邦众议员，直至去世。——译者注

　　⊛　拿破仑战争（Napoleonic Wars），一般是指拿破仑统治法国时期爆发的各场战争，1815 年的滑铁卢战役标志着拿破仑战争的结束，拿破仑战争给欧洲各国带来了深重灾难，同时激发了各国的民族主义，促进了自由、平等、博爱思想的传播。——译者注

美国已非常强大，但由于吞并了过多的领土导致特别容易遭受攻击；同时，美国尚未足够强大，不得不全神贯注于自身的发展，不掺和国际事务。因此，卡尔霍恩及其他同时代的美国人，可以将外交政策抛诸脑后，甚至，如果要撰写一部论述这一重要历史时期的综合性著作，完全可以像小施莱辛格⊖在其著作《杰克逊时代》中的做法一样，完全不提外交事务，这一点在世界各国中可谓独一无二。

然而，外交政策如今对美国生存的重要性，不亚于建国之初的华盛顿总统⊜和杰斐逊总统⊜时期。美国当前必须做的，是拍板抉择货真价实的外交政策，显然"孤立主义"⊛和"国际主义"都无法做到这一点。（"国际主义"试图建立一套自动决策甚至预先决策的机制，实际上也是拒绝制定真正的外交政策；对美国和世界而言，国际主义与"孤立主义"同样有害，甚至害处更大。）美国为了维护本国作为当今世界上最强大的超级大国地位，甚至可能不得不将外交政策置于国内政策之前，但这在很大程度上与基本的美国信念不符，也的确违背了美国的国家认同。部门或经济利益集团之间的折中妥协无法形成有效的外交政策；同样，当今两大政党中的任何一个也不能制定出一套基于明确原则的外交政策体系。

美国面临的另一个重大难题是如何解决工业社会的政治问题。与前工业

⊖ 小施莱辛格（Arthur M. Schlesinger Jr., 1917—2007），美国历史学家，多数作品致力于探讨美国 20 世纪自由主义的历史，德鲁克此处提到的《杰克逊时代》（*Age of Jackson*）出版于 1945 年。——译者注

⊜ 华盛顿（George Washington, 1732—1799），美国开国元勋、第一任总统（1789~1797年），独立战争时期任军队总司令，胜利后于 1783 年 12 月 23 日，向国会交还军权解甲归田，1787 年主持费城制宪会议。——译者注

⊜ 杰斐逊（Thomas Jefferson, 1743—1826），美国开国元勋、《独立宣言》起草人、第三任总统（1801~1809 年），强调州权，重视农业，希望美国发展为自由平等的自耕农构成的农业国家。——译者注

⊛ 孤立主义（Isolationism），避免与其他国家发生政治与经济纠葛的国家政策，是美国历史上反复出现的政治议题，在乔治·华盛顿的《告别演说》和詹姆斯·门罗的《门罗宣言》中得到充分阐述。——译者注

时代的利益集团相比，工业社会的阶层组织和利益集团要更加强大，组织程度要严密得多，所以工业社会本质上是极端多元化的。在工业社会中，若干大公司、大工会可能成为事实上的主导力量，这些利益集团甚至能够对社会施加决定性影响，掌控国家的社会和经济生活。

问题的关键不在于各个利益集团的"自私自利行为"，而在于工业社会的性质。与封建社会和 19 世纪的自由资本主义社会相比，工业社会更加接近前者。工业社会面临的政治问题也非常类似于封建社会不得不解决的问题，最终后者在这些问题上失败了。封建社会始终面临着分裂为几乎完全各自为政的领地、封邑、"自由城市""强盗男爵领地""免税的主教教区"的危险，自治的利益集团为私利联合起来掌控中央政府，或者在阶级内战中殊死搏斗，无视政府的存在，国家的权威和利益被无情践踏。与社会秩序崩溃陷入无政府状态或内战相比，替代方案是由一个全能政府取缔所有阶层和利益集团，该方案同样没有多少吸引力。

如果没有一个机构把国家利益置于经济和阶层的局部利益之上，那么工业社会就无法顺利运行。工业社会不仅需要一个仲裁机构。《瓦格纳法案》[⊖]和《塔夫脱—哈特莱法案》[⊜]构建的"工业社会斗争的文明规则"，不过是通过平衡冲突各方的力量逃避制定真正的政策。但这样做的结果只能是僵局，各方共谋损害国家利益，或者更糟糕的是某利益集团试图借助国家机构反对其他利益集团。换言之，工业社会完全无法采用卡尔霍恩的假设：满足

⊖ 《瓦格纳法案》（Wagner Act），又称《全国劳资关系法》（National Labor Relations Act），由纽约州联邦参议员瓦格纳（Robert F. Wagner，1877—1953）提出，1935 年开始实施，创设全国劳资关系委员会，规定私营部门雇员有权组织工会、参与集体谈判、进行罢工等，该法案曾在美国社会引起巨大争议。——译者注

⊜ 《塔夫脱—哈特莱法案》（Taft-Hartley Act），又称《劳动关系法》（Labor Management Relations Act），由俄亥俄州联邦参议员罗伯特·塔夫脱（Robert A. Taft，1889—1953）和新泽西州联邦众议员小佛瑞德·哈特莱（Fred Allan Hartley Jr.，1902—1969）联合提出，1947 年开始实施，修正了《瓦格纳法案》，对工会的权力和活动施加了种种限制。——译者注

局部利益能够自动实现国家利益。缺乏国家政策的工业社会将成为无政府主义⊖和暴政的温床。

难怪激进变革的呼声越来越高涨，有识之士主张用意识形态政党和纲领性政策替换多元主义政党和美国传统的"复合多数规则"。亨利·华莱士的第三党运动虽然风行一时，但可能只是无关紧要的发展，因为在美国政治史上第三党从来都不是什么新事物。但这波改革的呼声是100多年来最强烈的，首次涌现出大批主张进行激进的宪政层次改革的书籍，且这些著作的作者多数是研究美国政治的严谨学者。无论富布莱特⊜、哈兹里特⊜、芬勒特⑩等人在政策细节上存在多少分歧，他们都一致要求废除（至少是限制）"复合多数规则"，并且用遵循议会制规则运行的意识形态体系取而代之。或许，沃尔特·鲁瑟⑤将传统的施压策略、劳工阶层与意识形态、规划和目标熔为一炉孕育的新工会主义，意义更为重大。

五

然而，所有上述评论家和改革者不仅未能深思构建意识形态性的政治体

⊖ 无政府主义，欧洲近代政治思潮，其源头、观点纷繁复杂，持较极端的反政府、反权威立场，代表人物有巴枯宁（Mikhail Bakunin，1814—1876）、克鲁泡特金（Pyotr A. Kropotkin，1842—1921）等。——译者注

⊜ 富布莱特（J. William Fulbright，1905—1995），美国阿肯色州联邦众议员（1943～1945年）、联邦参议员（1945～1974年），支持多边主义，反对麦卡锡主义，反对介入越战，创建的"富布莱特计划"延续至今。——译者注

⊜ 哈兹里特（Henry Hazlitt，1894—1993），美国学者，撰写了大量哲学和经济学著作，反对凯恩斯主义，向美国读者介绍米塞斯（Ludwig von Mises，1881—1973）和哈耶克，被米塞斯誉为"我们国家和民族的经济学良知"。——译者注

⑩ 芬勒特（Thomas Finletter，1893—1980），美国律师、空军第二司令（1950～1953年）、驻北约大使（1961～1965年），在杜鲁门政府时期担任多项公职，持自由主义立场。——译者注

⑤ 沃尔特·鲁瑟（Walter Reuther，1907—1970），美国工会领袖，20世纪40年代与美国共产党过从甚密，后来逐渐疏远，大力支持马丁·路德·金领导的民权运动，在民主党内影响力巨大。——译者注

制是否确实能更好地解决当今面临的难题（英国是最成功地根据意识形态组织起来的国家，目前看来，该国的外交政策和产业政策并非很成功），而且也从未暂停批判去冷静思考美国传统的多元主义体制的独特优势。

任何政治体制的首要任务是，组建一个顺利运作的合法政府。当今世界上，许多国家的政治体制并没有很好地完成该任务。相比之下，美国多元主义体制的成效卓著，起码能够确保国内一直存在合法政府。

美国的政治体制通过利用而非压制派系使冲突最小化，因此主要政党几乎不可能做出完全不负责任的行为：不负治理责任且到处煽风点火的反对势力，一向支持国外利益的党派，任何党派都不能承担从这类派系中汲取力量的代价。所以，尽管美国两大政党愿意吸收国内拥有大批支持者的势力和团体，但它们又会负起相关责任，努力使这些势力、团体的要求和计划反过来与美国人民的信念、传统甚至偏见相互结合。

最重要的是，美国的部门和利益妥协的多元主义体制是目前人类已知仅有的能确保自由政府和自由社会延续的两种方式之一，更是唯一与美国人的生活条件相适应、为美国人民所接受的方式。

据我所知，自古希腊的柏拉图⊖和亚里士多德时代以来，自由政府面临的永恒难题就是派系斗争。从逻辑上看，自由政府与派系无法共存。但无论何种原因（虚荣和自尊、权力欲、美德或堕落、贪婪或助人为乐），派系在人类天性和人类社会中是与生俱来的。两千年以来，最优秀的政治思想家一直试图设计出一个没有派系斗争的社会，其方式包括教育（柏拉图），消灭财产（托马斯·莫尔⊜），把注意力聚焦在世俗抱负之外的属灵生活上（路德

⊖ 柏拉图（Plato），古希腊哲学家、思想家，重视教育，公元前 387 年创立柏拉图学院，成为西方最早的有完整组织机构的高等学府之一，是中世纪西方大学的前身。——译者注

⊜ 托马斯·莫尔（St. Thomas More，1478—1535），英国早期空想社会主义者，1523 年任英国下议院议长，1529 年任英国大法官，1535 年因拒绝宣誓承认亨利八世为英国教会最高首领而被斩首，代表作《乌托邦》（Utopia）。——译者注

宗⊖的政治传统）等。卢梭⊜的方案是最后一次试图通过取消派系拯救自由的伟大尝试。但是，创建没有派系的自由社会犹如建造永动机一样永不可能。从柏拉图到卢梭的政治思想，最后落脚在取缔派系，那就意味着他们意欲捍卫的自由也被取缔了。

只有英美政治传统成功地打破了上述恶性循环。回顾胡克⊜和洛克⑩的思想，可以发现英美的政治现实主义思想承袭中世纪晚期自由城市政府的丰富传统，认识到如果不能彻底取缔派系，那就必须利用它们来构建更加自由和强健的政府。这一基本观念使英美的政治理论和实践区别于欧洲大陆国家，也是自由的大众政府在两国取得巨大成功的原因。在西方世界的任何其他国家，选择总是局限于各种极端的派系主义，这可能会导致政府瘫痪，最终演变成内战，而专制政治恰恰通过满足人们对有效和有序政府的需求来证明其取缔自由的合理性。19 世纪先后爆发过六次革命或近似革命运动的法国⑩，代表了一种选择，当今时代的极权政府则是欧洲大陆国家政坛的另一种选择。

真正的重大发现是找到英美政治成就的深层次原因。如果派系被融入一个统一的框架中，就可以发挥建设性作用。只有当一个国家没有遭遇意识形

⊖　路德宗（Lutheranism），又称信义宗，源自 16 世纪德意志神学家马丁·路德发起的宗教改革运动，主张基督徒要顺服管辖他们的政府，相信上帝给予教会及国家不同的责任。——译者注

⊜　卢梭（Jean-Jacques Rousseau，1712—1778），法国启蒙思想家，主张"为了很好地表达公意，最重要的就是国家之内不能有派系存在"。参见卢梭著、何兆武译的《社会契约论》，北京：商务印书馆，2003 年版第 36 页。——译者注

⊜　胡克（Richard hooker，1554—1600），英国神学家、圣公会创始人之一，当时的主流归正神学代表人物，主张将启示、理性和传统结合起来，反对清教。——译者注

⑩　洛克（John Locke，1632—1704），英国经验主义哲学家、政治思想家，主张政府只有在取得被统治者的同意，并且保障人民拥有生命、自由、财产的自然权利时，统治才有正当性，其理论对欧洲和美国产生了深刻影响，代表作《政府论》（*Two Treatises of Government*）。——译者注

⑩　考察法国 19 世纪的历史，大致发生过下述六次革命或近似革命的政局变动：① 1815 年波旁王朝复辟；② 1830 年七月革命；③ 1848 年二月革命；④ 1851 年拿破仑三世政变；⑤ 1870 年九月革命；⑥ 1871 年巴黎公社。——译者注

态上的分裂时，基于地区和利益集团的自由政府才可能存在。这就是美国方案。已知的另一个解决办法是引导各方社会力量汇入意识形态派系，该派系从社会的整体规划和信念中获得凝聚力。但这种方案以具备一个不容置疑的统治阶层为前提，该阶层拥有共同的人生观、一致的道德观和传统的（如果不是与生俱来的）经济安全观。这类意识形态统治阶层内部的异议者可被预期作为"忠诚的反对派"，即异议者也接受同样的游戏规则，自视为合作伙伴而非整体秩序的潜在颠覆者。被全体人民接受，对全体人民负责的统治阶层，不能通过一纸命令在短时间内发展起来。实现该目标的国家只有古罗马和英国。在欧洲大陆国家中，所有创造一个真正的统治阶层的尝试，皆以失败告终。

美国历史上，亚历山大·汉密尔顿曾经设想过模仿英国式的解决方案，并且在"弗吉尼亚王朝"⊖几位总统任期内几乎成为现实。因为汉密尔顿关注的焦点在于制定外交政策和发展合适的工业社会组织（如上所述，这两个难题恰恰是多元主义政治体制最难以解决的），所以必然通过一致性原则实践自己的理念。但汉密尔顿致命的错误在于主张少数富人精英更多地掌握统治权。即使他没有犯这个错误，美国人民也不可能接受他的观点。精英统治阶层无法与美国 19 世纪的大规模移民潮和领土急剧扩张兼容，更无法与美国人的平等理念共存。虽然詹姆斯·伯纳姆的管理精英观念正在流行，但没有理由相信当今美国人会接受汉密尔顿的主张。作为一个自由国家，美国只能选择"复合多数规则"，运用多元主义体制，发挥派系斗争在政坛的正面价值，除此之外别无他途。

⊖ 弗吉尼亚王朝（Virginia dynasty），通常被用来描述美国前五位总统（乔治·华盛顿、约翰·亚当斯、托马斯·杰斐逊、詹姆斯·麦迪逊和詹姆斯·门罗）中有四位都来自弗吉尼亚州，只有第二任总统约翰·亚当斯来自马萨诸塞州，但也有人认为真正的弗吉尼亚王朝自第三任总统托马斯·杰斐逊开始。——译者注

　　确实，立足于多元主义，通过利益集团体系来解决外交和产业政策问题的难度非常大。但即便如此，也不会比立足于意识形态的另一种体制面临更多的困难。更加困难的是，工业社会和外交政策是两个彼此相关的问题；归根结底，美国任何外交政策的有效性，依赖于为世界各国引入一套成功的工业社会运作模式。但如果美国终告成功，那么传统的体制、精明算计、拉票交易、政治竞选等都会被纳入正轨。有句老话，杰斐逊式的信念和汉密尔顿式的现实是美国的一体两面。从这两方面来看，卡尔霍恩的"复合多数规则"理念就能够成为一个自洽的整体。确实有必要制定外交政策和全国性产业政策，但最重要的是需要真正理解美国的根本事实：地区和利益集团彼此妥协的多元主义体制是美国政治一以贯之的脉络；除非将整个政治体制拆散，否则无法拔除。

第6章 | CHAPTER 6

美国的机遇和挑战[⊖]

　　显然，林登·约翰逊总统希望本届政府能够开创另一个"善意时代"。在 1964 年选举后的第一次重要演讲中，他声称美国已经达成一项新的"关于国家目标和政策的共识"，誓言将开创"一个长期的建设时代"，号召社会各界人士齐心协力维护公共利益。很明显，他念兹在兹的是一个现代版的善意时代。美国历史上的善意时代开始于 1817 年詹姆斯·门罗（如同林登·约翰逊）以压倒性优势当选总统，当时的反对力量非常微弱且彼此分裂。

　　然而，林登·约翰逊总统将要迎接的，不可能是另一个善意时代。恰恰相反，几乎可以肯定的是，美国正步入多事之秋，政局越来越动荡不安，迥异于我们熟悉的至少一代人时间内的任何阶段。未来几十年，美国的国内政治将被陌生的问题主导，不仅是新问题，也与 1932 年以来我们一直争论的问题存在本质上的不同。未来人们主要关注的将不是经济问题，而是基本的

⊖　首次发表于 1965 年 2 月的《哈珀斯杂志》（*Harper's Magazine*）。

价值观，如伦理道德、审美、哲学等问题。另外，美国政治舞台的中央，将被一个新权力集团接管：专业的、掌握技术的、擅长管理的中产阶级。他们普遍受过高等教育，非常年轻，经济富裕，习惯享有高度的工作保障。他们将很快取代传统的权力中心——传统意义上的劳工集团、农业集团、工商集团。未来的多数派将不得不围绕着新权力中心来构建关于新问题的共识。

但是，围绕着美国解决一系列新国家难题的方式，各政治势力只有在进行了一番脸红脖子粗的较量和痛苦不堪的分歧之后，才能达成"共识"。因为传统权力集团绝不会轻易放弃既得利益，而任何人都不容易把注意力从长期困扰自己的古老而又熟悉的问题上转移开。在1964年的总统选举中，人们见证了巴里·戈德华特如何痴迷于几乎完全抛弃历史。

老问题（多数是经济问题）当然不会消失。例如，围绕工会的角色和局限性的争论，必将延续很长一段时间。同样的老问题还包括富裕社会中棘手的贫困问题、生产自动化的影响、税收政策、环境保护以及许多其他老问题，都令人忧心忡忡。

政治的新焦点

美国国内政治的焦点，可能会转移到两个领域：都市和教育。

在过去几年中，主要的新问题一直是黑人如何融入美国主流社会。该问题之所以成为一个政治议题，恰恰是因为单靠经济手段无法解决。当然，大量的民权问题，看起来似乎主要是经济问题，如黑人加入行业工会问题。但从根本上讲，我们都知道，需要的是打开心扉，而不仅仅是钱包。

同样，都市问题的关键，也不是经济问题，而是涉及政治结构，实际上是宪政问题。在未来围绕学校问题的辩论中，教育政策和目的显然将成为焦点。在都市和教育两个领域，最终的问题还是会归结到美国的生活质量。

当今的大城市正逐步自我毁灭，这早已不是新闻。大城市已经日益变得不适宜居住。试图减轻病症的措施反而加剧了该倾向。新高速公路造成了更严重的交通堵塞和空气污染，城市开发剥夺了穷人或使他们从贫民窟丛林搬到房产开发的荒漠地带，"种族平衡"⊖的分区最终创造了另一个黑人聚居区或布朗兹维尔⊜。

真正的解决方案（如果能找到的话），必定主要是符合审美的方案，或者说符合伦理道德。最关键的是现代人生存的环境质量，而不是行政管理偏好。我们需要的是一个让人富足、使人高尚，而非使人堕落的都市，也不是让人最有效地融入精心规划的公共服务体系的都市。但在我们有希望把都市作为人类生活的环境来对待之前，我们不得不认真地将其作为普遍性政府机构。

这种需要是非常迫切的。几年内，3/4 的美国人将生活在总数不超过200 个都市地区。接近 2/5 的人口将居住在或紧挨着三个巨型都市区：波士顿到诺福克的都市区、密尔沃基到底特律（也可能是克利夫兰）的都市区、旧金山到圣迭戈的都市区。

我们将必须能够为都市人民及时供水、疏通下水道、保持空气洁净，必须提供体面的住房和学校，以及为人、物品、思想交流提供方便，这些恰恰都是都市得以存在的前提。

而且，为了实现上述所有目标，我们需要政府体系，必要时可以跨越或撤销当今的许多地方政府。

⊖ 种族平衡（racial balance），是 1954 年美国最高法院对布朗诉托皮卡教育局案（Brown v. Board of Education of Topeka）判决的后果，指特定学校与整个地区学校学生的种族构成之间的关系，理想情况是二者基本一致，但该政策也导致了一系列争论。——译者注

⊜ 布朗兹维尔（Bronzeville），位于芝加哥，非洲裔美国人商业聚集地，一度被称作"黑人都市"。——译者注

我们需要的政府

都市是当今关键性的居住区域。但它并不是作为统一的政府存在。相反，我们的政府体系仍然立足于旧的前工业化城市、郡、州。如果不改革我们的传统和法律中最根深蒂固的政府体系，就无法解决都市面临的治理难题。

单单税收问题，就已表明一切。在 20 世纪 60 年代，地方政府的支出将翻一番，即从 500 亿美元增长到 1000 亿美元，其主要用途在于教育。但大多数城市的税源已经耗尽。通过把郊区纳入都市的税收体系，利用州的税收支援城市财政，或联邦政府大规模拨款，我们或许可以克服财政困境。我猜测，运用第三种方法的可能性最大。但每种方法都会引发一场激烈的政治斗争。

同样，"向贫困开战"也将引发都市政府的问题，原因在于当今贫困的核心群体是未能融入富足社会、未受过高等教育的城市人口。与其相比，解决西弗吉尼亚州山谷失业矿工或阿巴拉契亚地区㊀农民的贫困问题只是细枝末节的任务。

有关城市在美国政府体系中地位的争论，也纠缠在一起。1964 年，最高法院关于重新分配立法机构席次的判决公布㊁，要求无论选民的居住地在哪，州立法机构必须给予所有选民平等的代表权。10 年前，最高法院为公立学校颁布了种族融合法令。二者具有同样的革命性。同 10 年前的判决一

㊀ 阿巴拉契亚地区（Appalachia），美国的区域概念，大致位于阿巴拉契亚山区的中南部，包括 10 余个州的 400 多个县，长期以来经济较为落后。——译者注

㊁ 作者此处是指 1964 年美国最高法院对雷诺兹诉辛氏案（Reynolds v. Sims）的判决，正式确立了"一人一票"原则，沃伦首席大法官（Earl Warren，1891—1974）的法院意见指出："不论种族、性别、经济地位或州内的居住地点，同样人数的人民必须获得同等代表。"——译者注

样，此次重新分配立法机构席次显然不过是一场长期激烈斗争的第一次小规模冲突。1964 年，纽约州的副州长马尔科姆·威尔逊⊖在对纽约郡官员协会的一次演讲中警告，重新分配立法机构席次可能导致郡作为一级政府的终结，这不是危言耸听。康涅狄格州已经废除了郡级政府。1964 年，当新泽西州纪念建立 300 周年时，大量居民一定非常想知道，现在他们的州政府是否有任何真正的目标——人口分别居住在纽约都市区和费城都市区，被位于中间的普林斯顿市分离而不是结合在一起。

当然，这个议题将围绕具体问题展开争论。例如，国家内部的权力平衡问题，具体包括税源及其划分，联邦政府由于越来越直接与都市政府合作，与州和郡政府的关系变化等。

例如，进出都市的公共交通很快就会被委托给一个新的联邦机构管理。在美国最大的城市，如纽约、费城、芝加哥，要求在超出州的层面上进行规划，所需资金也超出了任何地方政府的能力。另外，城际铁路运输同样如此。

这些具体问题只是美国政治体制和结构存在重大宪法危机的表征。

教育被卷入政治

在过去的 20 年中，教育一直是美国主要的"成长型行业"。如果经济学家认为学校教育是国民生产的一部分（他们应该这么做），那么在整个第二次世界大战后的时期，美国的经济增长率会表现得相当抢眼。

但更大的发展即将来临，并将迅速把美国的学校推到国家的政治旋涡

⊖ 马尔科姆·威尔逊（Malcolm Wilson，1914—2000），美国纽约州副州长（1959~1973年）、纽约州州长（1973~1974 年），大力支持纳尔逊·洛克菲勒（Nelson A. Rockefeller，1908—1979），经济上持保守主义立场，人权上持自由主义立场。——译者注

中。众所周知，未来几年高等院校将受到第二次世界大战后"婴儿潮"时期出生的年轻人浪潮的冲击。5～8年后，美国高等院校的学生人数将比现在多50%。最显著的发展将是两年制"社区学院"[⊖]，该机构前所未有且基本上未经检验，不同于美国历史上的任何其他高等院校，通常由管理公立学校的当地教育委员会运营。与此同时，至少就本科教育而言，从数量上看私立学院将变得几乎可以忽略不计。

由此导致的第一个后果就是教育成本急剧增长。由于合格教师的供给不可能满足需求的突然增加，工资水平必将上涨，进而导致教育成本急剧增长。我们很难找到避免联邦政府对各级教育进行大规模资助的办法。尤其是在贫困地区，教育经费已经超出了当地居民的承受能力。假装联邦政府对教育的资助不会伴以严格的国家控制，是在睁眼说瞎话。例如，联邦政府会支持学校实施种族隔离政策吗？或者学校的课程、标准、学年低于最低要求，联邦政府会不闻不问吗？

与此同时，技术革命正对美国教育带来越来越大的冲击。自从印刷版书籍出现以来，"编序教学法"[⊖]可能是最重大的技术变革，并且有可能产生同样深远的影响。

无论教育行业多么坚决地抵制，单单教师短缺就足以加速新教学方法的普及。然而，教育技术只能传播技能和知识。品格、价值观、行为，尤其是想象力的运用、探索令人兴奋的新事物等其他一切方面，都离不开教师。因此可以预见，编序教学法将引发一场关于美国学校功能和方法的辩论。在美

⊖ 社区学院（community college），又称专科学院或两年制学院，主要由美国的地方税收支持，招收当地学生，提供较低级别的高等教育，授予副学位（associate degrees），毕业生可以转入四年制文理学院或大学以完成本科教育。——译者注

⊖ 编序教学法（programmed learning），以逻辑顺序呈现，具有很多重复概念的教育技术，以自定进度、自我管理为特征。该方法立足于斯金纳（B. F. Skinner，1904—1990）的理论，可通过教学机器和计算机辅助教学设备加以运用，使用两种基本的编程：线性编程和分支编程。——译者注

国，这种辩论已经很久没有发生过了。反对者认为，编序教学法破坏了基本的教育价值观，不能满足求知若渴的孩子们。热情支持者则认为，编序教学法是万灵药（当然不是），教条地想要消除学校中不能被编序、"不科学的"课程。

总体来看，未来社会将以学校为中心。几年后，至少 1/3 美国人将在学校中（现在仅有 1/4）。学前儿童，也就是准备进入幼儿园和已经进入幼儿园的幼儿，将占人口的 1/10。教师已经成为美国规模最大的职业群体。几年后，美国的教育经费支出将远远超过国防预算。同时，美国教育的结构、目标、价值观、内容、方向，都将成为热点议题。

教育将继福利国家之后成为政府对人民的一项基本承诺。我们可以把这种新现象称之为知识型政府。教育必将成为政治议程和政治冲突的焦点。然而，迄今为止，我们甚至还没有开始反思全国的教育政策，政府往往只是在教育数量方面向每位公民做出承诺，而在教育价值观和目标方面的承诺尚未提上议事日程。

年轻人占据权力中心

林登·约翰逊总统可能忍不住要将善意时代的舒适错觉保持更长的时间。但这种局面必将难以持久，部分原因在于新问题已经凸显，且新权力中心即将登上美国历史的舞台。无论总统的意愿如何，受过高等教育的年轻人是从事专业技术或管理工作的中产阶级主体，将塑造美国的新政治联盟。

1960 年约翰·肯尼迪当选总统时，美国人口的平均年龄为 33 岁左右。到 1968 年，该数字将下降到 25 岁，甚至更低。8 年的时间内平均年龄下降了 8 岁，其下降幅度在美国历史上是创纪录的，也毫不逊色于其他任何国家。当然，具体原因在于 20 世纪 30 年代美国人口的出生率较低，相应地，现在进入中年的人数较少，而第二次世界大战后富裕年代出生的人口，现在正逐渐成年。(在过去 10 年中，65 岁以上人口迅速增长，1970 年后这部分人口所占的比例将趋于稳定。)未来 15 年，增长最快的年龄群体，将是刚刚达到投票年龄的年轻人。到 1970 年，美国将成为自由世界最年轻的国家，政治重心将很快转移到这代人身上。他们普遍没有亲历罗斯福新政，甚至也没有参加第二次世界大战，仅仅是从历史书上得知发生过这些事情。

在"心理年龄"上，美国甚至更加年轻，代沟将会更大。20 世纪 70 年代初，每 3 位美国人中可能将有 1 位正在上学，该比例要高于其他任何国家。即使他们是年龄超过 25 岁的在读研究生，也仍然没有真正进入劳动力市场，所以对于生活和政治的认识仍显"稚嫩"。

比平均年龄的变化更重要的是，罗斯福新政和第二次世界大战时期出生、现在即将成年的一代人的期望发生了变化。现在的年轻人，整整一半具有高中以上学历。结果多数人期望从事专业技术工作，盼望晋升至管理层，进而为自己和子女创造更多的机会。相比之下，上一代年轻人达到投票年龄时，正常的期望不过是成为一名机器操作员或售货员。那代人在 20 世纪 20 年代后期和 30 年代进入成年，大体上仅仅接受过一两年的高中教育。

美国政治的主动权已经转移到新一代年轻人的手中。那些还在上大学或刚毕业的男生们遇到了巴里·戈德华特（"发明了他"或许是一个更恰当的词汇），把他塑造为一名英雄，并以狂热的方式迫使不情愿的共和党人提名其为总统候选人。正是受过高等教育的年轻黑人，颠覆了以往的"温和"领导，迫使民权运动的步伐明显加快。民权法案甚至在密西西比州的乡村地区强制推行学校种族融合政策，很大程度上要归功于大学和高中的白人青年对种族正义呼吁的激烈回应。自哈里·杜鲁门政府以来，美国政治制度的一项创新就是以大学生为主体的和平队。⊖

⊖ 和平队（Peace Corps），美国政府管理的志愿者项目，根据 1961 年肯尼迪总统颁布的 10924 号行政命令组建，旨在通过技术援助促进外国的经济社会发展，增进美国人民与服务对象国人民的相互了解，多数志愿者是拥有大学学历的美国公民。——译者注

当然，受过系统教育、经济富裕的管理人员和专业人员仅占全部年轻人的一半，也许会略微超过一半。另一小半年轻人则属于一个规模不大但异常显眼的群体，即"问题青年"（主要是大城市中的少数民族青年），他们多数是辍学者、瘾君子和无业的街头混混。尤其是在不太可能迅速找到解决方案的情况下，我们的社会越富裕，就越应该关心他们。

年轻人的政治态度

但是，政治和社会权力将不是"难题"所在。真正的难题越来越出在事业成功且适应能力强的年轻人身上，他们是这个竞争压力巨大的高等教育社会的受益者，其购买行为将在很大程度上塑造经济形态。经济政策将不可避免地适应他们的需求和愿望。他们是未来的社区领导者。最重要的是，他们将拥有投票权。在刚达到投票年龄的选民中，他们不仅数量最大，而且是唯一的同质性群体，甚至不同于先前的任何群体。他们已经控制了城市郊区，这些地区越来越掌握大州的关键选票。不久以后，除非能够获得大量经济富裕且受过高等教育的年轻中产阶级的支持，否则任何政党和候选人都不可能赢得选举。如果不能及时反映他们的信念、态度、价值观，就不可能达成全国性共识。无疑，他们是构成新的多数派的权力中心，将决定未来一代人时间内美国政治的方向和特征。

然而到目前为止，该群体在政治领域中尚籍籍无名，自身尚未有效组织起来。无疑，该群体尚未融入当前美国的政治结构。比方说，问这些受过高等教育的年轻人是"保守主义者"还是"自由主义者"，实际上毫无意义。

按照美国传统的政治标准，他们无疑显得非常保守。在很长一段时间内，他们是第一批位居新的主要权力中心的"富人"，其收入远远高于平均水平，工作非常有保障（至少看起来如此），并且面临的机会也非常多。他们不认可传统的自由主义群体。当然，他们也绝非持亲劳工立场。一项废除工会间限制竞争协议的提议，如将劳工置于反垄断法之下，可能会得到他们中大多数人的支持。如果非要贴上经济利益和社会地位方面的身份标签，那么他们就是专业管理人员。甚至年轻的教师也可能认为并声称自己是专业管理人员。

然而，他们也不是美国政治中传统的保守主义者。他们是雇员，其中多数人从未见过工资名册，也不指望将来一定会见到。他们当然与小商贩毫无共同之处。尽管约翰·肯尼迪总统"对工商业的敌意"众所周知，但那些认同自己的专业管理身份，在大企业工作的年轻工程师或市场研究人员，事实上，甚至包括成为青年总裁组织⊖成员的年轻所有者经理和企业家，会更加支持他而不是林登·约翰逊（根据所有的新闻报道），而后者"对工商业的理解"对许多年长的大企业高管具有强烈的吸引力。大量传统上标志着"保守主义"和"自由主义"界限的议题很难向他们解释明白。

在1964年的总统选举中，我与来自一所大型中西部大学的一群极其聪明的研究生和年轻教师会面，无意中发现了这一点。当时，巴里·戈德华特刚刚提议把田纳西河流域管理局⊖移交给私营企业。对于大多数年轻人而言，这个提议似乎很合理，否则，很少会有年轻人能够支持他。毕竟，他们往往认为，凭什么政府要比私营企业能够更好地管理发电站和化肥厂？"计划和建设田纳西河流域管理局当然需要政府，但说到运营该机构，政府在行吗？"然而，令他们困惑的是这个问题竟然被公开摆到桌面上讨论。"为什

⊖　青年总裁组织（Young Presidents Organization），全球年轻首席执行官网络，1950年由希科克（Raymond P. Hickok, 1918—1992）创建于纽约，年龄要求45岁以下，迄今在130多个国家拥有约24 000名成员。——译者注

⊖　田纳西河流域管理局（Tennessee Valley Authority），1933年，由美国国会创立，旨在为田纳西河谷地区提供航运、防洪、发电、化肥等，成为罗斯福新政的重要成就之一，但也长期受到争议。——译者注

么不请若干有能力的经济学家和管理工程师负责找出最有效的方法呢？"他们中的许多人是政治学家和经济学家，且或许只是模糊地听说过以前围绕着公私权力的大辩论。但用他们自己的话来讲，这在他们看来就像围绕自由铸造银币⊖的辩论一样既古怪又无关紧要。

几年前，舆论流行把上述对历史上紧要问题的超然态度解释为"政治冷漠"。但过去几年发生的事件（例如巴里·戈德华特竞选或民权运动爆发）已经清楚地表明，位于新权力中心的受过高等教育的年轻人，对政治充满热情，甚至达到了暴力狂热的程度。

准确的解释很可能是，这些年轻人在政治上将不会以美国人 70 年来（从 1896 年总统选举后马克·汉纳创建现代共和党算起）表述政治联盟的方式来界定自身，即以经济议题和经济利益的方式。他们的工作有保障，已经免于历史上长期困扰"穷人"的恐惧。作为雇员，他们缺少捍卫财产权利的坚定决心。但为自己、子女以及所在的社区着想，他们非常关心教育。对与自己直接接触，或会对自身的安全、机会和社会地位有直接影响的事情，他们充满热情。因此，他们将对都市的结构以及教育的目的等议题高度敏感。

经济议题不再是核心

在过去的 70 年中，经济议题界定了个人或团体在美国政治光谱中的相对位置。非经济议题在很大程度上被视为附属物，个人或团体在经济议题上的立场，多多少少决定了在其他议题上的立场。总体来看，不能被纳入经济框架的议题，例如大量外交政策议题，美国人非常成功地以"两党合作"模

⊖ 自由铸造银币（free silver），美国倡导无限制铸造银币的运动，从 1873 年第四次货币法案（Fourth Coinage Act）通过至 1913 年《联邦储备法》（Federal Reserve Act）颁布，始终是美国政坛的关键经济议题之一。——译者注

式进行处理。

但对于新权力中心而言，非经济议题很可能会成为政治信念和政治行动的核心。结果，试图围绕着该中心组建新的多数派，即试图在新团体和传统全国性群体之间（如劳工集团和农业集团）寻求共同利益和观点，必须以非经济议题为核心。新的多数派必将关注生活品质，而不是经济利益的分配问题。

在历史上，每当一个决定性的新权力中心出现时，如 19 世纪 20 年代的新西部⊖集团、19 世纪 90 年代的熟练劳工集团、1910～1930 年大工业中的蓝领工人集团，美国的政治版图都会发生翻天覆地的变化。这种变化总是与重重危机相伴。政治议题和政治联盟的普遍混乱为不怀好意的煽动者打开了方便之门。但这种翻天覆地的变化也使安德鲁·杰克逊、西奥多·罗斯福⊖、富兰克林·罗斯福的创造性领导成为可能。他们中的每个人都设法组建了一个新的多数派，其中当时新权力中心的需求成为有效的全国政策和建设性政治成就的基础。

约翰逊总统的困境

林登·约翰逊作为美国政坛上的杰出战术家，已成功登上权力的巅峰。他有一种把握时机的罕见本能，能适时将成型的想法转变成切实可行的方案，并及时推进已被接受的政策。他可谓是一名战地指挥官，但不是战略

⊖　新西部（New West），美国传统的地区概念，大致包括阿巴拉契亚山到密西西比河之间的地带。美国通常被划分为东部、南部、西部，许多史学家认为三大地区在历史上都发挥了不可或缺的作用。——译者注

⊖　西奥多·罗斯福（Teddy Roosevlt，1858—1919），美国第 26 任总统（1901～1909 年），任内大力保护自然资源，处理劳资纠纷，支持进步主义，奉行门罗主义，调停日俄战争，1906 年获诺贝尔和平奖。——译者注

家。现在，如果他有的话，就必须展现出一种不同的才能：政治创新的能力、设定新议题和制定新政策的领导能力。

林登·约翰逊在美国政坛拥有多年摸爬滚打的经历，可谓自由世界最资深的领导人。早在赫伯特·胡佛⊖从白宫卸任之前，他就首次以国会助理的身份到达华盛顿。然而，在他的总统任期内，将见证一代人的跨越，政治重心将转移到一个非常年轻的群体手中，该群体的成员几乎不记得第二次世界大战，更别说经济大萧条了。

在最早的罗斯福新政支持者中，林登·约翰逊总统是唯一仍在美国政坛具有重大影响力之人。然而，他总统任期的成败将主要取决于能否吸引和鼓舞大批中产阶级年轻人。传统上，这些人向来持中间偏右立场，且几乎不了解新政的议题、氛围和经验。约翰逊总统过去从事的事业和未来不得不致力的目标之间的张力，是其面临的主要困境。

在美国历史上，1964 年总统选举只有一个类似的先例，也只有一位总统面临与林登·约翰逊相似的形势。那就是 1896 年的总统选举及获胜的共和党总统威廉·麦金莱⊜的处境。观察这次相近的选举或许能够为今天提供有益的借鉴。在这两次选举中，竞选焦点都不在胜利者身上：威廉·麦金莱激发的政治热情与林登·约翰逊同样微弱，失败者反而成为公众关注的焦点。

威廉·布莱恩和巴里·戈德华特各自的竞选和失败存在惊人的相似。他

⊖ 赫伯特·胡佛（Herbert Hoover，1874—1964），美国第 31 任总统（1929~1932 年）、联邦政府商务部长（1921~1928 年）、食品管理局局长（1917~1918 年），矿业工程师出身，崇尚效率运动，倡导进步主义，第一次世界大战爆发后，积极组织救济行动，战后加入美国救济管理局，组织向中东欧国家数百万饥饿人口运送粮食，总统任内爆发经济大萧条，饱受争议。——译者注

⊜ 威廉·麦金莱（William McKinley，1843—1901），美国第 25 任总统（1897~1901 年）、俄亥俄州州长（1892~1896 年），1898 年领导美国取得美西战争的胜利，提高关税，反对自由铸造银币，1901 年 9 月被枪杀，副总统西奥多·罗斯福继任总统。——译者注

们都旨在联合愤愤不平之人，都通过自己义愤填膺的代言，具体表达出许许多多普通美国人在面对快速和无情变化时的困惑和迷茫。人们习以为常的世界已经一去不复返，虽然两人都公开否认自己偏执，但都利用了公众的偏执情绪。两人都把原教旨主义（即拒绝思考）作为一种经过深思熟虑的政治哲学，且竞选战略都与南方农村及其反叛有关。因此，两人都疏远了必须赢得支持的群体（新权力中心）的大量成员。1896 年这些成员是熟练劳工，如铸造工人、印刷工人、钢铁厂中的起重机操作员等；1964 年这些成员是年轻的专业技术人员和管理人员构成的中产阶级。

两位胜利者的处境也非常相似。投票给林登·约翰逊就像给威廉·麦金莱一样，美国人民实际上是投票反对不负责任、非理性、意见不合、偏执。他们不是投票支持获胜的候选人，甚至也不支持其提出的议题、规划和政策。两次选举的胜利者都是各自所属阵营的最后一位成员。例如，林登·约翰逊是最后一位新政拥趸，威廉·麦金莱是最后一位享有政治声望的内战老兵。同现在的林登·约翰逊一样，1896 年的威廉·麦金莱发现自己处在一个陌生的新世界，新权力中心已然出现，却没有新议题来取代内战后重建时期的老口号。

面临的机遇

通过与 1896 年的总统选举比较，可以发现此次选举也面临着罕见的机遇。两次总统选举都造成了巨大的情感创伤，把人们从原先的政治阵营中抛出来，随风飘荡，随时准备投入新的政治潮流；迫使那些惯于依照简单的陈词滥调对政治做出反应的人（对其中大多数人而言，政治处于次要位置），重新审视自己的立场。总而言之，从约翰·肯尼迪总统遇刺到林登·约翰逊当选总统，一年来令人错愕的事情接踵而至，社会上弥漫着自我质疑和自我怀疑的氛围，必将产生持久的影响。这一年的经历表明，即使最怀旧的人也无法回到过去。结果，人们在对新事物的需求和接受方面已经达成了广泛共识。

1896 年的情感创伤，被马克·汉纳用来打造一个持久的新多数派，该群体以熟练的产业工人为中心，与工商集团、农业集团结成联盟。马克·汉纳围绕着"装满的饭盒"设计政治联盟，也就是紧紧围绕着经济议题，塑造了其后 65 年美国政治的基本结构。⊖比马克·汉纳稍晚，西奥多·罗斯福及时抓住了政治创新的机遇，推出一套全新的政治纲领，并在此基础上创建了一个强势的、积极的总统制政体，以有效处理福利国家和对经济活动的社会控制等新议题。

回顾历史，这些成就看起来难免不过尔尔。但在当时，大多数美国人对该成就佩服得五体投地。1896 年的世界，在今天看来似乎异常简单，但在当时的人眼中（《亨利·亚当斯的教育》⊖的任何读者都可能记得）复杂得超出了人类的理解范围。

今天，我们也面临着同样的机遇。抓住这个机遇的人，很有可能是林登·约翰逊总统。他上任后第一年的表现证明自己是一位卓有成效、聪明过

⊖ 在人们的记忆中（如果有的话），汉纳是一名道德堕落的恶棍，是所有头戴高帽，抽着雪茄，剥夺一名可怜寡妇并引诱其女儿的邪恶"资本家"的原型。但他是美国历史上最卓越的政治权力组织者之一，或许仅次于杰斐逊。当时，人们对共和党的记忆依旧停留在30 年前的内战时期和重建时期的分赃行为，在汉纳的努力下，早已组织涣散、死气沉沉的共和党转变为工业化美国的新的多数派。他可能是第一位意识到美国已经成为工业社会的政客，当然也是第一位理解工业经济创造财富的巨大潜力的政客。这引导他成为全国制造商协会（NAM）的创始人，也是初期的美国劳工联合会（American Federation of Labor）的教父和年轻的龚帕斯（Sam Gompers，1850—1924）的赞助人。汉纳（顺便说一下，他是一位诚实可敬的人）可能是美国政治史上最不为人知、最被低估的人物。

⊖ 《亨利·亚当斯的教育》（*The Education of Henry Adams*），美国历史学家亨利·亚当斯（Henry Adams，1838—1918）的自传，书中他尖锐地批判了 19 世纪的教育理论和实践，作者去世后才公开出版，获 1919 年普利策奖。——译者注

人、精力旺盛、自信满满的总统。

尽管如此，约翰逊有勇气和远见（最重要的是自律）着手处理新的、困难的、有争议的议题吗？或者，他用以处理传统政治联盟和议题的精湛技巧，将会让他沉迷于处理过去的问题以达成过去的全国性共识吗？如果约翰逊总统以该方式错过机遇，到时从废墟中重建共和党的人士，将面临得天独厚的机遇塑造一个新的多数派以处理新议题，因为没人（无论是林登·约翰逊、巴里·戈德华特还是其他人）能把美国倒推回1964年总统选举跨越的政治分水岭原先一侧。

总统卓有成效的秘诀[⊖]

根据竞选活动人士的说法，美国下一任总统将是一位非常之人。具体而言，他将是一名卓越的政治家、一流的行政专家，旨在打造高效的联邦政府。并且他将秉持非常健全的政治哲学，要么是健全的自由主义，要么是健全的保守主义，且不论哪种都非常健全。听他们的说法，下一任总统甚至具备一种罕见的品质——"伟大"。

美国人习惯用这类术语形容候选人，事实上，如果 11 月的选举胜利者确实具备那些宝贵品质，那么对我们所有人而言都将是一件幸事。但这些品质并不是候选人能否获胜的决定性因素。实际上选举结果取决于其他因素，即竞选过程中很少被提及的卓有成效。

所有经验都告诉我们，总统所需的最重要品质就是卓有成效。在美国历史上，无论总统的个人品质如何，持有哪种理念，只要做到卓有成效，就会取得成功。反言之，无论总统的个人品质多么伟大，或制定的政策多么正

⊖ 首次发表于 1960 年 8 月的《哈珀斯杂志》（*Harper's Magazine*）。

确，只要做不到卓有成效，就会惨遭失败。

例如，虽然詹姆斯·波尔克㊀和威廉·麦金莱都不是伟人，但无疑都是
卓有成效的总统。相比之下，虽然赫伯特·胡佛是一位更伟大的人物，但绝
不是卓有成效的总统。虽然约翰·亚当斯㊁可谓真正的伟人，也是一名政治
家，但不是卓有成效的总统。相比之下，哈里·杜鲁门从不认为自己是伟
人，却学会了如何成为卓有成效的总统。

任何一位理智之人，都有希望学会卓有成效，因为其中的80%取决于
制度。历史经验表明，卓有成效的总统往往具备下述三个基本特征：

- 工作安排得井井有条，以便把精力集中于关键事务上——不是行政事
  务，而是政治领导。
- 使美国政治的焦点对准与整体形势息息相关的议题，而非那些符合自
  己的规划或政治信念的议题。
- 深刻而全面地理解总统职位和美国人民，从不需要"推销"观点，而
  是发布命令。

艾森豪威尔政府试行了一项重大的政治创新，建立了一套新的总统工作
机构，却以失败告终。虽然艾森豪威尔本人一直享有崇高声望，但直到作为
"办公厅主任"或"战区指挥官"的左膀右臂谢尔曼·亚当斯㊂和约翰·杜

㊀ 詹姆斯·波尔克（James Knox Polk，1795—1849），美国第11任总统（1845～1849年），
任职期间，美国打赢美墨战争（1846～1848年），吞并得克萨斯、俄勒冈等地，领土面积
大幅扩张。——译者注

㊁ 约翰·亚当斯（John Adams，1735—1826），美国开国元勋、第2任总统（1797～1801
年）、第1任副总统，1798年签署有争议的《外国人与叛乱法》（Alien and Sedition
Acts），1800年竞选连任失败后回到马萨诸塞州，开创了著名的亚当斯政治家族。——
译者注

㊂ 谢尔曼·亚当斯（Sherman Adams，1899—1986），美国新罕布什尔州联邦众议员
（1945～1947年）、新罕布什尔州州长（1949～1953年），艾森豪威尔政府时期任白宫
办公厅主任（1953～1958年），倾向共和党内自由派，反对巴里·戈德华特代表的保守
派。——译者注

勒斯⊖去职后，才真正成为卓有成效的总统。实际上，正是他们两人的失败，迫使艾森豪威尔成为一名政治领导人，而不是他过去试图成为的非政治化管理者。艾森豪威尔本人没有变化，但角色和影响力变了，这再次证明总统任内的成效取决于制度而非品质。

该制度没有任何神秘之处。从创造了建国奇迹的华盛顿总统第一个任期，到富兰克林·罗斯福的第一个"新政"任期，历史一再表明，所有卓有成效的总统组织开展工作的方式都大同小异。

众所周知，美国总统是国家元首、政府首脑、军队总司令，该职位迫切需要做到卓有成效。

首先，在美国的制度体系中，包括"副总统""国务卿""办公厅主任"在内的任何职位，都不能替代总统。每位卓有成效的总统向来都是亲自拍板重大决策，对下属的建议要么"采纳"，要么"否决"。当乔治·华盛顿总统要求汉密尔顿和杰斐逊就同一议题提出各自的建议时（全面介绍所有备选方案，而不是联合提出一项无害亦无效的妥协方案），两人以不同的方式辅佐华盛顿取得了任内的成功。

卓有成效的总统除了决策之外，不做任何事情，而是将所有具体事务委派给下属，且只委派给个人。他往往一点都不在乎团队是否和谐，需要的只是坚强、独立、有抱负、能完成任务的个人。只有当他既不想立刻拍板，又不想命令下属去做时，才会指派相关的委员会研究需要采取的决策和行动。

下一任总统亟须在整个政府机构内部恢复个人责任。数不清的委员会、协调人、特别助理、顾问等已经使政府陷入瘫痪，所有人都忙于"再研究研究"，却无力采取行动。美国对一个国家或地区（如巴西）的责任划分为太

⊖ 约翰·杜勒斯（John Foster Dulles，1888—1959），美国国务卿（1953～1959 年），在任期间巩固并加强北约，构建东南亚条约组织，参与策划伊朗、危地马拉政变，不签署 1954 年各国达成的日内瓦协议。——译者注

多方面，以至于没人能真正做事。结果，在以前更"低效率"却更卓有成效的时期，国务院的部门负责人能够妥善处理的事务，现在却需要总统亲自出面才行。

即使最强势、最有影响力的内阁成员或顾问，也不是总统的"同事"，更不是"朋友"。总统只有下属，下属是总统的左膀右臂。当然，下属也可能做炮灰。唯一"必不可少的"就是总统自己。

总统的工作远超该职位的正式职责。在《美国宪法》没有具体规定的工作中，总统的卓有成效可能更加重要。总统必须能够摆脱官方渠道的羁绊，必须能够看到或想到整个世界。为此，他需要一支非官方的、独立于政府和政党的志愿者团队担当耳目。如同罗斯福夫人⊖的所作所为，每位卓有成效的总统都需要有人帮忙处理琐事。例如，他可以让国务卿在办公室外等几个小时，自己则同来自刚果的普通传教士谈话，或者像林肯总统那样与来自"美利坚联盟国"的叛乱姻亲⊜恳谈（这堪称一向以正直闻名的林肯总统的一大丑闻）。他们每个人都知道，编织此类情报网是一项艰巨的任务，尤其是，该网络最好是由与总统的观点不同、立场独立的人士构成。

卓有成效的总统往往是一名活跃的政治家。每本教科书上都说："总统是所属政党的领导人"。但教科书忘记了，卓有成效的总统必须构建政治联盟，使"政党"摆脱群体、利益集团、民族身份、宗教信仰、个人忠诚、理想信念的疯狂旋涡，这恰恰是美国政治的本质内涵，也让死板的政治科学家感到绝望。

说总统应该"高于政治"，就像说小提琴家应该超越自己的琴弦和琴弓

⊖ 罗斯福夫人安娜·埃莉塔·罗斯福（Anna Eleanor Roosevelt，1884—1962），富兰克林·罗斯福总统的妻子、联合国人权委员会第 1 任主席（1946～1952 年），主持起草《世界人权宣言》，杜鲁门总统誉为"世界第一夫人"。——译者注

⊜ 林肯总统的第一夫人玛丽·林肯（Mary Ann Todd Lincoln，1818—1882）生于肯塔基州的奴隶主家庭，美国内战期间其有数个兄弟在"美利坚联盟国"军队参战。——译者注

一样愚蠢。毫无疑问，没有哪位卓有成效的总统是一位"好党员"。他的目标不是要取悦所属党派，而是赋予该党新气概、新领导、新方向和新联盟。所有这一切都需要精明的、咄咄逼人的政治手腕。

"非政治化"的总统，如尤利西斯·格兰特或赫伯特·胡佛，只是简单地把相关事务交由党内人士处理。艾森豪威尔之所以没能成功地创建其本人宣称的"现代共和党"，是他在 8 年任期的多数时期内不做一名政客的必然结果。因为在美国的制度体系中，政客和政治家没有任何冲突，所以总统要成为一名政治家，首先必须成为一名真正能干的政客。

充分使用谋士

最后，为了实现卓有成效，也是为自身考虑，总统需要政府中的"谋士"。

即使最伟大的总统，也很少是原创性的思想家。例如，海军上将海曼·里科弗[⊖]曾说亚伯拉罕·林肯不是一棵"有前途的大学苗子"。总统需要保持思维活跃，对他人及其思想拥有兴趣，能够从一堆理论中抽丝剥茧找出核心要点，并迅速抓住想象变成狂想、逻辑变成荒谬之处。这种思维需要他人思想的不断刺激和滋养。

专家们无法提供这种思维。他们擅长的是如何把事情做得更好，而从来不反思：我们应该做什么？我们可以不做什么？

总统更需要政府中的谋士激发公众的政治热情，以参与相关政治议题，思考能够从事的新事业。

使用"谋士"最得心应手的美国"统治者"，不是某位总统，而是盟军

⊖ 海曼·里科弗（Hyman G. Rickover，1900—1986），美国海军四星上将，在海军服役时间长达 63 年，是美国历史上服役时间最长的军官，期间大力推进核动力技术的发展，被称为"核海军之父"。——译者注

日本占领当局最高统帅麦克阿瑟将军⊖。但麦克阿瑟将军时常让谋士制定政策，实际上这不是他们擅长的事务。富兰克林·罗斯福总统也擅长使用谋士，但政府中的谋士对新政的举措毫无影响力，他们一旦试图染指，就会被抛弃。谋士善于不断地提出各种想法和建议，能够激起公众的争论、热情和兴趣。

换言之，政府事务不能完全甩给专家，不论是行政专家还是政客都一样。政府需要既不是专家也不是政客的谋士。然而，现在这类人在政府中已经销声匿迹了。他们在"不争论"的牢笼中窒息——第二次世界大战时的安全政策和后来麦卡锡主义⊜的遗产。显然，因为他们不能实现"高效率"，威胁有条不紊的行政管理，所以成为行政人员的眼中钉，没有政府想要这类人。但很少有人记得，今天尽善尽美的行政管理程序，正是昨天那些轻率且不切实际的思想的产物。

只有谋士能使政治成为一种人的戏剧。谋士能够引发公众舆论，创造相互理解的环境，有助于履行公共承诺。除非总统能够使政坛（他所在的政坛）与我们一起登上人与思想的伟大舞台，否则他将难以做到卓有成效。

构建新政治联盟

总统既是一名政治领导人，又是一名政客。要求下一任总统卓有成效的

⊖ 麦克阿瑟（Douglas MacArthur，1880—1964），美国五星上将，1930年任美国陆军参谋长，1945年9月2日，在"密苏里号"驱逐舰上代表美国正式接受日本投降，后任驻日盟军总司令，1951年被杜鲁门总统解职。——译者注

⊜ 约瑟夫·麦卡锡（Joseph R. McCarthy，1908—1957），美国威斯康辛州联邦参议员（1947～1957年），1950年声称大量共产党员、苏联间谍渗入美国联邦政府、军队、美国之音等机构，引发持续数年的恐慌，今天，"麦卡锡主义"用来代指那些煽动性的、毫无根据的指控。——译者注

呼声显得不同寻常。无论作为共和党总统还是民主党总统，他都必须重新奠定和构建政党凝聚力与政治联盟的基础，必须引领新一代人（出生于经济大萧条和第二次世界大战时期，如今已成年）参与公共生活，还必须处理好美国总统的新工作：赢得非共产主义各国人民的认可。

由农业集团、劳工集团和城市少数民族集团组成的新政联盟，或许仍能够团结在一起决定选举结果。然而就其本身而言，该联盟甚至已不再代表关键的少数群体。与几年前相比，农民、蓝领劳工各自在总人口中的比重已大幅降低。下届政府一上台，新的政治联盟将日益成型，旧的必然逐步分化瓦解。

由于美国政治的新议题不适合现有的政治界限，也不符合美国社会结构的现状，所以未来几年内，作为主要利益集团之一的农业集团可能会淡出美国的政治舞台。劳工集团与管理阶层可能在基本经济政策领域结成联盟，组建"生产者利益集团"。"挥金如土者"可能会学着做一名"勤俭节约者"，反之亦然。可能爆发的关于税源的争论，甚至有可能孕育新的州权联盟。担心联邦政府加强控制种族问题的南方人，可能会意外得到强势的北方自由主义者的支持，而后者掌控的州、城市、地区项目正日益增加。双方都希望得到联邦拨款，但同时也会竭力维护地方政府的财政自主权。

当前政治联盟的起源远远早于 1932 年。虽然富兰克林·罗斯福总统进行了大刀阔斧的改造，但其基本框架由一代人之前的政治建筑大师马克·汉纳奠定——具有讽刺意味的是，汉纳是一名共和党人。然而，到 1965 年，诸如"劳工集团""工商集团""南方集团""农业集团"等术语原有的政治含义，即使尚未消失的话，也已经开始发生变化。且这些集团可能会变得越来越无足轻重。美国国内政治将围绕着新的核心问题展开：如何赢得新的多数派的忠诚。包括受雇的技术人员、专业人士、管理专家、教职人员在内的新的多数派，属于普遍受过高等教育的中产阶级，其政治立场尚未定型，也没有固定的效忠对象。

上述宏观政治趋势即使真的会出现，也需要很长时间才能定型。但这种可能性已经足以导致现在的两大政党风雨飘摇。这意味着下届政府将高度政治化。下一任美国总统将不得不面临两种选择：要么成为无能的政治陷阱受害者，要么成为创建新政治联盟的精明政客。

当然，这与即将到来的"代际转换"密切相关。下一任总统的首个任期结束时，任命的将军或海军上将甚至可能太年轻而从未参加过第二次世界大战。由于高管群体的平均年龄现在已达 59 岁，所以将有一半人会被接替。现在的工会领导人，也有一半已达到（或超过）正常退休年龄。去年春天，一家广播电台寻找一名"全国知名的"女性加入公共事务委员会，结果名单上的所有人都生于 20 世纪 30 年代后期。

继任者有可能是二三十岁的年轻人，他们已成长为新的领导人而非即将卸任的老领导的副手。像理查德·尼克松⊖和约翰·肯尼迪一样疾速崛起的例子，将会成为政界、工商界、劳工界的共同现象。

非常明显，当今常见的口号和议题，对新一代人来说几乎没有意义。"自由主义者"和"保守主义者"一样，只是让人们回忆起 20 世纪 30 年代的陈年往事，如"劳工权利""自由企业的美德"等。但对于 35 岁以下的人来说（他们足足占全部选民的 1/3），这些口号如同"难忘缅因号！"⊖一样都已成为历史故事。甚至西奥多·罗斯福总统与富兰克林·罗斯福总统之间的分歧，对他们而言已如同为应付高中考试而必须死记硬背的多数考点一样似懂非懂。

⊖ 理查德·尼克松（Richard Nixon，1913—1994），美国第 37 任总统（1969~1974 年）、第 36 任副总统（1953~1961 年），美国历史上第二年轻的副总统，1974 年因水门事件而被迫辞职。——译者注

⊖ 难忘缅因号！（Remember the Maine!），1898 年 2 月 15 日，美国海军缅因号战舰发生爆炸后沉没，激化了美国与西班牙之间的矛盾，该口号迅速流行，最终导致美西战争（1898 年）爆发。——译者注

但似乎没人（甚至包括该群体自身的成员）知道，新一代人代表什么，信仰什么，想要什么。迄今为止，该群体尚没有代言人，还没人扮演类似雷茵霍尔德·尼布尔、诺曼·托马斯⊖、沃尔特·李普曼⊜在他们的父辈中的角色。新一代人甚至并未反抗现状，即使他们不是不感兴趣，但表现得非常安静。

然而，下一任总统要想卓有成效，就必须激发这代人的政治热情。未来的多数派及其领导人，都将来自该群体。下一任总统必须说服他们相信，政治处理的是重大议题，事关对错而非程序，人的本性和命运而非"谁得到了什么"。

最后，下一任总统必须获得盟友国家领导人的认可。不同于前任总统，我们在国外的多数朋友都不知道他将走马上任。然而，对美国总统的信任是无形的纽带，只有这样才能够团结非共产主义国家。没有信任，美国的实力就会成为其他国家的威胁，而不是各国共同的保卫力量。美国在其他国家的朋友不是美国总统的选民，但必须是他的"追随者"，这符合彼此的国家利益。

此外，其他国家的代际转换也即将到来。麦克米伦⊜、尼赫鲁、戴高乐、赫鲁晓夫、阿登纳⑭都是遥远的第一次世界大战前成长起来的一代人，虽然人们对其各自的继任者知之甚少，但可以确定的是，必将更加年轻，且行事风格截然不同。

⊖ 诺曼·托马斯（Norman Thomas，1884—1968），美国社会主义者、社会党领袖，政治立场较温和，曾六次代表社会党参加美国总统选举。——译者注

⊜ 沃尔特·李普曼（Walter Lippmann，1889—1974），美国作家、记者、政治评论家，两次获得普利策奖，提出"冷战"概念，代表作《公共舆论》（*Public Opinion*）。——译者注

⊜ 麦克米伦（Maurice Harold Macmillan，1894—1986），英国首相（1957～1963年）、保守党领导人，是英国最后一位生于维多利亚时代的首相。——译者注

⑭ 康拉德·阿登纳（Konrad Adenauer，1876—1967），联邦德国第1任总理（1949～1963年）、政治家、法学家，任内创造了经济奇迹，为联邦德国带来民主、稳定、国际声望，重新占据欧洲的中心地位。——译者注

比拼人气并不能获得对外国人民的领导力。领导力依赖于对美国政策和地位的清晰理解。然而，达成该目标需要一位卓有成效的总统，把各个政治势力有条不紊地组织起来。

上述新要求也强化了对相关议题的需求。如果下一任总统紧抓熟悉的老议题（所有政治势力仍在商讨这些议题），那么不论是在其所属的党派内部，还是美国内外的新"公众"眼中，他都不可能成为卓有成效的领导人。原因就在于那些老议题早已无足轻重。

界定紧要议题

"宁做紧要之事而不为正确之事"应该成为卓有成效总统的座右铭。对于无关紧要的议题，即使正确的答案也会产生误导作用。对于紧要议题，即使错误的答案也会引起人们关注。总统唯有提出紧要议题，才有希望处理某些事情。

例如，安德鲁·约翰逊除了总统头衔外别无长物（甚至因 1 票之差险被弹劾㊀），然而正是他而不是那些看似无所不能的激进派共和党人㊁，设定了内战后的重建进程。显然，安德鲁·约翰逊总统对该议题的界定与国家目标和恢复联邦的需求紧密相关，而激进派共和党人主张采取惩罚和报复的观点则显得无关紧要。

赫伯特·胡佛的两个基本信念是完全正确的：美国经济和社会从根本上看是强大而健康的；真正的危险来自表象背后的国际邪恶势力。但胡佛把议

㊀ 安德鲁·约翰逊总统（Andrew Johnson，1865—1869）的政策引起激进派共和党人强烈不满，联邦众议员史蒂文斯（Thaddeus Stevens，1792—1868）等人发起弹劾，但 1868 年投票时以 1 票之差败北。——译者注

㊁ 激进派共和党人（Radical Republican），美国内战前后共和党内主张无条件、永久性废除奴隶制的政治派系，与林肯总统代表的温和派存在许多不同政见，代表人物为联邦众议员史蒂文斯。——译者注

题界定为维护国际金本位制，则是无关紧要的。无论在国内还是国外，紧要的都是维护人类的价值观。由于富兰克林·罗斯福清醒地意识到这一点，从而能够实现卓有成效，而胡佛显然没有做到。

总统认为什么是正确的，取决于其秉持的信念。然而，什么是紧要议题，则取决于客观形势。

那么，当今的紧要议题是什么？

犹如 1932 年维护国际金本位制是无关紧要的，在 60 年代坚持"孤立主义"还是"国际主义"也已变得无关紧要。"外援"同样如此。如今，"相互依赖"是紧要的事实，具体包括美国实力与自由世界其他国家之间的相互依赖；美国的经济成长与其他地区经济迅速发展之间的相互依赖；外交、内政、国防、经济、管理、教育以及许多其他领域之间的相互依赖。

如同过去 25 年中提出的其他议题一样，"资本主义与共产主义"议题也不再紧要。如今，几乎任何"主义"都能生产物质产品和技术知识。且即使没有"主义"，仅凭生产这些东西就足以确保胜利。

"和平与战争"也已经成为无关紧要的议题，并且是一个非常危险的议题。正如约翰·费希尔指出的，[⊖]该议题很容易陷入关于投降的争论：战争意味着人类的毁灭，是无法接受的，因此我们必须保持和平。当然，这并不是真正紧要的议题。紧要的是，如何使得非战非和的长期紧张状态变得可以忍受。在可预见的将来，白宫主人将既不是"战时总统"也不是"和平时期总统"，而是同时兼任这两种身份。美国外交政策的目标必须定位于控制终极武器，完成带来希望的共同建设性任务，使得非战非和时期适合世人生存。最重要的是，总统必须使美国人民理解，同时也要使其他国家人民理解，当前的休战政策是真正能够替代战争的选择，也可能是最终带来真正和

⊖ 约翰·费希尔（John Fischer），1960 年 3 月《哈珀斯杂志》(*Harper's Magazine*)。

平的唯一道路。

在内政方面，福利国家和罗斯福新政都是不容忘却的基本事实。第二次工业革命正在推动世界各国迅速进入新社会，今天的紧要议题就是新社会的塑造和价值观问题。200年前的工业革命，大致上局限于西方世界。第二次工业革命的范围更广、影响更深、扩展的速度更快。

与第一次工业革命相比，美国在第二次工业革命中扮演的角色截然不同。第一次工业革命直到很晚才影响到美国。第二次工业革命则是"美国制造"，并在很大程度上立足于美国人成功地解决了第一次工业革命带来的难题。现在，我们将不得不找到许多陌生难题的答案。

下一任美国总统不需要大堆具体的提案，只需要树立一个宏伟目标，为我们指明前进的方向。总统的职责不是"解决"新问题，而是促使我们着手解决新问题。最重要的是，他必须鼓励人与人之间相互理解，要做到这一点，不仅需要支持和赞成，还需要异议和争论，需要我们认可他设置的优先事项及对重要议题的界定。下一任总统不一定需要多么正确，确实，至今还没人能说出上述重大新议题的"正确"之处，但他亟须处理紧要之事。

设定宏伟目标

总统要实现卓有成效，还有一个重要条件：卓有成效的总统要求达到的目标，总是远远高于美国人民自己的心中所想。

例如，1942年年初，富兰克林·罗斯福总统下令生产40 000架飞机，就是按照该条件行事。当时连最亲密的顾问都认为总统不负责任，简直疯了。他们想当然地认为，即使一半任务量也是绝对不可能完成的。但事实证明罗斯福总统是正确的，真正生产出的飞机数量远远超出了上述目标。亚伯拉罕·林肯、伍德罗·威尔逊、西奥多·罗斯福等卓有成效的总统，都以自己的方式提出要求，并且美国人民也予以了有效回应。

美国所有卓有成效的总统，都是公共关系专家，总是不懈地宣传自己的观点。与托马斯·杰斐逊相比，麦迪逊大道⊖上最光鲜亮丽的宣传设备不过是小儿科。

卓有成效的总统都知道，领导力不仅仅是让提案在国会通过或建议被外国政府接受。卓有成效意味着让美国人民意识到，为了捍卫基本价值观，新任务必须完成，旧议题最好被抛弃，因袭的习惯必须被打破。

此外，卓有成效的总统从不"推销"。

他们都本能地知道，过去几年已经证明了什么：隐藏的说服者⊜并不是真正的说服。自从对第二次世界大战的大肆宣传以来，所有"推销创新"的黑白艺术都一直被用于激发美国人民的政治热情。然而，我们从未如此厌倦，如此不感兴趣，如此顽强地抵制推销。（艾森豪威尔总统于 1959 年讨伐"通货膨胀"时，确实激起了一些政治热情，但在那时，他俨然以成年人对小孩讲话的口气对公众发表演讲。）向心理年龄 12 岁的人推销口红的方法，显然不能满足政治的需要。卓有成效的政治领导力绝不是品牌形象的推销。

"美国总统不推销任何东西"应该被刻在总统徽章⊜上。卓有成效的总统向来都懂得鼓舞人心，但从不去讨好他人。每位卓有成效的总统都知道，他的工作不是影响"群众心理"，而是鼓舞坐在台下的男男女女。众所周知，

⊖ 麦迪逊大道（Madison Avenue），美国纽约市曼哈顿区一条南北走向的大道，得名于南端的詹姆斯·麦迪逊广场，从 20 世纪 20 年代起成为广告业中心，至今仍用作广告业的代名词。——译者注

⊜ 隐藏的说服者（the hidden persuaders），源自帕克（Vance Packard，1914—1996）于 1957 年出版的畅销书《隐藏的说服者》，揭示了广告界如何根据心理分析理论设计出特殊的迂回手法进行产品推销。——译者注

⊜ 总统徽章（president's crest），通常用于标记总统与国会的通信，是总统的象征，基本设计源于海斯总统，最后一次修改是 1960 年加入了代表夏威夷州的第 50 颗星。——译者注

总统通过远见而不是哄骗、勇气而不是名气来领导国家。

美国人民可能要比电视节目所显示的更加愿意接受这样的领导，或许整个自由世界的人民和铁幕后面的秘密听众同样如此。尽管我们可能不愿意承认，但我们都知道，无论是富兰克林·罗斯福还是赫伯特·胡佛，无论是美国民主行动组织⊖还是美国革命女儿会⊖，都没有所谓的"常态"可以恢复。我们更喜欢阅读预测未来辉煌的书籍，但实际上，这是自林肯时代以来的首次，作为一名未经考验的未来总统，即使内心再强大也可能会为了联邦的未来而彻夜难眠。

我认为，美国人民已经准备好接受具备卓有成效领导力的下一任总统。现在我们知道，美国必须一方面成为"超级大国"才能生存；另一方面成为"地球上最后最美好的希望之乡"才能获胜。只要我们能够尽快获得一位对自己的职责有宏观视野，对未来的挑战感到自豪而非胆怯，并且为我们设定高目标的总统，美国的整体道德和知识氛围，可能会在一夜之间发生改变。

⊖ 美国民主行动组织（Americans for Democratic Action），倡导进步主义政策的自由主义政治组织，1947 年成立，通过游说、基层组织、研究、支持赞同进步主义观点的候选人以追求经济和社会正义。——译者注

⊖ 美国革命女儿会（Daughters of the American Revolution），以血统为基础的非营利组织，创立于 1890 年，旨在为美国独立战争参加者的女性后人提供服务，座右铭为"上帝、家庭、国家"。——译者注

亨利·福特的成败得失 ⊖

一

亨利·福特之所以引起美国人的注意（确切讲是吸引了全世界平民的目光），并非因为他那令人炫目的财富。汽车对人们日常生活的强烈影响，也只能部分解释该现象。与其说福特是新的财富和汽车时代的象征与体现，不如说他是新的工业大生产文明的化身。

福特是经济和技术成功的完美典范，也是迄今政治失败的典型代表，他未能构建一个工业秩序和工业社会。在福特公司宏伟庄严的红河工厂 ⊜ 中，秩序井然的流水生产线精密配合自动生产，与此同时，该厂所在的底特律市却沦为充满莫名焦虑的社会丛林，二者的强烈反差揭示出了当今时代的核心

⊖　首次发表于 1947 年 7 月的《哈珀斯杂志》(*Harper's Magazine*)。

⊜　红河工厂（Ford River Rouge Complex），位于密歇根州迪尔伯恩市（Dearborn）红河上游，始建于 1917 年，完工于 1928 年，T 型车、野马等车型都在此生产，是当时世界上最大的工厂综合体，成为美国工业经济的象征，对其他国家的工厂建设产生了重大影响。——译者注

难题。上述二者恰恰就是亨利·福特留给世人的遗产。

在政治学语境中，美国最本土和最具优势地位的传统观念是平民主义，亨利·福特是该理念的典型代表，其成功和失败也可以据此得到解释。的确，亨利·福特既是最后一位平民主义者，又或许是最伟大的一位。他认为自己的基本信念来源于威廉·布莱恩，后者大力倡导和平主义和孤立主义，仇视垄断财团、华尔街和国际银行家，坚信存在邪恶的国际阴谋等。他也实现了 1896 年政治改革者[⊖]的伟大梦想：工业大生产可以用来为普通人服务。自从比威廉·布莱恩竞选早半个世纪的布鲁克农场[⊜]和罗伯特·欧文的新和谐公社[⊜]创立以来，美国人一直对这个梦想魂牵梦绕。

平民主义者相信，通过消灭原始工业主义的"垄断""金权暴力""撒旦工厂"（正如这些术语在 19 世纪人们心目中的含义），杰斐逊式的千禧年^⑩就会自动到来。福特实现了这一梦想。他的成功不靠垄断；他拒绝大银行家；他的工厂窗明几净、空气通畅、效率高超，这一切都使 19 世纪的改革者欣喜异常。今天，在福特获得成功的地方，即福特大力帮助发展起来的工业体系中，我们面临着新的难题：长期萧条以及大工厂中工业公民的政治和社会问题。亨利·福特成功地解决了 19 世纪的工业难题，这是他的成功，也是他的成就。但他无法解决新的工业体系面临的问题，甚至没有意识到这类问题

⊖ 作者此处是指参与 1896 年美国总统选举的威廉·布莱恩及其支持者。——译者注

⊜ 布鲁克农场（Brook Farm）：1841 年，乔治·李普利（George Ripley，1802—1880）夫妇创办于马萨诸塞州，主张劳逸结合，每位成员可以自由选择最喜欢的工作，所有工作地位平等，但该农场的财务状况一直不佳，1847 年正式关闭。——译者注

⊜ 罗伯特·欧文（Robert Owen，1771—1858），英国空想社会主义者，1800 年开始担任新拉纳克纺织工厂经理，取得巨大成功，1824 年到美国创办"新和谐公社"，但持续两年左右即告失败。——译者注

⑩ 此处是指开国元勋托马斯·杰斐逊的理想，他崇尚人权、自由、心智发展以及地方分权，认为社会的经济基础是农业，主张抑制资本主义，维持淳朴的农业社会，杰斐逊主义既符合当时美国作为农业国家的经济现实，又符合建国所标榜的民主精神，因此得到广大群众的长期支持。——译者注

的存在，这是他晚年惨遭失败的原因所在。

从思想角度（尤其是多元主义之类的政治思想）解读亨利·福特似乎有点自相矛盾。他本人尤其轻视观念和思想，并以自己不是理论家，也不是政客，而是"实干家"而沾沾自喜。对福特本人及他所代表的工业大生产的主要抨击（如查理·卓别林的电影《摩登时代》）聚焦于他将机械方面的尽善尽美当成了目的。但即使从技术方面讲，纵然他是一名实干家和工程师，但真正的贡献不在于纯粹的技术，而是一种观念。这是因为他本人并没有发明什么东西，既没有发明技术，也没有发明机械，甚至没有发明一个小零件。他贡献给社会的是大生产观念本身：将人、机器和原材料组织为一个整体。

批量生产影响成本的数据早已经被收集并得到分析，亨利·福特并没有发现任何新的经济事实。传统理论（如垄断理论）认为，限制生产和高利润率是最有利的工业生产模式，批量生产数据证明了该理论的谬误，福特则是不折不扣的第一个理解其重大意义的企业家。他证明了高工资与廉价的大批量生产相结合，同样可以日进斗金。

最重要的是，福特认为自己的技术和经济成就主要是实现社会目标的手段。他秉持明确的政治和社会理念，甚至执着到了荒谬的程度。关注自身行为的社会影响决定了福特一生中踏出的每一步和做出的每一个决策。福特早期的合作伙伴想要为富人生产豪华轿车，拒绝在他们看来不切实际的为大众生产廉价汽车的做法，最终导致福特与他们分道扬镳。福特秉持自己的理念，1914 年出台激进的工资政策，将该公司非熟练工人的最低日工资涨为5 美元，这在当时看来简直不可理喻。福特的理念还包括终生坚持激进的和平主义，1915～1916 年和平船巡航前后的系列事件⊖，仅是其理念的又一次

⊖　和平船事件，1915 年 12 月，第一次世界大战陷入胶着状态之后，亨利·福特受罗西卡·施维默（Rosika Schwimmer，1877—1948）启发，号召一批平民到欧洲各国斡旋，以期促成停战，但该计划未能取得威尔逊总统的支持，也未得到欧洲交战国政府的重视，最终不了了之。——译者注

具体体现。此外，其理念还表现在他坚持的孤立主义，对华尔街的敌意以及20世纪20年代《迪尔伯恩独立报》[⊖]喧闹纷扰的时事评论中。福特秉持的社会理念也解释了他为何主张驱使农民从事"农业化工"[⊜]或进入自给自足的、由强健的自耕农组成的乌托邦社区。他同样坚信分散化，并试图在一个博物馆社区（紧挨着他的红河工厂）中重建已经消失的美国早期田园牧歌图景。上述所有行为都是其理念的直接体现。

尽管做出了上述种种行为，但几乎可以说，亨利·福特终生从事的事业，为世人带来的恰恰是他本人所希望和信仰的世界的反面。极端的和平主义者福特，建立了世界上规模最大的兵工厂[⊜]，推动世界进入机械化战争时代。孤立主义者福特，比任何人都更加有力地推动美国参与国际政治和国际战争，因为他使美国成为世界上最强大的工业国家。土地分散主义者福特，将自己一生的精力都倾注在了世界上集中化程度最高、机械化程度最彻底的工业综合体——红河工厂。反对金融资本和银行信贷的福特，使分期付款成为美国国民的消费习惯。信奉正统杰斐逊主义的福特，倡导充分利用流水生产线，导致个人从属于机器。倡导大规模生产，以保障所有人经济安全，赋予所有人完全的工业公民权的福特，自己公司的工人们在他去世前组织起了美国最具阶级意识的工会，并且被美国共产党掌控。

然而，如果像福特的讣闻中不疼不痒的评价，认为他坚信的那些失败

⊖ 《迪尔伯恩独立报》（*The Dearborn Independent*），创办于1901年，1918年被亨利·福特收购，1927年12月正式停刊，期间刊发了大量反犹主义文章，并受到阿道夫·希特勒的注意，引起强烈争议。——译者注

⊜ 农业化工（chemurgy），1934年，由化学家黑尔（William J. Hale，1874—1944）在《农业化工》（*The Farm Chemurgic*）中提出，20世纪早期，一些美国名人倡议在农民与工业之间建立更广泛的联系，1930年左右，亨利·福特开始探索农产品在汽车工业中的潜力。——译者注

⊜ 例如，第二次世界大战期间，福特公司响应罗斯福总统的号召，建设了世界上最大的单体轰炸机工厂——柳溪工厂（Willow Run），该厂生产了近7000架B-24重型轰炸机，超过该机型总产量的1/3。——译者注

的社会理念不过是一些"古怪嗜好"，那么就误解了他。福特每前进一步，最终都会掉头来反对他自己，这种悲剧性讽刺改变不了一个事实：他是第一个，也是迄今唯一对解决工业文明的社会和政治问题进行系统尝试的人。毫无疑问，福特坚信（当然，截至 1941 年福特公司的工人投票支持美国产业工人联合会，或者可能截至更晚时期），自己已经找到了美国人 100 年来孜孜以求的康庄大道：借助工业技术和经济富足实现杰斐逊式的独立平等社会。

评价福特所从事的工作的意义，并非仅仅为了评价他个人。第一次世界大战结束后，美国人普遍持有与福特类似的观点，这可以从下述两件事得到证明。1918 年，伍德罗·威尔逊总统曾经提议福特竞选参议员，1923 年，"福特当总统"的呼声一度甚嚣尘上。福特的观点在国外也广为流行，尤其是 20 世纪初的欧洲和列宁时期的苏联（或许要比在美国更为流行）。无疑，正是亨利·福特所代表的美国经济成就，为 1918～1919 年威尔逊总统的和平、民主、富足的千禧年承诺赋予了实质内容，支撑了那些年美国在世界上的道德和政治权威。在 20 世纪 20 年代国际社会的残酷现实下，威尔逊的承诺很快化为过眼云烟，但福特的魅力依旧丝毫不减。

福特去世后，也就是第二次世界大战结束后，富兰克林·罗斯福的名字在那一代人心中如日中天，就像威尔逊总统受到上一代人顶礼膜拜一样。但是，1946 年的福特不再代表成功地解决了工业世界面临的社会问题的美国，他反而成为没有找到解决方案的象征。那也在很大程度上解释了 1919 年和 1947 年各国在接受美国的道德与经济领导上的差异。

二

早在 19 世纪 80 年代，肉类加工业已经广泛采用传送带和装配线，亨利·福特的汽车流水生产线就是借鉴自该行业。精密零件的互换，是一条更古老的规矩，可以追溯至惠特尼⊖为支持1812年战争⊜在布里奇波特市建立的步枪工厂。将技术性的复杂工作拆解为一系列的基本动作，以便技术不熟练的普通工人也能够迅速掌握相关工艺，该想法早已得到深入研究（泰勒⊜及其他人⑳），并且早在福特登上历史舞台之前20年，已经在以胜家缝纫机公司㊄和全国现金出纳机公司㊅为代表的美国工业界得到广泛应用。然而，我们将这些原则与亨利·福特紧密联系在一起，无疑也是正确的。这是因为其他企业仅仅是将传送带和装配线作为传统制造工序的辅助手段，而福特首次将二者结合在一起，并据此有意地、慎重地发展出一套新的工业化大生产观念、一种新技术。正是这种新的工业化大生产观念，在不到一代人的时间里为世人创造出一种全新的工业文明。

⊖ 惠特尼（Eli Whitney，1765—1825），美国发明家、轧花机发明人，1798年接受联邦政府委托生产1万~1.5万只步枪，提出可互换零件概念。1851年，其发明的轧花机和可互换零件器械在第1届世界博览会美国展区亮相，引起各方重视。——译者注

⊜ 1812年战争，又称美国第二次独立战争，战争初期，英国由于忙于拿破仑战争，处于守势，1814年战胜拿破仑之后，将更多兵力用于北美战场，占领了美国的缅因州，并一度攻占首都华盛顿，焚烧了该市的公共建筑。1814年12月24日，英美双方在比利时的根特市签署停战合约。——译者注

⊜ 泰勒（Frederick Winslow Taylor，1856—1915），科学管理之父，强调科学管理的本质是一场思想革命，主张以科学取代经验，效率与人性统一，劳资合作共创利润，代表作《科学管理原理》（*The Principles of Scientific Management*）。——译者注

⑳ 包括：卡尔·巴思（Carl G. L. Barth，1860—1939）、亨利·甘特（Henry L. Gantt，1861—1919）、霍勒斯·金·哈撒韦（H. Hathaway，1878—1944）、莫里斯·库克（Morris Cooke，1872—1960）、弗兰克·吉尔布雷斯（Frank B. Gilbreth，1868—1924）、哈林顿·埃默森（H. Emerson，1853—1931）等。——译者注

㊄ 胜家缝纫机公司（Singer Sewing Machine），1851年，由列赛克·梅里瑟·胜家（Isaac Merritt Singer）创办，1867年在苏格兰格拉斯哥市开设第一家分公司，成为跨国企业。——译者注

㊅ 全国现金出纳机公司（National Cash Register），1884年创立于美国俄亥俄州，主营计算机硬件、软件、电子元器件业务，IBM公司创始人老沃森（Thomas Watson，Sr. 1874—1956）曾在该公司任职。——译者注

在福特看来，新的工业化大生产的重要意义在于人们付出最小的努力和辛劳能够制造大量廉价商品带来的社会影响。然而，福特认为大规模生产本身只不过是一种纯技术性运用机械力量的新方法。福特的门徒、继承者和模仿者，以及美国其他大工业生产的经营者，当然像福特一样认为大工业生产是一种机械技术，许多人仅仅是将其作为一种工具来使用。当查理·卓别林在电影《摩登时代》中讽刺美国的现代工业文明时，也持有同样的观点。

但是，如果大规模生产确实仅仅是一项技术，或主要是一种机械性工具（如果与滑轮、杠杆或轮子的区别在于程度而不在于性质），那么就应该仅仅应用于与其最先在其中发展起来的行业相似的机械性任务。但在第二次世界大战前很久，大规模生产原则就已被广泛应用于其他行业，如邮购商店分类和填写订单、梅奥诊所[一]诊断病情等。亨利·鲁斯[二]甚至成功地运用该原则组织记者大批量撰写可互换的"模式化文章"（传统观念认为那是非常个人化的工作）。第二次世界大战期间，美国运用大规模生产原则制造了成千上万的新产品，甚至用于军人的选拔和培训等领域。如果说（确实如此）在所有上述应用中，作为一种机械性工具的大规模生产完全是次要的，那么问题的关键就在于在其他行业如何应用大规模生产原则了。换言之，大规模生产从根本上讲并不是一种机械原则，而是一种社会组织原则。大规模生产原则协调的并不是机械或流动的零部件而是人及其工作。

大规模生产原则用人与人之间的协调代替无生命的零部件之间、机械力量之间的协调，奠定了现代工业的基石，福特的重要性恰恰在于此。当我们谈论

⊖ 梅奥诊所（Mayo Clinic），1864 年，由威廉·梅奥（William Worrall Mayo，1819—1911）创办于明尼苏达州罗切斯特市（Rochester），不断发展壮大，被《美国新闻与世界报道》杂志评为 2016~2017 年度全美最佳医疗机构。——译者注

⊜ 亨利·鲁斯（Henry Luce，1898—1967），美国出版商，出生于中国山东蓬莱，其父路思义（Henry W. Luce，1868—1941）为传教士，参与创办齐鲁大学、燕京大学，其本人先后创办《时代》（1923）、《财富》（1930）、《生活》（1936）等杂志，最早提出"20 世纪是美国的世纪"。——译者注

工业革命时，会立刻联想到瓦特改良的蒸汽机。实际上，由于早期工业的本质就是重组机械力量，所以蒸汽机是其最佳象征。然而，大规模生产与早期工业的特色完全不同，其本质是人和工作之间关系的重组。无疑，大规模生产引发了一场新的工业革命。流水生产线成为新的社会组织原则的象征，也是分工合作共同完成一项工作（如果不是共同目标的话）的人们之间新型关系的象征。

遵循大规模生产原则组织人们工作的基础是什么？该原则设想或旨在创造一个什么样的社会？无疑，在该原则构建或创造的社会中，产品生产依靠不同的人彼此合作，而非依靠单独的某一个人。在现代大规模生产的工业社会，单独的个人是完全没有竞争力的，对生产的影响微乎其微。组织有序的团队比任何个人或多人各自单独工作，能够更有效率地生产数量更多、质量更高的产品。显然在工业社会中，整体（组织有序的集体）不仅大于部分之和，而且不同于部分之和。

当一个人丧失了组织团队中的职位或得以进入生产组织时，会发生什么？换言之，失业会带来什么后果？在现代大规模生产条件下，失业不仅会导致个人经济上的损失；实际上在美国这样的富裕国家中，失业的直接经济影响几乎可以忽略不计。但个人单打独斗不能生产任何东西，在社会中变得没有用武之地；简言之，失业者成了一名不合格的公民；他被社会抛弃了。因为只有在生产组织中，依赖团队成员的努力和自身的岗位，个人才能拥有生产能力，进而在社区中发挥功能，成为真正合格的公民（至少是他的自尊而非单纯官方的公民身份。）

顺便说一下，正是由于失业的这种社会影响，而非经济影响，使其成为现代社会的严重灾难。显然，失业会危及人们的生活水平，这已经足够糟糕了，但它还会进而危及人们的公民身份和自尊，这才是真正严重的威胁，也有助于解释人们为什么会对"下一次经济萧条"感到惊慌失措。

在现代大工业社会中，每个人通过自己在组织团队中的地位来发挥自身的功能。由此，带来了许多重要后果。其中之一为，在这样的社会中，政府的职能不是指导和管理特殊利益集团或任何个人，而是为整体目标负责，全面维护和加强整体。整体目标一旦缺失，任何特殊利益集团或任何个人都将失去存在的意义。这样的社会中也必然存在层级：发挥的功能不同，导致权威和声望也不同。但同时，在这样的社会里，没有人比其他人更重要，反之亦然。对整体社会而言，没有人是不可替代的（唯有人与人之间的组织关系是不可替代的，也是必不可少的），每一项单独的运作和功能，都具有同等重要性；如果某一项功能或工作被去除，整体秩序就会崩溃，全部生产机制就会停顿（犹如一段链条被取下，整个链条就会报废）。这就是为什么在现代大工业社会中，既需要基于功能分工的等级性命令—服从关系，又需要基于成员资格和公民身份的基本平等。

　　这绝非一种新型的社会组织，恰恰相反，这种组织古已有之。在莎士比亚的历史悲剧《科利奥兰纳斯》[⊖]中转述的古罗马寓言中，社会被比作人体，任何器官（脚、手、心、胃）都不能独立存在或独自运作，反之，缺少了任何器官，整个身体都将难以存活。西方中世纪关于循环秩序和存在之链[⊜]秩序的隐喻，也阐述了这种组织。即使视作一种组织劳动力从事经济生产的实践方式，大规模生产也不是全新的。无疑，首次彻底应用大规模生产和流水线作业的不是底特律的福特工厂，而是距今数百年前，位于数千英里之外建造大教堂的石匠作坊。简言之，大规模生产社会是一个等级协调的社会，流水生产线则是其象征。

⊖　《科利奥兰纳斯》（Coriolanus），莎士比亚晚年创作的历史悲剧，讲述罗马共和国英雄马歇斯（因攻克科利奥里城有功而被称为科利奥兰纳斯）的故事，此剧的主题是英雄和群众的关系。——译者注

⊜　存在之链（the chain of being），许多西方思想家理解世界的一种基本方式，自古希腊的柏拉图以来，长期影响西方思想的发展，该概念由三个原则构成，即充实性原则、连续性原则和存在物等级划分原则，参见洛夫乔伊（Arthur Oncken Lovejoy，1873—1962）的《存在巨链：对一个观念的历史的研究》，北京：商务印书馆 2015 年版。——译者注

　　综上所述，之前人们想当然地认为，大规模生产的本质就在于用不熟练的工人取代熟练工人，显然这种观点是完全错误的。当然，在大规模生产体制中，通过将每项技术拆分为一系列简单操作，每位工人只需要执行一项没有技术含量的简单操作或若干操作，手工技艺被取代了。但分析和拆分一项技术的前提是具备非常高超的技术水准。技术的保存需要一定的规则，在生产线的另一端，不得不将拆分出的操作放回整项技术中，这需要更广泛的知识以及更加仔细的工作规划。此外，大规模生产需要一种新的技术，那就是组织和领导团队。实际上，"无须技能"的大规模生产需要与此相称的越来越多的高技术员工，而不仅仅是"技术性"生产。技能已经从工匠转移到了工程师、制图员和领班身上；1910 年以来，美国工业领域受过培训的技术工人的数量增长速度是非熟练和半熟练工人的两倍。

　　最重要的是，大规模生产为淘汰手工技艺，需要不同工种之间密切协调与合作，这需要以高水平的社会技能、社会理解以及异常丰富的共同工作经验为前提。美国的战时工厂雇用新劳工时遇到的困境，生动地说明了这一点。另外，与流行的看法相反，把要求工人具备非常高超的手工技艺的传统生产方式出口到新兴工业国家，与出口不需要手工技艺但需要高超的社会技能的大规模生产技术相比，前者遭遇的困难要比后者小得多。

　　当我们说现代大工业生产是基于非熟练工人时，其意仅在指明，个人唯有通过对整体做出贡献才能使自身变得富有成效，凸显自己的价值，而不是将个人单独看待。一项工作虽然不是某个人单独完成的，但要完成该项工作每个人都不可或缺。一项需要多人合作才能完成的工作，需要的技术水平要比最高明的工人单独完成的工作更加高超。就像在每个等级协调的社会中，没有人能指出哪个人单独做了大规模生产工厂中的哪项具体工作，同样无人能回答哪个人没有参与做该项工作。每个人都做了其中的一部分工作。

　　在 20 世纪 40 年代，许多行业仍没有采用大规模生产原则，甚至其中一些是生产效率非常高的产业，如现代纺织业（该行业中一位工人可能管理若干纺织机）和化工业（该行业中一位工人可能负责许多不同的业务）。尽管如此，因为大工业生产用最纯粹的形式表现出了工业生产的本质，即社会组织的原则，所以大工业生产就代表了美国工业的整体形象。我们时代真正的工业革命（以亨利·福特为引领和象征）不是技术革命，不是基于这套或那套机械，也不是任何技术，而是通过最纯粹形式的大规模生产对不同人的努力进行等级化协调。

三

可以理解，亨利·福特的继承者和模仿者们直到不得不直面激进的工会运动时，才开始意识到大规模生产的政治意义和社会意义，甚至有些人到那时依然懵懵懂懂。其中多数人真正关心的只是技术问题，并且坚信机械效率本身就是目的。但亨利·福特自己的盲目并不能简单地归因于不关心社会或政治，也不能归因于缺少社会或政治想象力。真正的解释在于，福特关注的焦点停留在解决前福特时期或前大规模生产工业文明面临的社会问题和政治问题。并且，由于福特的工作确实解决了那些难题，或至少解决了其中比较重要的难题，所以，福特从未想过要进一步从政治和社会的角度审视自己提供的答案。他的目光停留在自己年轻时的工业现实上，即平民主义者徒劳无功地反对的工业现实。他甚至从未正视自己创造出来的一切。福特公司的一位高管曾一针见血地指出，"当福特先生凝视红河工厂时，真正看到的却是1879 年开启他辉煌事业的机械作坊"。

虽然亨利·福特可能从未听说过布鲁克农场、罗伯特·欧文的新和谐公社，或 1863 年（他出生的年份）前已遍布美国中西部的任何其他乌托邦社区，但上述实验是福特在智识方面的先导。福特从其止步之处起步，并在其失败之处取得了成功。在 1919 年红色恐慌时期[⊖]，麦考密克上校掌握的《芝加哥论坛报》把福特视为"无政府主义者"[⊜]。尽管上述指控堪称荒谬，但当福特起诉该报诽谤时，由于福特无疑是一名激进分子，陪审团虽然判定福特胜诉，但只给福特 6 美分的赔偿。1932 年后，福特已经转变为顽固的保守分子，他从事一生的事业彻底归于失败，没有为世人创造出他朝思暮想的稳定、幸福的社会。但在早年发明 T 型车时期，亨利·福特曾是一名偶像破坏者，以科学和道德的名义猛烈抨击摩根的既定秩序和马克·汉纳的共和党。

19 世纪三四十年代的乌托邦实验本身就是对失败的一种反应：美国人发自内心追求杰斐逊式理想，崇尚已逝去的由自耕农构成的自给自足社会。杰斐逊政府时期的这类尝试以失败告终。乌托邦主义者不再意图消灭现代劳动分工和大工业，相反，他们向世人承诺，要为普通人争取大工业生产的全部利益，同时不需要付出下列代价：屈从于"金权""垄断"，不得不在"撒旦工厂"（如布莱克[⊜]伟大而令人痛苦的诗歌描绘得那样）中工作。虔诚的信仰、社区的规则以及社会的科学融合在一起，能够避免上述代价。

在所有乌托邦主义者中，只有摩门教徒^⑭延续至今，而他们当初是通过

⊖　红色恐慌时期（red-hunting days），是指第一次红色恐慌时期（First Red Scare，1919～1920 年），当时第一次世界大战刚结束，布尔什维克主义和无政府主义在美国传播开来，工会运动蓬勃开展，社会形势动荡不安。——译者注

⊜　无政府主义者是信奉无政府主义的人，无政府主义是近代欧洲的一股政治思潮，其源头、观点纷繁复杂，一般持较极端的反政府、反权威立场，著名人物包括巴枯宁、克鲁泡特金等。——译者注

⊜　威廉·布莱克（William Blake，1757—1827），英国浪漫主义诗人、画家，受到法国和美国革命精神的影响，与潘恩（Thomas Paine，1737—1809）关系密切，代表作《纯真之歌》（Songs of Innocence）。——译者注

⑭　摩门教，又称耶稣基督后期圣徒教会（Church of Latter Day Saints），1830 年，由小约瑟夫·史密斯（Joseph Smith Jr.，1805—1844）创立，信奉《摩门经》，主张一夫多妻，曾受到严厉打压，1847 年数万教徒在杨百翰（Brigham Young，1801—1877）的率领下抵达大盐湖地区，1849 年创立盐湖城市政府。——译者注

逃离异教徒的世界才得以幸存。尽管许多乌托邦实验失败了，但布鲁克农场、新锡安⊖、新和谐公社以及在工业耶路撒冷（指美国）进行的所有其他实验，都在美国人的思想上打下了深刻的烙印。不论布鲁克农场的精神之父傅立叶⊜还是新和谐公社的创办人罗伯特·欧文都不是美国人。然而，确实非常有可能的是，将真诚的、半宗教性的情感和对"科学"原则的信任融合在一起，是美国"改革者"或"激进分子"的典型特征，其根源在比乌托邦思想更古老、更深层的历史。但可以肯定的是，乌托邦思想决定了一个世纪以来美国激进主义的具体形式，为平民主义、威尔逊的新自由主义甚至罗斯福新政早期的多数举措（例如 1933 年"科学的"黄金法则）提供了目标、战斗口号甚至武器。这些乌托邦主义者是亨利·乔治⊜、贝拉米⑩以及《反托拉斯法》⑮在智识上的前辈，塑造了美国中西部内陆的信念和希望。但直到亨利·福特横空出世之前，乌托邦主义者的所作所为都是徒劳无功的。

⊖ 新锡安（New Zion），锡安常代指耶路撒冷，是宗教圣地的象征，美国不同教派的乌托邦主义者曾试图建立各自的新锡安，如杨百翰率领下的摩门教徒、杜威（John A. Dowie，1847—1907）等。——译者注

⊜ 傅立叶（Fourier，1772—1837），法国空想社会主义者，设计了一种叫作"法朗吉"的"和谐制度"，是一种工农结合的社会基层组织，但直至去世也从未真正建立该制度。——译者注

⊜ 亨利·乔治（Henry George，1839—1897），美国经济学家，主张土地国有，征收地价税归公共所有，废除一切其他税收，是孙中山民生思想的重要来源，代表作《进步与贫困》（*Progress and Poverty*）。——译者注

⑩ 贝拉米（Edward Bellamy，1850—1898），美国社会主义者、作家，主张放弃竞争原则，在工业领域中建立国家所有制，以消除美国镀金时代的严重弊病，代表作《回顾》（*Looking Backward*）。——译者注

⑮ 《反托拉斯法》（Antitrust Act），1890 年美国国会制定《谢尔曼反托拉斯法》，宣布"任何契约，以托拉斯形式或其他形式的联合、共谋，用来限制州际间与外国之间的贸易或商业，是非法的"，"授权美国区法院司法管辖权，以防止、限制违反本法。"1914 年美国国会制定《克莱顿反托拉斯法》（Clayton Act），作为《谢尔曼反托拉斯法》的补充，明确规定了 17 种非法垄断行为，同年组建联邦贸易委员会（Federal Trade Commission），旨在保护消费者权益及消除强迫性垄断等反竞争性商业行为。——译者注

现在我们知道，萧条和失业是与历史上的"垄断"和"金权"同样严重的经济问题。我们非常清楚地看到，大工业生产在解决问题的同时，也创造了同样多的社会问题和政治问题。今天我们已经认识到，亨利·福特提出的解决工业文明难题的最终方案是失败的。

但福特的大工业生产要针对的并非这些新的问题，而是美国传统的激进主义恶魔。这些恶魔的确已经被成功地驱除了。福特成功地证明了现代大工业能够为大众服务，而不是为垄断资本家或银行家服务。确实，他证明为大众生产是最有利可图的，工业生产可以提高工人的购买力，使他们能够消费工业产品并维持中产阶级的生活水平，这正是福特推行最低日工资 5 美元⊖的革命性意义。

最后（对福特而言最重要的是）他证明了，经由科学地分析和处理，工业生产能够使工人摆脱艰苦的劳动。在现代大工业生产条件下，工人仅限于从事例行性操作，既不需要非常熟练的技能，也不需要强壮的体力和繁杂的脑力。对福特而言，这一事实不是致命的缺陷，而是他取得的最高成就，因为这意味着（与传统的"撒旦工厂"形成对照）作为一名独立的杰斐逊式公民的工人，在企业之外，工作之余，其技术、智力和体力将能够完全有效地应对社区生活。

同样地，在布鲁克农场，人们期待的"真正生活"是，傍晚时分结束了一天的劳作之后，能够坐在一起进行"精神交流"，但白天的劳作需要花费大量的时间和精力，所谓"真正生活"唯有在不劳作时才能实现。大工业生产减轻了白天劳作需要的时间和精力，给人们创造了大量机会来享受这种"真正生活"。难怪福特（1919 年的福特）认为，他建造的"新耶路撒冷"

⊖　1914 年年初，亨利·福特力排众议，单方面把工作时长缩减到 8 小时，日工资从 2.34 美元提高到 5.00 美元，该措施成效显著，工人流动率和缺勤率迅速下降，效率大幅提高，产生了深远的社会影响。——译者注

立足于钢筋混凝土和四车道公路的永恒基础之上。

四

　　福特个人的悲剧在于寿命太长，目睹自己建立的乌托邦分崩离析。晚年的他被迫放弃了自己的基本经济原则——以最便宜的价格生产最有用的产品。首先，1927 年福特公司宣布 T 型车停产，5 年后宣布 A 型车停产并采纳年度车型改进方案，㊀用声誉和时尚的魅力取代廉价与实用的诉求。当福特这么做时，他就成为一名普通的汽车生产商。即便如此，福特汽车所占的市场份额仍然不可遏止地从 1925 年的接近 50% 跌至 1940 年的不到 20%。无疑，他更关键的失败在于，没能赋予工人工业公民权；1941 年，福特公司投票赞同加入美国产业工人联合会的工人比例高达 75%。

　　投票结果公布的时候，据说这位接近 80 岁的老人仍旧坚信"他的"工人绝不会投票支持工会。自始至终，他竭力逃避自己失败的现实，指责是邪恶的阴谋而非自己创建的社区的结构问题导致了最终的失败。这种寻找恶魔的倾向（本身就是乌托邦主义的遗产）早在 20 世纪 20 年代《迪尔伯恩独立报》长篇大论抨击国际银行家、华尔街和犹太人时就已经暴露无遗，并成为他在整个 20 世纪 30 年代与工会斗争的基调。或许这也能够解释，为什么工厂保安头子出身的哈里·贝内特㊀能够在 20 世纪 30 年代成为福特公司最有权势的人，并且似乎是唯一得到亨利·福特信任的人。工会在工人中取得胜

　　㊀　艾尔弗雷德·斯隆（Alfred Pritchard Sloan, Jr.）在通用汽车公司推行的战略举措，"为每一名消费者和每一种用途生产一种车"，凭此与福特公司只注重生产廉价 T 型车的战略进行竞争。——译者注

　　㊀　哈里·贝内特（Harry Bennett，1892—1979），福特公司执行官，主张暴力对待组织及参与工会的工人，得到晚年亨利·福特的信任，1945 年被小亨利·福特（Henry Ford Ⅱ，1917—1987）解雇。——译者注

利后不久，工厂领班也实现了工会化，相当于否定了亨利·福特所有的思考和所有的成就，尤其是他为工人所做的一切，这沉重地打击了福特的信念，晚年的他无疑内心深感痛苦。

亨利·福特最终的失败给世人留下的教训是，我们不能指望通过技术设备或改变经济分配解决大工业生产的难题。而这恰恰是 19 世纪的正统及非正统思想所主张的两条基本路径。沿着这两条路，亨利·福特已经尽可能地走到了最远。

如今看来，福特的成就带来的政治后果是非凡的，使美国的政治风气从社会主义者对资本主义社会的批判潮流中解脱出来。在美国，它导致尤金·德布斯⊖的激烈政治行动转变为诺曼·托马斯的政治上温和的道德主义。

在美国，当我们遇到这些难题时，经济问题并不是最困难的。确实，当今时代主要的经济难题（预防经济萧条）应该可以运用基本的技术性手段解决：使就业、财政和预算实践适应工业生产的时间跨度，即商业周期。更令人困惑且更基本的是，20 世纪工业主义带给我们的政治和社会难题：在工厂中构建秩序和公民身份的问题，以及创造一个自由、自治的工业社会的问题。

亨利·福特取得巨大成功后又惨遭失败的事实（他的社会乌托邦与我们今天的社会现实存在鲜明的反差），凸显了摆在我们面前的政治任务的重要性。但无论后福特工业社会的丛林多么危险，无论该社会陷入内战或暴政的可能性多么大，亨利·福特遗留给我们的 20 世纪罪恶可能要比被他征服的19 世纪罪恶要小得多。

⊖ 尤金·德布斯（Eugene Debs，1855—1926），美国工人运动领袖、社会党创始人之一，曾5 次参加总统竞选，反对美国参加第一次世界大战，政治立场激进，欢迎十月革命，反对干预苏联政权。——译者注

美国人独特的政治才能[⊖]

一

美国人拥有独特的政治才能。政治家亚伯拉罕·林肯是美国唯一真正的圣徒，对大多数美国人来说，林肯的名字代表着"充实的生活"，而他本人为崇高理想而献身的精神则成为人们的指路明灯。

建国伊始，美国人就用一个政治诺言来概述社会的本质："人人都有机会成为总统"。如稍微改动为承诺"人人都有机会成为宰相"，对比之下，我们可以发现美国的独特之处不在于机会平等的承诺本身看起来多么不现实，而在于只有在美国，政治领域在社会价值体系中才有意义。

美利坚民族的形成方式，不是通过迫使新移民接受统一的宗教、习俗和文化，甚至不强迫他们接受美国语言，而是把多民族的传统习俗逐渐融合为一。与此对比，美利坚民族却要求新移民接受共同的政治信念，他们唯有承诺认同若干抽象的政治原则，宣誓支持"共和政体政府"，才能顺利归化为

⊖ 首次发表于 1953 年的《展望》杂志（*Perspectives*）。

一名真正的美国人。

总之，这个国家（既指美国人自己，也指他们身处的国家）的意义是一种政治性的意义。无论人们对"美国"进行赞美还是谴责，该词汇都既指一种政治秩序，又代表一种特定的社会秩序和经济秩序，这3个方面具有同等的重要性。当美国人歌唱自己的国家时，他们用最受欢迎的赞美诗歌词，赞颂祖国是"自由乐土"[⊖]，显然，这几乎不是对国家的描述，甚至欧洲最激进的自由主义者也不会以此作为对国家的认同。

为了找到一个与美国类似，同样彻底地以政治术语理解自身的社会，我们不得不追溯到古罗马奥古斯都[⊜]时代的"拉丁公民权"[⊚]观念。然而不可否认的是，"拉丁公民权"只是一个美好的愿望，从未成为现实，而美国所体现出的政治意义则代表了其内在本质：理想人格、政治承诺、同化融合。因此，美国人独特的政治才能是理解美国历史及其意义的关键。

二

美国人的政治才能，体现在该国独特的制度体系和思想观念上。而美国的独特性，恰恰根源于此。

首先，世俗化政府和宗教化社会独特的共存关系是美利坚合众国的立国之基。如今，美国拥有世界上最悠久且最彻底的世俗化政府。同时，西方国

⊖ "自由乐土"（sweet land of liberty），出自美国著名爱国歌曲《我的国家属于你》（*My Country, 'Tis of Thee*），1831 年由史密斯（Samuel F. Smith，1808—1895）创作，1931 年前长期作为美国国歌。——译者注

⊜ 奥古斯都（Augustus，公元前 63 年至公元 14 年），罗马帝国第一位元首、元首政制的创始人，统治罗马长达 40 年，为罗马帝国初期的繁荣局面奠定了基础。——译者注

⊚ "拉丁公民权"（Latinitas），罗马授予被征服地区人民的介于完整的罗马公民和无公民权者之间的公民权，是非罗马人获取公民权的中间步骤，主要包括交易权、通婚权、迁徙权，有助于地方精英逐渐融入罗马的生活和文化圈从而效忠罗马。——译者注

家中只有美国人认为，个人毫无疑问应当信仰超自然的上帝，同时传统的宗教团体、教会组织一如既往地承担着许多重要的社区职能。显然，世俗化政府与宗教化社会的上述共存关系绝非偶然形成的。在美国人心目中，二者即使并非互为前提，却是彼此主要的支持力量。在其他任何国家中，世俗化政府都是在与宗教势力的斗争中崛起的。然而美国世俗化政府的建立与发展，在很大程度上是响应信仰主流教义的宗教领袖的号召。世俗化政权和宗教化社会的严格分离，旨在更好地保障宗教和教会的利益。

作为社会主要组织原则的"宪政主义"⊖也是美国人政治才能的具体体现。宪政主义绝非仅仅是对法律的尊重，实际上美国人在这方面的表现并不突出。宪政主义是一套观念集合，是指涉及抽象原则与社会行为之间关系，以及该关系的性质和功能。宪政主义主张，权力要造就善果就必须服从普遍而永恒的原则，手段与目的不能被真正分离，也不能只考虑一方面而忽略另一方面，行为的有效性取决于理性标准。换言之，宪政主义是一种政治伦理。《美国宪法》⊜只不过是上述基本信念的具体体现。在美国，宪政主义是所有主要机构的组织原则。例如，我们发现宪政主义在工商界的工作领域孕育了当今劳资关系的"普通法"，并且强化了企业内部管理的"联邦主义"⊜和"合法接班"⊕等原则。

⊖ "宪政主义"（constitutionalism），源于古希腊，亚里士多德《政治学》等著作有所论述，是防止政府权力专断的根本举措，包括民主机制（包括选举机制、政党制度、任期规定等）和违宪审查机制。——译者注

⊜ 《美国宪法》（The United States Constitution），1787 年 9 月 17 日在费城制宪会议上获得批准，并在此后不久被当时美国 13 个州的特别会议通过，1789 年正式生效，是世界上首部成文宪法。——译者注

⊜ 德鲁克在《公司的概念》中指出，艾尔弗雷德·斯隆（Alfred Sloan）等著名企业领导人，根据《美国宪法》设计出了现代企业的联邦分权制组织结构，即事业部制。——译者注

⊕ 此处是指，在宪政主义指导下，美国诞生了现代企业治理机制，股东、董事会、总经理构成一系列制衡关系，股东将资产交由董事会托管，董事会是最高决策机构，有权聘任、奖惩、解聘总经理，总经理在董事会领导下组建执行机构，管理企业事务。——译者注

美国人独特的政治才能还表现在教育的政治观上，具体是指美国人坚决主张不同层次的教育对所有人而言都是平等的，如果现实中做不到这一点（事实的确如此），那么政府有义务为每位公民提供平等的受教育机会。另外，美国人普遍都真心认为，普通教育水平是衡量公民能力的可靠指标，这方面的任何改善都是朝向更好、更完整的公民身份迈出的坚实一步。美国人关于教育的政治观，特色鲜明地体现在该国教育体系的目标上（正是这一点使得外国人难以理解美国的教育体系）。传统欧洲国家的教育旨在培养"有教养的个人"，现代极权国家的教育则为了培养"受过培训的螺丝钉"，美国人反对这两种观点，主张学校应当培养有责任感、能自治的公民，用林肯的话来讲，自治的公民"不想成为奴隶，也不想当主人"。此外，由于美国的教育体系既不受联邦政府控制，也不受集权化的政治机构制约，无论何时，只要美国社会和政府赖以立足的根基受到检验，如罗斯福新政早期和现今时期，教育领域势必就会成为激烈政治纷争的焦点。

最后，美国人独特的政治才能还体现在美国的政党体制上，而政党名称是它们与西方其他国家政党唯一的共同点。美国政党的主要目标，不是阐述特定的政治哲学用以指导政府实践，而是为人民提供一个始终正常运作的合法政府，这体现了国家民族对一个强大的、统一的、为民服务的政府的需求。因此，除非能够成功争取所有阶层和群体的支持，迅速地同时迎合极左人士和极右人士，即真正做到放眼全国，在共同的美国信念的旗帜下成功弥合利益和原则上的分歧，否则任何政党都难以在美国生存。这是美国两大政党行为稳健的原因，进而，这也是美国两大政党候选人往往在竞选演讲中迎合极端分子的原因。

三

20世纪前期，美国真正的历史成就体现在政治领域中。短短半个世纪之内，美国孕育出了一个新型的现代大工业社会，各种新型社会机构蓬勃发展，为人们描绘了一个稳定发展、自由繁荣、道德高尚的工业社会美好前景。虽然现代大工业社会成型的时间尚短，但其本身具有极其重大的意义，取得了超乎世人想象的丰硕成果。

美国人自己往往侧重探讨该国在经济领域的工业成就（这并非纯粹的技术术语）。20 世纪四五十年代，西欧各国纷纷向美国派驻"生产效率团队"，试图理清美国生产效率迅速提高的原因，结果它们很快认识到单凭经济和技术因素无法解释美国经济的发展。实际上，美国经济迅速发展的关键在于美国人的社会信念以及 20 世纪初发展起来的新型社会和政治机构。通过下述事实，我们可以觅得美国经济飞速发展的线索：企业组织不断发展壮大，充分发挥各类人的聪明才智，致力于实现共同目标；新型社会机构的管理者担负起新的社会职能（必须用社会政治术语界定其职能），成为人民大众的领导阶层。

该时期，众多新型社会机构迅速发展壮大，企业的社会责任在于提高生产效率的思想以及管理者通过自身的行为创造和发展出来的市场观念逐渐深入人心。更加重要的是，有关企业和社会之间新型关系的美国理念最终确立，该理念既不赞同 19、20 世纪的社会主义，也不认可 19 世纪的自由放任主义。社会主义主张，为了实现公共利益，商业行为应该尽可能地接受政府监督和引导。自由放任主义认为，商业行为是与社会和政治目标没有直接关系的特定事务。新型工业社会孕育的美国理念则坚信，基于经济利益和自身需要，商业行为应被视为一种必要的私营活动，同时应兼顾公认的社会共同目标。为保障自身的生存，私营企业服务于社会共同目标，同时追求自身利益，因此可将私营企业视为局部自治机构，这是美国在过去的 50 年中对西方世界最具决定意义的贡献，显然，这已成为一条基本的政治学原理。

四

美国人独特的政治才能还表现在其独特的行为模式方面——志愿性的组织活动。为实现最重要的社会目标，美国人几乎本能性地依赖志愿性的且通常是自发的集体行动，或许没有任何其他方面比这一点更加使美国区别于其他西方国家。

近年来，关于"美国个人主义"的论调甚嚣尘上。无疑，推崇个人、能力、正直、自治及其在美国传统中的价值，是美国人的一种根本信念。但与通常所说的"集体主义"相比，"个人主义"尚不足以成为美国的独特象征，也更加不被美国人认可。需要说明的是，此处的"集体主义"显然并非那种自上而下的、组织化的政府行为推动的集体主义，而是源于社会基层的、志愿性集体行为体现出的集体主义。

这就是美国人处理社会和社区问题的独特方式。若某小镇上的青少年无人看管，当地的服务俱乐部，如扶轮社⊖或狮子会⊜就会为他们成立一个会所，使其不再游荡于街头巷尾。若某医院需要一间新诊疗室，当地的妇女俱乐部很可能会提供资助。在很大程度上，美国的学校由志愿性团体家长教师联谊会⊜运营，该组织俨然是学校的监管机构。当美国人遭遇紧急情况，不得不迅速招募数百万人入伍时，他们会把由此带来的社会和社区问题抛给各

⊖　扶轮社（Rotary），1905 年，由保罗·哈里斯（Paul Harris，1868—1947）创立于芝加哥，定位于"职业界领袖人士之组合"，旨在促进和平、振兴教育、保护儿童、提供洁净的饮用水、与疾病斗争等。——译者注

⊜　狮子会（LIONS），1917 年，由茂文钟士（Melvin Jones，1879—1961）创立于芝加哥，旨在"成为社区和人道服务的全球领导者"，其中"L"代表 Liberty（自由），"I"代表 Intelligently（智慧），"O"代表 Our（我们的），"N"代表 Nation's（民族的），"S"代表 Safety（安全）。——译者注

⊜　家长教师联谊会（Parent-Teacher Association），1897 年，由爱丽丝·伯尼（Alice M. Birney，1858—1907）等人创立于华盛顿特区，现总部位于弗吉尼亚州亚历山大市，旨在鼓励家长参与学校的教育工作。——译者注

类志愿委员会和组织，这些组织会为此迅速行动起来。甚至将年轻人编入武装力量的草案，也往往留给在社区征兵办公室义务工作的普通公民制定。

在所有西方国家中，只有美国政府没有设立"教育部"。但同时，私营组织（如各类大型基金会）在美国高等教育领域的势力和影响，要远甚于其他国家，美国人认为这未尝不可。每一名美国人从小就知道，真正负责治理国家的是成千上万个完全自愿性的、纯粹私营的，大多是地方性的志愿团体。美国人理所当然地认为，世界上最简单的事情就是不管这些组织是不是私营性质的，只要能够及时满足公众需求，就可以把地方性事务交给它们处理。

一些社会科学家力图向人们证明，美国人的日常生活并不以"竞争"为特色。在各种志愿性的、私营团体内部及其彼此之间，竞争与合作共存。这种行为模式深深地扎根于美国的历史传统（小型宗教团体成员之间的兄弟之情，先辈拓荒时相互依靠的邻人之谊），在美国最新型的社会组织中发挥着同样重要的作用。对于来美国参观学习的外国管理者和劳工代表而言，美国商业体系最显著的特征莫过于，即使最激烈的竞争对手之间，在政策、技术、经营等方面也存在着密不可分、有条不紊的合作；特定工厂中的经理人和工会官员在日常事务中也时常紧密协调。

五

美国人对于上述独特的政治才能已经习以为常。如果问其根源何在？他们可能会认为是开放的美国边疆。的确，随殖民和文明而来的人口拓荒，在不到一个世纪的时间里自大西洋沿岸出发，横穿荒无人烟而又危险莫测的神秘北美大陆，最终抵达太平洋沿岸，这是美国人津津乐道的历史成就，也是他们最深层的社会经验。然而，开放的边疆以及殖民过程本身，是美国人独特的政治才能的结果，而非起源。恰恰因为美国人拥有前述组织起来志愿从事集体行动的能力和"宪政主义"原则，浩浩荡荡的移民队伍才能够平安地翻越高山，穿过平原，缔造秩序井然的联邦共和国；早期美国人成功地使源自欧洲的社会、政治和经济组织模式适应于边疆地区的新情况，正是这种宛如天赋的能力顺利解决了美国向西部殖民过程中可能遭遇的重大难题。最重要的是，美国让来自欧洲各国的数百万移民几乎一夜之间成功归化为了美国人，美洲大陆的快速殖民正是有赖于此。吸收外国移民成为美国公民，使他们迅速融入美国的政治体系，是上述成功转化的前提条件。

对人的本性和宇宙本质的基本信念，是美国人独特政治才能的重要构成部分。相比于气候、区位甚至历史经验，国家的形成期对美国人独特才能的影响要更加深刻。所谓美国人独特的政治才能，是指美国人从殖民时代开始就拒绝严格分离物质世界与精神世界、理性世界与感性世界。换言之，美国人并不完全赞同笛卡尔、休谟、德意志唯心主义哲学家⊖、卡尔·马克思等近代哲学家的观点，事实上，美国人对现代欧洲思想赖以立足的全部后笛卡尔哲学都不是非常认可。上述每位哲学家，即使他们并不否认政治领域的现实存在，也不认为政治具有精神意义。

政治家往往认为，物质现实和思想观念都绝不是虚幻的，也不是假象，更不涉及优劣。政治家的任务就在于立足现实条件实现既定目标。没有思想，政治家既不能得到实现目标的指导，也不能获得向目标前进的能力。政治家必须不断反对"非此即彼"（在唯心主义还是唯物主义、唯名主义还是唯实主义、理性主义还是直觉主义中只能二者择一）的一元论哲学⊜，支持

⊖ 德意志唯心主义哲学，18 世纪晚期至 19 世纪早期在德意志国家建立起来的哲学体系，以康德哲学为基础，并与浪漫主义、启蒙运动的政治革命有密切联系，代表人物还有费希特（Johann Gottlieb Fichte，1762—1814）、黑格尔等。——译者注

⊜ 一元论哲学（monism），主张世界的本原只有一个的哲学理论体系，与"二元论"和"多元论"相对。——译者注

"二者皆可"的二元论哲学[⊖]。政治家既不能像欧洲的人文主义者那样，主张"肮脏的"政治脱离"纯粹的"知识和文化艺术，也不能像欧洲的唯物主义者那样，简单地将政治视为物质条件的合理化或现实条件自动导致的结果。他既不能作为"过分乐观的理想主义者"或"改良主义者"，也不能沦为"疯狂逐利的拜金主义者"，而是必须不断将两个极端要素融合在一起，努力从中觅得平衡与和谐。对政治家而言，物质和精神是同一个世界的两极，二者相辅相成，彼此对立又须臾不可分离。

至少从250年前的乔纳森·爱德华兹[⊖]开始，美国人已经开始深入思考上述哲学观念，他们坚信物质与精神、理性与经验、逻辑与直觉必须始终保持同等真实，且同样有效。恰恰是这种哲学世界观，能够解释美国传统中政治领域的核心理念。

在这种哲学世界观的指引下，政治旋即成为个人应当承担的责任，成为人们生活中承担的主要道德职责。正如一名18世纪的政治家称其为"无穷的探索"，在美国人心目中政治成为令人肃然起敬的，实际上在审美意义方面富有创造性的行动领域；正如个体美国人通过从事慈善事业，从追求空虚的自我转向其真正的使命，即荣耀上帝，政治也成为精神意义上富有创造性的行动领域。政治领域是充满创造性的、有意义的、道德高尚的、令人尊敬的、慷慨无私的，这是美国人政治信念的关键所在，是美国人的成就，也是他们的象征。在黑暗与动荡的岁月，美国人心中缅怀的伟人是为数不多的政治领袖，原因就在于他们身处政坛充分抓住了面临的机遇，担起了应负的责任。

⊖ 二元论哲学（dualism），主张世界的本原有两个方面或对象的哲学理论，与"一元论"和"多元论"相对。——译者注

⊖ 乔纳森·爱德华兹（Jonathan Edwards，1703—1758），美国神学家、第一次大觉醒运动（Great Awakening）的开创者和领导者，曾任普林斯顿大学校长，代表作《论自由意志》（*The Freedom of the Will*）。——译者注

从根本上讲，美国人的哲学立场（相信物质通过作为人类活动的政治为精神服务）立足于宗教信仰的基础之上。称其为"基督教的"哲学立场并非完全错误，但实际上这是犹太人的伟大贡献。因为正是在《旧约全书》中，上帝面对自己的物质创造物，并"看着是好的"。[⊖]然而，如果缺少创造物质的精神，那么创造本身就什么都不是。人类的独特任务、使命和目标就在于通过创造的过程和创造物本身来荣耀上帝——使物质表达精神。

六

当前美国面临的困境，再次主要表现为一种政治领域的挑战。首先，当今世界，"冷战"看不到尽头，税收压力持续攀高，通胀危险日益逼近，各方之间战和不定的形势令人胆战心惊，在这样的局势下如何应对福利国家的挑战，维持自由的社会和自由的政府？

更大的挑战是制定一套与美国的能力和责任相匹配的外交政策。迄今为止，鉴于美国外交机构出台的政策和行动均归于失败，所以这个挑战异常艰巨。美国已经是第三次在赢得了一场大战的军事胜利之后却几乎立刻丧失了和平。

在具有自我毁灭倾向的西方文明中，美国文明处于什么样的位置？到底仅仅是一个短暂的插曲，还是能给西方各国政坛带来智慧，带领各国走向自由、稳定、和平、繁荣的新时代？这主要取决于美国的政治领导力、政治智慧和政治技巧，而非美国的经济实力或军事战略。如今，美国人的政治才能正在接受考验。

⊖ 参见《圣经·创世纪》（和合本）第一章第 6 节、第 10 节、第 18 节、第 21 节、第 25 节、第 31 节。——译者注

力图再创奇迹的日本[⊖]

近些年，去日本研究"经济奇迹"的西方经济学家、银行家、实业家络绎不绝。据报道，艾森豪威尔政府时期的经济顾问委员会[⊖]主席阿瑟·伯恩斯[⊜] 1963 年在日本旅行时对该国的成就赞不绝口，甚至强烈建议肯尼迪总统采纳若干日本的税收政策和货币政策，以提振疲弱的美国经济。此后不久，伦敦的《经济学人》杂志派出一名资深编辑到日本进行为期 3 个月的调研，最终成果是该杂志出版了两本像专著一样厚的增刊，其中第一本冠名为"最激动人心的案例"。数十名华尔街分析师在日本四处搜寻"成长型"股票，以推荐给对本国股市不抱幻想的美国投资者。此外，德国、意大利、法国、

⊖ 首次发表于 1963 年 3 月的《哈珀斯杂志》(*Harper's Magazine*)。

⊖ 经济顾问委员会 (Council of Economic Advisers)，设立于 1946 年，隶属总统行政办公室，负责收集、整理相关经济信息，向总统提交关于国内外经济政策的建议，协助总统准备经济报告等。——译者注

⊜ 阿瑟·伯恩斯 (Arthur Burns，1904—1987)，美国经济学家，游走于政学两界，1953～1956 年任经济顾问委员会主席，1970～1978 年任美联储主席，1981～1985 年任美国驻联邦德国大使。——译者注

加拿大、美国、澳大利亚等国的实业家也都蜂拥进入日本，旨在寻找可以购买的产品、有意合资的伙伴以及市场机会。

在纷纷攘攘的"经济奇迹"论调前唯一保持沉默的是日本人自己。该国的工商界人士、经济学家、劳工领袖、政府官僚反而在为出口面临的威胁和国内的"过度竞争"烦恼。他们不厌其烦地探讨削减开支的必要性，并抱怨说越来越严重的"美国进口商品泛滥"将把整个日本工业逼上绝路。当然，其中大多数谈论都空洞无物。30年来，日本市场上的商品一直处于稀缺状态，任何竞争都可能被误认为"过度"。然而现在，已有4/5的日本家庭拥有电视机，消费者不再需要排队抢购，手里的钱可以轻易买到市场上的任何商品。

但无论如何，正是经济领域的成功使日本成为唯一的非西方现代民族国家，关于该国经济社会的特征和结构以及基本的政治议程，决定权本质上掌握在日本人自己手中。

过去几十年日本的经验证明，自由经济的方法、工具、政策能够促进非西方国家的经济迅速发展，与自由经济相伴的是受教育人口的普遍增加、生活水平的不断提高。然而未来几年，日本将不得不证明自由社会的政治价值观、社会价值观既能够孕育卓有成效的、组织有序的政治力量，还可以与古老的非西方文化传统和谐共存。如今，日本已经成为技术高度先进、教育高度发达的强国，也是唯一获此殊荣的非西方民族国家。未来，日本必须证明该国能够成为第一个真正实现现代化，且在本质上并非欧洲式的社会。

自信的源泉

从经济史的角度来看，1952年4月美国结束占领之后，日本取得了前无古人的非凡成就。

当《对日和平条约》生效，日本恢复主权时，该国的生产和收入刚刚勉强恢复到第二次世界大战前的水平。⊖正如日本在第二次世界大战期间的工业产出和技术表现所证明得那样，这远高于任何欠发达国家的水平。但1952 年的日本就像 1941 年一样，仍被视为小型工业国家，在所有工业国家中排名第 12～15 位。工业化早期阶段的代表性产业仍占据主导地位，如纺织业。该国的食品供给长期短缺，且看起来短期内无法解决。1952 年春天，两种主要粮食（稻米和小麦）仍实行定量配给。甚至日本的经济复苏也依赖美国在朝鲜战争时期的订单，当时，这些订单正在迅速减少。通货膨胀异常严重，接近武装暴动的劳工动乱四处蔓延。曾担任盟军日本占领当局经济顾问的底特律银行家约瑟夫·道奇⊖，在最后的一份报告中，与其他专家都一致地预测日本经济即将崩溃。

10 年后，日本的工业产值在所有国家中已升至第 4 位，仅次于美国、苏联、联邦德国，并且很快就会超过联邦德国。1952 年以来，日本的国民收入增加了 2 倍，工业产值和出口额则增长了 5 倍。这意味着日本国民收入的年平均增长率高达 9%，工业产值和出口额的年平均增长率接近 20%。这在有记录以来的所有经济史上，可谓前无古人。

在实现上述举世瞩目成就的 10 年间，日本在 5 个不同领域中取得了突破性进展，包括新型投资、大众市场、农业、教育、医疗，具体情况如下所述。

⊖ 1951 年 9 月 8 日，包括日本在内的 49 个国家的代表在美国旧金山签订《对日和平条约》，该条约于 1952 年 4 月 28 日正式生效，日本就此结束了长达 7 年的盟军占领时期，恢复了正常国家地位。——译者注

⊖ 约瑟夫·道奇（Joseph Dodge，1890—1964），美国金融家，第二次世界大战后参与联邦德国、奥地利重建，1949 年担任驻日盟军总司令麦克阿瑟将军的顾问，致力于振兴日本经济，1953 年任联邦政府预算局局长。——译者注

第一，高度重视投资。日本政府每年拿出超过 1/4 的国民收入进行新投资，为工业生产能力井喷式增长奠定了坚实的基础。

第二，大众市场的培育。在西方国家之外，日本创造了第一个真正的大众消费市场。例如，1962 年，日本人惊讶地发现，只有美国人拥有的家用消费电器数量超过本国。与英国和联邦德国相比，日本市场上电视机、洗衣机、冰箱的供给更加充分（当时汽车革命刚刚开始）。更重要的是，除了大众消费市场，日本还创建了大众股票市场。此前唯有美国存在大众股票市场。第二次世界大战前，在日本只有银行和大实业家掌握工业企业的股份。1963 年，持有普通股的日本家庭达 1/10。（这并不意味着，美国证券交易委员会赞同日本企业出售股份的方法。）

第三，农业的发展。1952 年前后，高达半数以上的日本人从事农业生产，粮食却供不应求。10 年后，务农人口已下降至总人口的 1/3。虽然人口数量已大幅增长，但全国范围内不约而同地出现了相同的弊病——难以管理的农产品过剩。

第四，教育的突破。只有在美国和以色列，接受高等教育的年轻人比例高于日本。现在，在 20 来岁的日本年轻人中，1/3 或 1/4 是大学生，这与"教育革命"尚未开展的西欧各国形成了鲜明对比。

第五，医疗的进步。在短短的 10 年内，日本人均预期寿命从不足 50 岁（在非西方国家中是很高的）提高到 70 岁（与多数西方发达国家持平）。而且，日本政府千方百计地将人口出生率降低到西方国家的水平。在所有非西方国家中，唯有日本不会被"人口爆炸"淹没。

有人可能猜测，日本取得上述巨大成就付出了高昂的代价。实际上，日本民众的税负并未增加。一直以来，日本政府的预算实践都是预测未来一年的增长，核算其对收入增加造成的影响，继而降低税率以减轻税收负担。（显然，这一点给阿瑟·伯恩斯博士留下了深刻印象。）有人可能认为，这种税收政策会导致通胀，但日本的通胀水平低于美国和西欧国家。

　　更令人惊奇的是，日本经济的迅速增长，几乎没有依赖外国资金。1948年马歇尔计划⊖启动后，美国政府拨款 250 亿美元支援欧洲国家。同时期，日本（人口 9500 万，相当于包括英国在内的整个欧洲人口的 1/3）仅得到最多 10 亿美元的援助。此外，日本一直以来对外国投资极为谨慎，结果，外国投资几乎为零（西欧国家与日本形成鲜明对比，高达 50 亿～80 亿美元的美国直接投资，为持续数年的经济繁荣提供了充足的动力）。

　　1961 年，日本经济增长率实际上高达 15%。政府由于担心通胀，急踩刹车，迫使经济减速。但日本的"减速"在其他国家看来仍堪称飞速——1962 年，尽管受到信贷约束和政府"紧缩"政策的影响，经济增长率仍然达到 5%。（美国的年增长率目标是 3.5%～4%！）1959 年日本政府预计，1960～1970 年，经济规模将再翻一番。事实上，从 1960～1963 年，经济规模已经比 1959 年增长了 40%。1962 年 9 月，日本政府大藏省⊜将经济规模翻番的时间缩短为 7 年。

　　当然，日本具备一个非常特殊的优势：国防负担非常低。虽然经济稳步增长，但日本"自卫队"的预算仍不到国民收入的 2%；与此相对照，美国的国防支出占国民收入的 10%。（顺便说一下，对那些担忧裁军会影响经济发展的人来说，日本和联邦德国应该提供了令人信服的答案。）但即使把这一点和绝佳的运气考虑在内，日本的经济成就仍然是不折不扣的"奇迹"。

　　日本人完全有资格对此感到自豪。而实际情况恰恰相反，他们显得忧心

　　⊖　马歇尔计划（Marshall Plan），正式名称为欧洲复兴计划，1947 年 6 月 5 日由美国国务卿乔治·马歇尔提出，旨在恢复西欧和南欧国家的经济，以维护民主体制，对西欧国家的发展和世界政治格局产生了深远影响。——译者注

　　⊜　大藏省，日本政府旧的最高财政机关，明治维新时期设立，负责税收、国债、印钞、银行监管等，2001 年改组为财务省。——译者注

忡忡。今天，许多冷静理智的日本人正在严肃地讨论所谓"信心危机"。为什么呢？

忧虑的原因

日本人紧张不安的直接原因是，为了维护自身利益，将不得不开放本国市场迎接西方国家尤其是西欧各国和美国的竞争。自 20 世纪初开始大量出口工业制成品至今，日本在国际市场上一直是一个强硬的、咄咄逼人的竞争对手。但其国内市场一直与外界隔绝，无论是经济层面还是社会层面，日本人都没有准备好在国内引入竞争。

实际上，日本是一个彻头彻尾的重商主义⊖国家，也是重商主义大获成功的典型案例。日本人有效地把政府导向与企业活力、国外咄咄逼人的竞争与国内保护主义以及强制性价格稳定结合在一起。取消对国内市场的保护，意味着彻底改变产业界的雇佣和解雇政策，以及长期以来根深蒂固且成本极其高昂的商品分销体系。

那么，既然日本已经取得经济成功，为什么现在必须允许外国竞争者进入其国内市场呢？

第二次世界大战后，日本的整个经济发展都集中在新兴的"高端"产业，如机械、合成纤维、塑料、电子、光学器件、制药、卡车、家用电器等。第二次世界大战前主导日本的"传统"行业，今天在其整体经济中已无足轻重。例如，日本对棉纺织业的依赖程度还不如美国的老南方。但 1962 年，该国的出口产品中仍有一半属于"传统"行业，如纺织品、玩具、鞋类等。日本的

⊖ 重商主义（mercantilism），16~18 世纪盛行的经济理论，强调政府通过干预和控制经济实现富国强兵，亚当·斯密的《国富论》针锋相对地倡导自由放任的市场经济，政府应扮演"守夜人"角色。——译者注

出口取决于从国外购买原材料的能力（最重要的是石油和铁矿石），一旦供给中断，"高端"产业一天都不能维持。传统行业的出口正在不可逆转地迅速萎缩。在许多新兴的低成本国家和地区，如中国香港、新加坡、菲律宾、巴基斯坦等，传统行业的产量已经超过日本，并且价格更加低廉。日本将不得不在很短的时间内用高端产品出口取代传统出口。而额外出口的高端商品唯一可能的买家是欧共体和英国市场，但是现在日本尚未打开该市场。

传统行业的出口难题迟早都会出现，日本人最清楚这一点。然而，新出现的经济强权欧共体，着手准备迎接该形势的时间却比日本人整整提前了10 年。直到 1962 年，日本人才突然意识到（如同美国人和英国人的做法），必须尽快进入西欧市场，否则就可能被永远排除在外。

日本高端产品在西欧各国的销售情况不如竞争激烈得多的美国市场，原因并不出在经济方面。除非日本政府允许西欧企业以同等条件进入拥有9500 万富裕消费者的庞大本国市场（仅次于美国和西欧的世界第三富裕市场），否则西欧国家不会向日本人开放市场。这就意味着日本将不得不首次在本国市场上与外国竞争对手较量。

对已经习惯了"日本低成本"故事的西方人而言，日本似乎不值得大惊小怪。例如，西方人难以想象意大利或瑞士丝织品的价格会低于日本产品。然而事实上，虽然日本政府对进口丝织品征收高额关税，但多年来，东京最大的丝绸商店销售的精美西欧丝织品，售价仍要比同品质的日本货低 30%左右。原因在于，除了最高端的行业，尤其是高端出口行业外，日本是典型的高成本经济体。几乎所有制成品的人工成本都是西方国家的 2～3 倍。此外，虽然西方国家的厂商与消费者往往距离遥远，运输成本高昂，但日本消费者支付的分销费用几乎高达前者的 2 倍。之所以如此，是因为日本的社会结构而非经济效率低下。要改变这种状况，就必须配套相应的社会救济手段，并承担随之而来的所有潜在政治风险。

难有作为

具体而言，日本劳动者的工作效率，与其他国家劳动者的效率一样高。与后者相比，前者接受过更高的教育和更多的培训，能够愉快地长时间努力工作。然而，生产同样数量相同商品的日本工厂，雇员人数是美国工厂的 6 倍。原因在于日本传统的"终身雇佣制"[⊖]，即雇员只有做出非常严重的不当行为，才会被解雇或裁掉。这导致日本多数行业人员严重过剩，工厂或办公室中成千上万的人终日无所事事。很少有日本雇主知道（美国雇主也一样），让一个人努力工作的成本是其工资水平的 3～5 倍，包括监督、工作空间、相关文件、记录保存、取暖照明、物质材料等成本。

反过来，"终身雇佣制"意味着 30 多岁的日本雇员通常不能更换工作，工资取决于年龄而非绩效，任务的分派是基于工作年限的。因此，一位超过 30 岁的新雇员，从事的只能是新雇员的任务，但工资是起薪的两倍。难怪没有雇主愿意雇用他。但这同时也意味着，企业不得不为 30 岁以上的雇员发放工资，并给他们找活干。

结果，老企业的冗员负担最沉重。与其他国家别无二致，日本煤矿和铁路企业的状况最糟糕。人为造成的"劳动力短缺"稳步推高了新雇员能够得到且确实需要的工资水平，导致新产业和新企业的成本也居高不下。在过去的 3 年中，学校毕业生的起薪已经翻倍。

在日本，尽管仍旧只有得到原先雇主的同意才能跳槽，但仍有越来越多的年轻管理人员和专业人员这么做。如今，许多增加体力劳动者流动性的方

⊖ 终身雇佣制：日本经济泡沫破裂前，企业正式员工享有终身受雇待遇的制度，是日本经济高速增长的原因之一，但在 20 世纪 90 年代经济泡沫破裂后，该制度逐渐被放弃。——译者注

法也正在探索中。

一些企业正在引入西方企业的薪酬体系，即依据工作本身而非年龄和资历确定工资水平。另一些企业则正在尝试新老雇主分摊雇员跳槽产生的工资成本，由新雇主支付跳槽雇员的基本工资，老雇主支付基本工资与基于年龄的工资之间的差额。日本人逐渐明白，企业必须把雇员的收入保障（应该继续维持）与工作对雇员的束缚分离。种种束缚导致雇员无法在发展迅速的行业中找到收入更高的工作，所以，雇员应该从这种使其陷入不利境地的束缚中解脱出来。

然而，终身雇佣制涉及的要素远远不止工资。直到第二次世界大战时期，终身雇佣制的实施范围仅限于白领员工。第二次世界大战后，体力劳动者经过艰苦的斗争才得以享受终身雇佣制的保障。因此对他们而言，终身雇佣制意味着社会地位和认可。就业保障不论在哪都是一个容易情绪化的议题（1959 年美国钢铁工人围绕"冗余雇用"⊖问题的罢工和飞行工程师的长期艰苦斗争莫不如此），在日本简直就是一个炸药包。日本劳工运动史上持续时间最长、最暴力的罢工发生在 20 世纪 60 年代初。在长达 18 个月的时间里，整个县都在艰苦地抗议管理层发放一笔丰厚的遣散费后让一家枯竭煤矿的 2000 名工人退休的决策。然而，日本政府最近的一项研究显示，另外还有 60 000 名矿工（占总数的 1/3），即使拥有"全职工作"，却没什么活干。

分销成本问题同样严重，而且既是社会难题又是经济难题。日本的分销体系本质上还处于 100 年前的状态：大量小中间商充斥其间，依靠微薄的收入维持生计，但如果分销过程不经其手，又意味着惊人的浪费。雇用保障和分销难题在日本政坛的地位，进一步加大了处理的难度。一方面，对左派而

⊖ 冗余雇用（featherbedding），是指雇用的工人数量超过了完成工作所需的数量，或者为了额外雇用工人，采取一些毫无意义的、复杂且耗时的工作程序，往往涉及技术革新的负担由哪一方承担的问题。——译者注

言，雇佣保障是一个一定可以达到目的的议题，甚至是左派唯一吸引公众注意力的国内议题；另一方面，数百万组成分销体系的小批发商和零售商，是投票支持保守主义势力掌权的核心力量。

尽管这些具体的社会议题充满爆炸性，但日本人更加害怕的是，外国企业参与本国市场竞争对传统重商主义政策的冲击——重商主义在日本的地位简直等同于不成文宪法。开放本国市场必然会打破政府、大企业和小商户三方之间微妙的合作关系，而这恰恰是日本经济赖以发展的根基。而且，这还将迫使日本放弃下述政策：政府督促企业提高生产效率和竞争力以刺激出口，同时保护效率低下的国内市场。结果，日本独特的制度安排（即大型企业是咄咄逼人的竞争者，为小商户撑起一把价格保护伞）将被破坏殆尽。最重要的是，开放市场将迫使日本允许市场来决定生产什么和如何定价。传统上，这是由政府决定的问题。

旧口号与新时代

许多日本领导人相信，该国经济无论如何都必须尽快融入世界经济体系。他们认为，日本产业亟须竞争带来的挑战。例如，如果日本的丰田汽车与英国福特、法国雷诺、德国大众、美国紧凑型轿车竞争，那么汽车的成本及价格将会足足下降1/3。当然，日本的重型卡车和摩托车都是出口商品，在国际市场上已经非常具有竞争力。他们明确意识到，该国的重商主义经济政策及其雇佣措施和分销体系，不仅已经被经济增长完全淘汰，而且成为进一步增长的严重障碍。联邦德国和法国从欧共体市场获益良多，他们确信，一旦日本与西方国家实现了经济一体化，同样会迅速获益。他们八成是正确的。除非日本想要扼杀经济增长及繁荣，否则将不得不成为开放竞争的经济体。但如果日本政府这么做，必将面临巨大的政治压力，是对领导人政治勇气、远见、领导力的严峻考验。

在日本近现代史上，拥有罕见领导力的伟大政治人物辈出。第一批诞生于 19 世纪晚期，在一代人的时间里，武士贵族构成的统治阶级自动退位，延续千年的部落封建主义被废除，日本成功转型为现代国家。19 世纪 90 年代至 20 世纪 40 年代没有诞生类似的领导人。但第二次世界大战后的 1947～1957 年，拥有无畏的政治勇气和高度远见的吉田茂 ⊖ 成为日本首相。

无论当今日本是否拥有伟大的领导人，其政治格局都必然会发生变化。第二次世界大战的失败缔造了新的制度和口号，却仍没有孕育新的价值观，甚至以往那些既非民族主义又非军国主义的价值观也遭到了质疑。多数日本人在工作和纪律中寻求安慰。就像在德国，重建家园本身就成为一个暂时的目标。少部分渴求绝对信念和承诺的人，转而信奉唯一可用的正统思想，即马克思主义。旧体制下最狂热的民族主义者（尤其是学生和教授们），成为新体制下最真诚的马克思主义者，这不仅仅是巧合。

如今，每次选举中自民党（被认为是保守主义政党）都以超过 2/3 的多数获胜。但战败和盟军占领遗留下来的各派势力已经开始重组。当今日本正在探索新的政治价值观和政治方向。无论左派还是右派莫不皆然。

今天，重建家园的目标已经实现。虽然多数人都希望得到更多商品（尤其希望能够购买和驾驶汽车），但经济复兴已不再是国家的重责大任。

寻求确定性

然而，在未来日本，左派和右派的分野可能看起来非常怪异。今天日本

⊖ 吉田茂（1878—1967），日本首相（1946～1947 年、1948～1954 年），在旧金山代表日本签署《对日和平条约》，与麦克阿瑟将军关系密切，主导制定"贸易立国"的国策，其路线和势力影响至今。——译者注

最突出的政治现象，不是政党或政客，而是两个坚定的原教旨主义宗教派别：一个是日本式的基督复临安息日会㊀——天理教㊁；另一个是让人联想到摩门教徒和圣父㊂的分裂主义佛教教派——创价学会。

20世纪40年代后期，盟军日本占领当局进行宗教调查时，二者甚至不能称作独立教派，更不是主要的宗教团体。如今，二者各自拥有数百万名狂热信徒。虽然天理教鼓励信众"为正确的事投票"，但教会并不直接参与政治活动。而创价学会在1962年7月的国会参议院选举中赢得了400万张选票。

这两个教派都完全接受现代工业文明，并且大体上"追求进步"。但二者更加关注政治伦理、道德、精神价值等议题，并且抨击所有丧失原则的现有党派。的确，"创价学会"的字面意思就是"创造价值"。所有其他国家此类运动的经验表明，一旦两者卷入实际的、肮脏的政治事务，就会遭遇失败，这可能是天理教小心翼翼地回避任何政治责任的原因。但此类运动也是一个预警信号，其迅速增长和吸引所有阶层成员（学生、刚从农村进入城市的非技术劳工、女仆、司机、洗衣工等）的能力表明，人们渴望价值和承诺，不再对现有的政党和政治抱有幻想。

第二次世界大战以后出生的新一代人已经成长起来，有助于满足日本对勇于负责的政治领导的切实需求，抓住面临的机遇。但这同时隐藏着真正的危险。如果日本不能顺利融入自由世界经济体系（原因不论是西方国家的

㊀ 基督复临安息日会（Seventh-Day Adventists），新教教派，源于19世纪中叶美国的米勒运动（Millerite Movement），将犹太历中一周的第七天作为安息日，以强调耶稣基督将再次降临为特色。——译者注

㊁ 天理教，日本新兴宗教，1838年由中山美伎（1798—1887）创立，初期受到打压，1908年得到日本政府认可，信仰父母神"天理王命"，以《御神乐歌》《御笔先》《御指图》为基本经典。——译者注

㊂ 圣父（Father Divine，1876—1965），非洲裔美国人的一名精神领袖，自称上帝，在纽约创立国际和平使命运动教派（International Peace Mission movement），并带领其发展为多种族的国际教会，该教派在经济大萧条时期发展至巅峰，后日益衰落。——译者注

社会难题还是日本自身的社会难题），将被迫与苏联建立更密切的经济关系。尤其是苏联的西伯利亚地区对日本必须销售的高端产品存在巨大需求，包括化学品、涡轮机、铁路机车、卡车、晶体管等。从日本的角度来看，唯一的障碍是苏联没东西可以卖给日本，苏联想要的长期贷款日本根本无法提供。然而，即使苏联的原材料价格更高，供给相当不稳定，但如果被逼无奈，日本仍可能转向从苏联采购。或者，苏联可以动用黄金储备向日本付款。

日本与苏联开展贸易，不需要牺牲任何政治经济利益。如此一来，日本就可以避免向外国制造商开放本国市场，无须改变原有的雇佣政策，也不用改革分销体系。这反而会进一步强化日本的重商主义政策。出于上述原因，甚至日本的保守主义团体也接连派出贸易代表团访问莫斯科，希望找到一种替代融入西方经济体系的"东方选项"。这些团体担心与西方国家的经济一体化会威胁日本的传统习惯和制度。相比之下，对于日本与苏联之间的贸易对经济进一步增长产生的不利影响，他们反而愿意接受，并认为是一种较小的代价。

日本经济阵营的上述转变，即使完全不影响其外交和军事政策（当然这几乎是不可能的），对日本而言也是一场灾难，对整个自由世界是一场更大的灾难。在经济实力的对比上，现在西方国家的优势将迅速转移到苏联集团。更糟糕的是这种转变产生的心理影响。作为唯一一个真正发达的非西方国家，日本是其他国家的试金石。如果连日本都无法在自由世界经济体系中获得平等地位，那么南斯拉夫、秘鲁、尼日利亚、马来西亚等更贫穷、更落后的国家还有什么指望呢？

渴望平等

西方国家，尤其是美国可以做许多事情，帮助日本做出对自身和自由世界而言正确的抉择。西方国家可以制止愚蠢行为和种族偏见（尤其是西欧国家很常见的无意识歧视，具有双重的危险），以避免日本不顾自身的经济利益脱离自由世界。如果西方国家无所作为，那么将面临真正的危险，即西欧国家可能只是由于对日本及其经济力量的无知，就贸然将其排除在外。

更重要的是，我们需要认识到日本对西方世界的重要性。或许因为第二次世界大战后的日本并不是一个"问题"，所以美国的政策制定者对该国的关注并不多，反而会更多地关注印度或新兴的非洲国家。美国关注日本主要出于自身的战略：作为美国的永久军事基地和潜在的军事盟友。美国人往往忘记了，日本是一个拥有悠久历史的大国，也是数以亿计"非欧洲人"实现经济繁荣的主要榜样。

一位著名的日本银行家曾对我说："一名对日本的历史、经济、艺术、大学、宗教感兴趣的美国人，可能比贵国政府所有的政策更能把我们与自由世界紧密联系在一起。"通常，银行家往往对上述"无形资产"不屑一顾。

最后，美国人需要清醒地认识到，日本不是"欧洲"国家，既不能也不应该试图变成"欧洲"国家。当波恩、伦敦、华盛顿有人谈论"大西洋共同体"时，每个日本人听了都会胆战心惊，因为他知道，任何外交辞令都无法使日本与大西洋国家接壤，也不可能将日本文化追溯至西方国家大学教科书中的"犹太-基督教传统"。无论日本经济的西化程度多深，人民的受教育水平多高，医生和科学家的专业素养多么过硬，其文化、历史、艺术、宗教、戏剧、文学、语言的根源都不在欧洲，而在亚洲。可持续的现代日本社会必然既拥抱西方文化，又不抛弃亚洲的文化渊源。

已有迹象表明，日本人开始明白这一点。前面提及的两个宗教派别的吸引力，主要在于既重视古代的宗教、伦理，又接受现代经济、工业、技术、科学。也有迹象显示，日本人能够综合东西方文化。起码在绘画领域（日本民族艺术最典型的代表），整整一代优秀的年轻画家现在都是西方意义上的"抽象派画家"，毫无疑问也是地道的"日本画家"。书法堪称日本最优秀的传统文化，然而日本当代书法家显然借鉴了布拉克^㊀、马蒂斯^㊁、波洛克^㊂作品中的许多要素。该发展趋势还体现在其他领域中，如电影、陶瓷、建筑等行业。历史上西方国家从未平等地接受过一种非欧洲文化和国家，更不用提将其奉为领导了。

当然，西方人的确时常把平等挂在嘴边，但日本人在冷眼旁观自己能否真正得到前者平等对待。

然而从现在起，这项重大工作将必须由日本人自己来完成。当然，日本人的成功取决于不断发展的世界经济。世界经济的发展趋势是更加自由而非相反。但更重要的将是日本领导人在国内事务（政府、政治、工商业）管理方面的勇气和远见。最重要的是，日本必须以既"现代的"又"日本的"方式解决自身面临的难题。

无疑，这是一项非常艰巨的任务，但相比之下，1952 年以来日本已经实现的成就要更加宏大、更加艰难。未来数十年，面临考验的不仅仅是日本，西方国家及其价值观也将会在新的"后西方"世界受到考验。现代化的日本将既是新世界的领导者又是试金石。

㊀ 乔治·布拉克（Georges Braque，1882—1963），法国画家，作品先后呈现出印象派、野兽派、立体派等风格，1916 年后发展出更加个性化的风格，以鲜艳的色彩、带纹理的表面为特征，代表作《蓝色吉他》(Blue Guitar)。——译者注

㊁ 亨利·马蒂斯（Henri Matisse，1869—1954），法国画家、野兽派创始人及主要代表人物，以对色彩的大胆运用和流畅而独到的绘画技巧闻名，代表作《红色画室》（L'Atelier Rouge）。——译者注

㊂ 杰克逊·波洛克（Jackson Pollock，1912—1956），美国画家、抽象表现主义的主要代表人物，以独特的滴画风格闻名，性格反复无常，酗酒，可谓毁誉参半，代表作《秋韵》(Autumn Rhythm)。——译者注

第 11 章 | CHAPTER 11

值得学习的日本管理经验[⊖]

首先，制定有效的决策。

其次，协调雇佣保障、劳动力成本弹性、工作效率、对变革的认可。

最后，管理并开发年轻管理人员和专业人员。

在管理层的重点关注清单上，上述 3 个方面必定位居前列。

与美国或西欧国家的管理方式相比，日本式管理，尤其是日本的企业管理，在上述每个方面的做法都截然不同。日本人秉持不同的原则，开发出不同的方法和政策来处理上述问题。在过去 100 年中，日本的崛起举世瞩目。尤其是在过去 20 年中，日本的经济增长和绩效可谓前无古人。日本式管理虽然不是"经济奇迹"的全部原因，但无疑是主要因素。

西方国家模仿这些政策是愚蠢的。实际上，它们不可能被模仿，其中每一项都深深地植根于日本的传统和文化，与日本面临的工业社会难题相匹配。传统社会日本的大名[⊜]及家臣、寺庙中的禅宗僧侣、伟大艺术"流

⊖ 首次发表于 1971 年 3、4 月《哈佛商业评论》（*Harvard Business Review*）。

⊜ 大名，日本封建时代对一个较大地域领主的称呼，由"名主"一词转变而来。——译者注

派"的画家，在很早以前就已发展出了该国独特的经济价值观和习俗。然而我坚信，日本上述政策背后遵循的原则，值得西方管理者密切关注和仔细研究，可能对当前西方国家解决面临的若干最紧迫的问题具有重要的启示意义。

一、日本的共识型决策

如果说所有日本式管理的权威研究机构（无论是日本的还是西方的）在某一点上能达成一致的话，那就是无论日本的企业还是政府，都通过"共识"制定决策。我们被告知，日本人会在整个组织中围绕某项决策展开辩论，直到达成共识为止。只有到这时，日本人才做出决策。

每位经验丰富的经理人都会吃惊地说，不论这对日本人多么有效，都不适合美国。因为这只会导致优柔寡断或政治伎俩，最佳结局是产生既不冒犯任何人也不能解决任何问题的无害妥协。如果需要证据的话，看一下林登·约翰逊总统试图达成"共识"的历史就足够了。

但我们即使最粗略地阅读日本历史书籍，或者对当今日本企业或政府有最肤浅的认识，也会发现该观点与日本的实际情况恰恰相反。在日本历史以及当今日本人的管理行为中，最引人注目的是实现 180 度转折的能力，即做出激进且显然非常具有争议的决策的能力。

例如，没有哪个国家比 16 世纪的日本更加包容基督教。确实，当时的葡萄牙传教士希望日本成为欧洲以外的首个基督教国家，绝非空穴来风。然而，同一个日本却在 17 世纪初发生了 180 度转折，几年内彻底禁绝基督教并使本国与所有外来影响（的确是与外界的全部联系）隔绝达 250 年之久。后来，即 250 年后，在 1867 年的明治维新中，日本再次出现 180 度转折，向西方打开国门，这也是其他非欧洲国家无法做到的。

举几个工商业和经济领域的例子。直到 20 世纪 50 年代中期，日本最大的人造丝制造商东洋人造丝株式会社⊖仍专注于生产人造丝。后来，当该公司决定转向合成纤维时，并没有像任何西方企业那样"逐步淘汰"人造丝业务。虽然在日本的终身雇佣制度下，该公司无法解雇任何一名员工，但仍在一夜之间关闭了人造丝工厂。

直到 1966 年，我与日本政府通产省⊜的官员会谈时，他们还信誓旦旦地坚决反对任何日本企业走出国门，禁止日本企业向国外的子公司投资。3年后的 1969 年，服务于同一个保守主义政府的同一个通产省，却已经在执行完全相反的政策，大力推动日本企业向国外投资。

造成西方式管理与日本式管理存在明显分歧的关键在于，双方对"制定决策"的认识不同。西方人强调的所有重点都集中在问题的答案上。事实上，西方关于"决策"的书籍都试图开发出系统的方法来寻求答案。然而，日本人认为决策过程中重要的是界定问题，重要的和关键的步骤是决定是否需要决策以及决策是关于什么的。正是在该步骤中，日本人力求达成共识。无疑，对日本人来说，这就是决策的本质所在，寻找问题的答案（也就是西方人认为的"决策"）则是后续行动。

在决策出台之前的过程中，只字不提答案是什么。这么做的基本原因是，如果预先给出了答案，就会迫使人们选择站队，一旦他们选择站队，出台的决策必然造成出现胜利的一方和失败的一方。因此，日本式决策的整个过程都聚焦于找到与决策切实相关的要素，而不是具体的答案。最终的结果

⊖　东洋人造丝株式会社（Toyo Rayon），日本跨国化工企业，成立于 1926 年，1970 年重组，从普通的合成纤维制造商转型为综合性化工企业，更名为东丽株式会社（Toray Industries, Inc.）。——译者注

⊜　通产省（MITI），日本旧中央省厅之一，1949 年设立，承担宏观经济管理职能，制定产业政策并从事行业管理，是对产业界拥有很大影响的综合性政府部门，2001 年改组为经济产业省。——译者注

就是人们在思想上达成共识，一致认为有必要改变行为。⊖

不可否认，日本式决策的过程非常耗时。事实上，在该时段内与日本人打交道的西方人往往深感受挫。他不明白到底发生了什么，感觉自己好像被日本人牵着鼻子绕圈圈。

例如，与日本人谈判一项许可协议的美国高管，不明白为什么每两三个月就有一批新人参与进来，开始与他进行西方人心目中的"谈判"，俨然这些人之前并不了解此事。新参与者会认真地做大量的笔记，然后返回。过段时间后，另一批来自该公司不同部门的人员再次接替前者的位置，同样表现得不了解该事项，依旧会做大量笔记，然后散会。实际上，虽然很少西方人会相信，但这确实表明日本人正以最严肃的态度对待此事。日本人试图让那些必须执行最终协议的人参与到达成共识的过程中，并赞同需要达成许可协议的看法。只有到所有必须参与执行许可协议的人员一致认为需要行动的时候，下一步的决定才会启动。只有这时，日本人所谓的谈判才真正开始，并且往往以闪电般的速度推进。

唯有当所有相关人员都对决策的意义一清二楚，且认为该决策确实恰如其分时，日本人才会到达西方人所谓的讨论某项决策的时刻。

然而，日本人此时不再称其为"决策"，而是称之为"行动阶段"（他们是正确的）。此时此刻，高管会将决策委托给日本专家所谓的"合适的人"。谁是"合适的人"由高管来决定。实际上，这就决定了解决问题需要的具体答案是什么。因为在相互讨论达成共识的过程中，特定的人和团队自然而然已经对解决该问题的方法了然于胸。高管把问题委托给不同的人，实际上就是在挑选答案，但该答案到这一阶段已不会让任何人感到意外。委托给"合

⊖　关于日本式决策的过程，最完整的典型描述可参考 1941 年围绕对美开战问题的决策，当然这并不是工商决策。参见《日本的战争决策》（*Japan's Decision for War*），1941 年政策会议记录，池信孝（1916—2005）编辑翻译，斯坦福大学出版社，1967 年出版。

适的人"的做法，就像美国政治进程中的平行决策（国会的委员会或其附属委员会对提交的特定法案进行决策）一样至关重要，而关注美国政治的外国观察家对此完全无法理解。任何关于美国政治和政府的书籍都没有介绍该决策方式，然而，所有美国政客都很清楚，在决定特定法案能否成为正式法律及其采取的具体形式方面，这是至关重要的步骤。同样，据我所知，任何关于日本政府或企业的书籍，都没有提到高管的委托决定了问题的实际答案。

该过程的优点是什么？我们能从中学到什么？

首先，该过程有助于迅速做出决策，最重要的是做出有效决策。达成共识的过程看起来非常耗时。与西方式决策相比，日本人确实需要长得多的时间才能做出决策。但西方人接下来会需要很长时间"推销"决策。我们习惯于先做出决策，然后着手推动人们行动起来。众所周知，西方式决策有太多的时候要么被组织妨害，要么出现更坏的情况，即落实决策耗费太长时间以至于决策本身已经过时（甚至可能已变成错误决策），此时组织成员才开始行动起来，将决策落到实处。相比之下，日本人一点都不需要耗费时间推销决策。组织的每位成员都已经提前到位。当然，在日本式决策过程中，组织中哪个部门对问题的特定答案持欢迎态度，哪个持抵制立场，都会变得一清二楚。因此，彼此有足够的时间说服异议者，或者在不破坏决策完整性的前提下，为赢得他们的支持而做出适当的让步。

每位与日本人做生意的西方人都知道，日本人在谈判阶段非常磨叽，总是没完没了地拖延，对同一个问题反复琢磨，然后才迅速投入西方人苦苦等待的行动，让他感到措手不及。做出许可协议决策的时间可能长达 3 年，在这期间日本人不涉及具体条款，不讨论计划生产什么，也不提他们需要什么帮助或专业知识。一旦达成共识，日本人能够在 1 个月之内准备好投产，同时向西方合作伙伴要求相关的数据、信息、人员，而后者往往对此完全没有准备。顺便提一下，就像我们不了解日本人将决策生效置于决策制定之前一样，日本人也不了解西方人决策的方式，即先做决策，然后再去推行，所以日本人对西方人"没完没了的拖延和耽搁"同样怨声载道。

实际上，日本式决策触及了做出有效决策的核心，即不在于正确答案是什么，而在于由此导致的正确行为是什么。相比之下，西方式决策就像是从数学公式中推导出来的，在数学中正确的答案本身就是目的，"证明完毕"是决策程序的终结。而日本人把决策视为一个过程，在该过程中，期待的最终结果是相关人员的行动和执行。

日本人的决策方式聚焦于理解问题，几乎能够确保所有备选方案都纳入考察范围，将相关人员的注意力聚焦到要点上，在对"决策是关于什么的"问题达成共识前不会做出承诺。但正如 1941 年日本对美开战的决策一样，该方法有可能给出该问题的错误答案，也不能对错误问题给出正确答案。所有日本决策者都知道，该过程风险重重，一旦达成错误共识就再也无法回头。

然而最重要的是，该决策方式能够迫使日本人做出重大决策和根本性决策，而不是激进的决策。当然，该方式非常烦琐，可能让太多人在一些琐事上浪费太长时间，而导致真正会改变政策和行为的重要事务得不到应有的重视，所以不适用于琐碎小事。因此，一些无关痛痒的决策，哪怕明显有必要，也往往由于该方式的上述缺陷而完全无法迅速出台。

西方人的决策方式容易出台无关痛痒的小决策。任何了解西方企业或政府机构的人都知道，他们往往做出了太多小决策。据我所知，组织中没什么比大量的小决策更容易带来麻烦。无论是把饮水机移动到大厅另一侧的决策，还是放弃自己从事时间最久的业务，实际上对人们情绪的影响差别不大。一个决策耗费的时间、产生的情绪压力与另一个差不多。人们也会从改变制度和管理行为导致的痛苦中学到经验。这意味着一个人不能频繁地做出小决策，而是需要做出重大决策。日本式决策过程的优势就在于此。

有一次，我关注到一家日本企业正在处理一家美国著名企业的合资建议——双方已有多年的合作关系。两家企业的会谈甚至不是从合资企业开始，而是"我们必须要改变现有业务的基本方向吗"，结果他们达成共识出台了一项决策：放弃大量旧业务，从事许多新业务，开拓新市场，创建联合企业（其建立和运营状况非常顺畅），并作为一项重大战略的组成部分。但直到日本人明白，该决策实际上关于业务的基本方向，并且有必要做出决定之前，日本人内部甚至一次都没有讨论过合资企业的可取之处或建立合资企业可能需要的具体条件。

在西方国家中，我们正在朝着日本人的方向前进。起码这是所有"任务小组""长期计划""战略"的努力方向。但首先，我们没有把"推销"纳入任务小组的工作范围，而在日本式决策中，推销被纳入做出决策之前的阶段。这在很大程度上解释了，为什么西方大量任务小组或长期计划人员的出色报告，从没有落实到实处，而仅仅是纸上谈兵。与此同时，我们期望任务小组或长期计划人员提出"建议"，即负责提出一些备选方案。然而，对日本人来说非常正确的是，最重要的步骤莫过于对可用备选方案的理解。对我们而言，正如决策过程的每位观察员所知道的那样，任务小组或长期计划人员往往从一个答案开始，也就是提出一项建议，然后设法进行论证。日本人与我们同样都固执己见。但因为他们直到充分界定清楚问题之后才会提出建议，并且利用取得共识的决策方式提供各种各样的备选方案，所以与西方人的决策方式相比，他们更不可能被先入为主的答案俘虏。

二、"终身雇佣制"的神话与现实

正如人人都听说过日本式决策基于"共识"，无论日本人还是西方人也都知道"终身雇佣制"。然而，就像对共识型决策的普遍认识一样，多数人对终身雇佣制的理解也存在严重偏差。

可以确定的是，大多数"现代"日本企业和行业的雇员一旦拿到工资单，就表示拥有了一份有保障的工作。○工作期间，雇员不仅拥有完善的工作保障，仅在严重经济危机或雇主破产的情况下才面临失业威胁，而且工资收入也是根据资历核算，无论具体从事什么岗位的工作，每 15 年都会自动翻倍。

但日本企业的劳动力成本结构并不僵化，实际上具有非常大的弹性。我确信，多数日本人自己甚至都没有意识到，从未有人提过日本的退休制度（或许应该被称作日本的退而不休制度）不仅使劳动力成本比包括西方发达国家在内的多数国家更灵活，而且以非常巧妙的方式将雇员的工作和收入保障需求与经济对劳动力成本灵活性的要求协调起来。实际上，大多数日本企业，尤其是大型企业，如果业务发展放缓，其裁员比例要高于多数西方企业能够达到的程度。然而难能可贵的是，日本企业能够以充分保护亟须收入的雇员的方式做到这一点。人员调整需要付出的代价由那些能承受得起的人承担，因为他们有其他收入来源可以依靠。

日本的法定退休年龄是 55 岁，只有少数能够在 45 岁前晋升高管层的人除外，这些人没有任何固定不变的退休年龄。所以，不论是清洁工还是部门主管，到 55 岁时一律"退休"。依照惯例，他们会得到一笔相当于两年工资的遣散费。○

○　然而，这需要相当高的资格才行。女性往往被视为"临时工"而非"正式"雇员。日本的许多"传统行业"雇员，尤其是前工业化的作坊产业，如漆器业、制陶业、丝织业等，都是按小时雇用和计酬。即使在现代大工业中，也有大量雇员（虽然在逐渐减少，但仍占20%左右）被管理层单方面视为"临时工"，就算已经在相关岗位工作多年，仍被划归这一类。

○　在政府的大力支持下，许多日本企业现在正在设立补充养老金计划，但以西方国家的标准来衡量仍显过低。

　　鉴于日本人的预期寿命已达到西方国家的水平，所以多数雇员能够预期活到 70 岁左右，显然这笔遣散费远远不敷所用。但并没有人抱怨养老金领取者的悲惨命运。更令人奇怪的是，在日本的每个工厂、办公室、银行里，都有一些上了年纪的人，他们欣然承认自己已经超过 55 岁，而且显然还在工作。

　　年龄超过 55 岁的普通雇员、白领员工、蓝领工人不再是正式雇员，而是"临时工"。首先，这意味着组织如果没有充足的工作岗位，可以解雇此人。但如果有足够的岗位（当然，过去 20 年来日本面临严重的劳动力短缺），就可以继续留用，通常安排他从事与退休前同样的工作，与多年的老同事（正式雇员）继续合作，但工资收入要比退休前至少降低 1/3。

　　道理很简单。日本人认识到，此人可以依靠的唯有相当于两年收入的遣散费。他们坦率地承认，这虽然不足以维持一个人 15 年左右的生计，但往往足以帮他渡过难关。40 岁左右的成年人通常上有老下有小，各项开支非常庞大。年龄超过 55 岁的人，通常不再需要抚养子女或照顾老人，所以各项开支需求应该会大大降低。

　　如果本章的目的是描述日本的雇佣制度，那么现在应该深入探讨其复杂的内部细节，如半年分红的角色等。但我的关注点仅仅在于西方人能够从日本人那里学到什么。日本制度对我们的吸引力，主要在于其满足两种明显相互矛盾的需求的方式：对工作和收入保障的需求，对灵活且适应性强的劳动力成本的需求。

　　在过去的 25 年中，西方国家越来越多的雇员得以享受收入保障政策，在许多情况下，其收入可能要高于终身雇佣制下的日本雇员。例如，美国大规模生产行业引入了辅助就业补偿制度，实际上保证了工会工人的大部分收入，甚至包括相当长的被裁员期间的收入也得到了保障。尽管美国企业的管理层可以根据订单情况迅速调整员工人数，而日本的正式雇员几乎不受营业状况的任何影响，但美国大规模生产行业劳动力成本的刚性仍然高于日本。此外，我们越来越多地发现，在工会化程度高的大规模生产行业中，为提前退休准备的条款如同 1970 年秋季写入美国汽车业合约中的一样。尽管如此，加入工会的雇员仍然根据资历被裁员，资历最浅的雇员往往首当其冲。结果，那些最需要稳定收入的雇员的工作依然最缺乏保障，而他们恰恰是年轻家庭的父亲，当然也可能有年长的父母需要照料。并且，美国的"提前退休"规定，通常意味着雇员必须做出永久退休的决定。一旦他选择提前退休，就永远出局了，不可能被重新雇用，更别提在他这个年纪会被其他雇主雇用了。结果，美国的雇员（英国和西欧国家也一样）缺乏日本社会那种强烈的工作和收入安全感。

换句话说，美国支付了大量"收入保障"的费用，并且强加给自己非常高的劳动力成本刚性，但获得的收益很少。最重要的是，美国没有获得日本社会那样显著的心理安全感：有多年工龄的人深信自己不必担忧工作和收入。相反，西方国家的雇员却存在多种担忧：年轻人担心在自己的家庭开支达到最高峰的时候被首先解雇；老年人担心 50 岁以后会丧失工作且因为年龄太大而无法重新就业。在日本的制度下，这两个年龄群体都充满信心：年轻人有信心随着孩子的成长，自己的工作能够得到保障，收入能够稳步增加；老年人有信心社会仍旧需要自己发挥余热，而不会被视为"累赘"。

当然，在实践中，日本的制度并不比其他任何制度更加完美，其中存在许多不公平的地方。例如，老年人的待遇，尤其是日本前工业时代的小作坊产业和众多小型服务企业中老年雇员的待遇，尚有大量值得改进之处。但日本人遵循的基本原则（不是通过理性的计划，而是通过把传统的相互责任观念应用到雇用和劳动经济中），似乎更有意义，效果也更好。相比之下，美国付出了沉重的代价，运用七拼八凑的举措却只是针对问题的症状，而没有抓住问题的本质。从经济上说，美国的制度有更多"保障"，当然付出的成本也更高。然而，美国并未获得日本制度带来的结果：雇员对终身雇佣（即工作和收入保障）发自内心的信任。

如今美国产业界有种观点，甚至有些组织已经采取初步行动，即在面临裁员形势时使用"逆向资历"制度⊖保护黑人新雇员。黑人新雇员的资历往往很浅，甚至没有资历。既然许多劳动合同规定年龄超过 55 岁的雇员可以"提前退休"，那么也可能考虑应用逆向资历措施保护已经度过家庭责任最沉重时期的老年雇员。未来几年，随着首次进入劳动力市场的年轻人数量急剧增加，可以预计，老年雇员面临的提前退休压力必然增大。有权利提前退休的雇员可能会首先被解雇，如今，资历几乎给了他们绝对的工作保障。然而出于同样的原因，这些人或许有权利（现在正常情况下该权利完全被剥夺了）在就业再次扩张时结束提前退休状态，优先被雇用以返回原先的工作岗位。事实上，类似提高负担沉重的年轻已婚雇员工作保障的举措，很可能是抵制绝对就业保障压力的唯一方法，否则就会导致美国的劳动力成本进一步僵化，与此同时，日本人的习惯做法则赋予了日本经济强劲的动力。

但更加重要的是，美国要吸取日本人的教训，有必要根据特定主要雇员群体的需求和愿望来制订福利计划。否则，福利计划将只是成本，而难以获得收益。在西方国家尤其是美国，过去 30 年来已经积累了大量收益，某些行业中"边缘"劳动力的成本占总劳动力成本的 1/3。然而，实际上所有这些收益都不幸地被滥用，并没有考虑到目标群体的真正需求。我能想象得到的唯一例外就是产假。而那些只想在组织内待到结婚年龄的十几岁女孩，却被要求为 65 岁时才到期的退休计划付款。不论是蓝十字⊜还是私营公司的

<hr>

⊖ 逆向资历（reverse seniority），是指给参加工作的时间较短而非较长的雇员带来特定优势的举措。——译者注

⊜ 蓝十字（Blue Cross），即美国健康保险计划协会，1929 年，由金博尔（Justin F. Kimball，1872—1956）创立，1960 年改名为蓝十字协会，1982 年与蓝盾协会合并为蓝十字和蓝盾协会（Blue Cross and Blue Shield Association）。——译者注

医疗保险，通常情况下都不会在失业雇员亟须的时候为他们提供任何疾病预防保险。然而，尽管医疗成本飙升，在当前的工资水平下，多数雇员在自己充分就业以后仍然能够很容易地支付家人的日常疾病开支，大多数计划仍为受雇员工的无业家属提供全额福利。事实上，在我们的全部福利计划背后（管理层与工会唯一完全达成一致之处）存在一种愚蠢的观念，即雇员的需求和欲望是相同的。结果，美国在"福利"方面支付了大量资金，而这些福利对人数众多的群体（有时甚至是大多数雇员）没什么实际意义，也没有满足其他同样庞大群体的真正需求。这就是下述现象的主要原因：美国的福利计划很少给雇员带来满意度和心理安全感，一种福利的增长立刻导致对另一种福利的要求，以"平衡"其他群体的福利地位，如老年雇员与年轻雇员、熟练工与非熟练工等。

管理层和工会人员都可以从日本经验中学到的是：制订福利计划，使相同数额的资金能够根据处于人生不同阶段的雇员群体各自的愿望和需求，提供最大限度的、灵活的、真正的福利。雇员对工作和收入保障的信心，成为日本经济成功重要"秘诀"的基础，而这个秘诀就是，雇员乐于接受技术和流程的持续变革，认为工作效率不断提高有利于每个人。

如今，市面上有大量文章探讨日本工厂的"精神"。但比大型工厂雇员早晨唱公司歌曲重要得多的是，日本雇员很少做出西方国家见怪不怪的抵制变革行为。

通常的解释是"国民性"使然，这是值得怀疑的。显然，雇员乐于接受变革绝非全日本的普遍现象。例如，日本国铁⊖如同包括美国铁路公司在内的任何其他国家的铁路系统一样，改革进程中遇到了巨大阻力。但纵横交错

⊖ 日本国铁（The Japanese National Railways），1949 年，由日本政府出资成立，以经营公共事业为目的，1987 年正式分割为 6 家地区性客运铁路公司以及 1 家全国性货运铁路公司。——译者注

地分布在日本人口密集地区的众多私营铁路公司，似乎没有遭遇同样的障碍。与世界上任何国有化产业一样，日本国铁存在大量冗员，雇员很清楚，任何变革都可能导致裁员，这可能是他们抵制变革的部分原因。更重要的是，在日本与国铁一样遭受抵制变革之苦的行业，恰恰是那些按照西方管理理念组织起来的行业。而践行日本理念的行业，同私营铁路公司一样，即使雇员也知道本企业存在冗员而非人手不足，但变革仍旧能够顺利推进。

原因可能就在于日本人所谓的"持续培训"，具体是指每位雇员（常常包括高管）通常都会把培训作为本职工作的常规部分，直到退休为止。这与西方国家的做法构成了鲜明的对比。通常情况下，西方国家的雇员只有在必须获得一项新技能或调动到新岗位时才会参加培训。西方的培训"以晋升为中心"，日本的培训以"以绩效为中心"。而且，各层级的日本雇员不仅接受关于自身岗位的培训，还接受其他所有同级岗位的相关培训。例如，电工会主动参加电厂内每项技能领域的培训，甚至清洁工也一样。员工都可以在自己的岗位上干到退休或者去世。实际上，他们的工资很大程度上与从事的具体工作无关，而主要与工作年限挂钩，因此，高技术电工的工资很可能低于清洁工。但他们都被期望精通工厂内每个岗位的具体工作，当然通常情况下是同级岗位的工作。例如，工厂中所有的普通蓝领工作。同样，办公室的会计也需要参加培训（或通过每个城市都开设的各种函授课程、研讨会、进修学校等方式自我提升），内容往往包括所在企业需要的每种专业工作，如人事、培训、采购等。包括高管在内，所有雇员都参加培训或自我提升。

一家日本巨型企业的总裁，有一次无意中告诉我，他不能在某个下午与我会面，原因是需要参加企业组织的焊接专业培训（以学生身份而非以观察员或教师身份）。当然，这种情况属凤毛麟角。但是，接受计算机编程培训的企业总裁非常普遍，而年轻的人事经理这么做更是理所应当。

尽管持续培训制度迄今只有 50 年的历史，仅可以追溯至第一次世界大战结束后的劳动力短缺时期，但要解释该制度的起源，或许需要一本关于日本经济和产业史的专著。而要讨论其优缺点及局限性，恐怕需要一本更厚的巨著。实际上，该制度的局限性确实非常大。例如，受过技术培训的年轻人（包括年轻的科学家和工程师）极为讨厌该制度，并非常成功地进行了抵制。心无旁骛的科学家或工程师被要求学习会计或被从工程职位调到人事部门时，无论如何都高兴不起来。另外，像造纸工人、大型造纸机械操作员、百货公司采购员等高度专业化且需要高度熟练技能的雇员，往往不想了解其他岗位的工作，更不愿融入其中。但作为一项例行事务，即使是这些专家，在西方意义上的"培训"结束之后很久，仍会持续改善自己的专业技能，以求尽善尽美。实际上，在正常情况下，这种持续改善会贯穿雇员的全部职业生涯。

持续培训的第一项收益是，工作和流程的改善被纳入制度体系。典型的日本培训项目会配备一名培训师，而培训的真正主角是学员。他们会反复思考："我们需要学习什么才能更好地开展工作？"换言之，大多数学员都已经非常了解工作内容，并且确实已经浸润多年。结果，有关工作的新事物，包括新工具、新流程、新组织等纷纷涌现，带来一周又一周、一月又一月的"自我改善"。想要改进流程以引进新产品或新机器的日本雇主，也会在培训项目中或通过培训项目来达成目标。通常这没有任何阻力，雇员会欣然接受。事实上，在日本合资企业任职的美国管理人员往往报告说，新流程的"缺陷"通常在引入车间投产以前已经预先解决，或起码已经得到确认。

持续培训的第二项收益是工作效率的提高。在西方国家中，对学员的培训会在其绩效达标时终止。此刻我们就会说，该学员已经掌握了工作技能，只有当其岗位调动或工作本身发生变化时，才需要参加新的培训。我们熟知的"学习曲线"达到"标准"后，会停留在平台期。但日本人对此不以为然，其观点更加现实，也更符合我们对学习的了解。当然，日本人也有一个标准以及通向该标准的学习曲线。一般来说，日本人的标准要远远低于西方人相应的标准，以西方的标准衡量，过去一直令多数日本行业满意的工作效率标准其实非常低。但日本人坚持不懈地培训，其学习曲线迟早会突破西方人认为永久不变的平台期。这不是由于日本人工作更加努力，而是由于他们学会了"更聪明地工作"，所以学习曲线能够持续攀升。在西方国家中，如果老年雇员的工作效率不下降，就足以让我们谢天谢地了。在日本的一些行业中，这也是一个现实问题。例如，装配精密电子产品的年轻女工，其手指的灵巧度和视觉敏锐度在 20 岁左右达到巅峰，超过 23 岁或 25 岁就会迅速下降。这是日本的电子行业工厂鼓励女孩们找对象，并让她们在 21 岁或 22 岁辞职的原因之一。但整体来看，日本人认为老年雇员的工作效率更高，而且他们也有能够证实该观点的数据。在基于资历的薪酬制度下，如果一家工厂的雇员大多数是年轻的新人，那么每日元的产出可能要高得多。但实际上那些拥有较年长雇员的工厂，每小时的人均产出几乎总是更多，这几乎与西方人认为理所当然的观点完全相反。

实际上，日本人是把本国的传统习惯应用到了工商领域。1867 年前统治日本 300 多年的武士阶层，拥有两项卓越的技能：剑术和书法。二者都需要"终身训练"，个人学会了某项技能之后，必须持续训练，否则很快就会生疏甚至荒废。同样，日本的绘画流派，如 1867 年前主导日本正统画坛达 300 多年的狩野派⊖，也一再强调即使最伟大的画家，每天也需要花费数小时临摹画作，即要坚持不懈地训练。否则，绘画技艺以及最重要的创造性，很快就会衰退。最伟大的柔道大师，每天也要进行最基本的训练，当然，这

⊖ 狩野派，日本著名画派，以亲子、兄弟等血缘关系为主轴，占据画坛中心位置数百年，始祖为室町幕府御用画家狩野正信（1434—1530），子孙曾为织田信长、丰臣秀吉、德川家族服务，创作出大量佳作。——译者注

如同西方最伟大的钢琴家每天从事音阶练习一样。有一次，一位日本顶尖的工业工程师对我说：

> 我发现很难向西方朋友们解释的一个区别是，虽然我们与底特律或匹兹堡工业工程师的所作所为完全一样，但双方行为背后的意义截然不同。美国工业工程师安排工作和雇员，我们则仅仅安排工作。对于雇员，我们是导师而不是专家。我们试图教授一个人如何提高工作效率，改善工作流程。但我们只是打地基，雇员自己负责建造大厦。日本工业工程师也从事科学管理、时间和动作分析、物料流设计等，且与你们在美国的做法没什么两样。但在美国你们认为这是工作的结束，在日本我们则相信工作刚刚开始。当日本工程师完成上述工作之后，雇员的工作就开始了。

日本人的持续培训制度还有助于防止困扰西方人的过度专业化和狭隘部门化。日本产业界没有排外的行业工会或工艺技能。最典型的例外是日本国铁，该公司从英国和德国引进专业化工艺及钢轨、机车，其工艺和管辖线路甚至要比美国或英国铁路公司更加碎片化。在日本工业化的早期，熟练工匠断然拒绝到新兴工厂工作，导致这些工厂不得不雇用刚从农村出来的年轻人。这些人没有技术，必须学习从事工作所需的必要知识。尽管如此，这也并非全部事实。如日本官方宣传所言，"在工厂里，人们可以随意更换工作岗位。"在焊接车间工作的人很可能会待在焊接车间，旁边过道里负责喷漆的人也可能待在焊接车间。办公室工作人员的流动性更大，尤其是管理人员和专业技术人员。日本企业会毫不迟疑地把一位年轻经理从生产控制部门调到市场研究部门或会计部门。然而，为了保护自身的"特权"，办公室下设的各个部门往往坚持严格的专业化，并且观点非常狭隘。纵然如此，严重困扰西方企业的门户之见，在日本企业中却杳无踪影。前面提到的那位工业工程师，非常认真地坚持工业工程师与其他工程人员、工业工程师与人事管理人员之间的界限。从工程学院毕业直到 55 岁时被任命为集团下属公司的总裁，他本人从未做过任何其他岗位的工作。但他了解每种其他岗位的工作，理解其问题所在，知道这些工作能为他的工业工程部门做什么，反之，也知道工业工程部门能为这些工作提供什么帮助。在自己的工作中，他是一名最纯粹的专家，但他在知识、视野、为整个组织的绩效和成果负责的方式上，是一名真正的"通才"。

正如他笑着坦然承认的那样，这非常不符合自己早年的愿望。他认为原因就在于自己一直在接受其他所有同级岗位的持续培训。当他还是一名初级工业工程师时，参加了所有初级工程师的培训项目，包括工程、会计、销售等方面。随着职位的晋升，他不断接受其他同级岗位的培训，直到进入高层。然后，他自愿加入了一个高管团队，通常每周两晚与一位外部领导人座谈，相当于接受其他同级高管工作的培训。

在西方，当今我们强调的是"继续教育"。日本人对这一概念仍然非常陌生。通常，日本大学毕业生不会再踏入校园，既不会去上课，也不会"回炉再造"。日本的正规教育仍然被视为生活的准备，而非生活本身。确实，日本的雇主，甚至包括政府在内的大型雇主，都不希望年轻人去读研究生。他们都因"年龄太大"而不能从头开始读，并且日本也没地方让年轻人系统学习。日本年轻人期望成为从事专业技术工作的专家，而不限于接受雇主提供的培训。无疑，日本许多深思熟虑的管理人员认为，日本企业乃至日本政府的一个主要不足是，不够重视训练有素的专家。毫无疑问，未来几年继续教育将会在日本变得比现在重要得多，同时，专家的地位也必将水涨船高。但同时，日本的持续培训制度也有值得我们借鉴之处。西方人对抵制变革和工作效率的反应，很大程度上就像马克·吐温关于天气的名言所讲，人人都在抱怨，却没人行动。日本人至少行动起来了，并且取得了显著的成功。

实际上，西方人对持续培训并不完全陌生。一个世纪以前，在德意志新成立的蔡司公司⊖开创了持续培训制度，并且适用于工厂中的所有雇员。即使大多数雇员的手艺受过多年训练，无疑是当时顶尖的吹玻璃工人和配镜师，也必须接受培训。第一次世界大战前，甚至直到第二次世界大战前，德国光学工业的世界领先地位很大程度上就是立足于持续培训制度。在该制度体系中，高超的手艺是培训的开始，而非结束。在当今的美国或英国，虽然工艺受到最严格、精确的工会合同管控，但仍可能建立类似的持续培训制度，要求雇员具备在大规模生产行业的整个工厂，或起码是整个部门的工作资历。

持续培训制度能够（且应该）通过与非工会雇员、文职人员、监督人员、专业人员和管理人员的合作来建立。但在这方面，工会的约束是无可厚非的，当今的管理层往往鼠目寸光，沉溺于那些过度部门化和专业化的工作。当然也有大量持续培训的机会，许多企业不仅在内部设立多种培训项目，而且采取报销学费等方式鼓励年轻技术人员、专业人员和管理人员继续学习深造。

但许多情况下，持续培训项目的重点在于使人变得更加专业化，而不是学习其他知识技能，履行更多职能。在我所知道的大部分培训项目中（我了解许多这类项目），重点完全聚焦于年轻雇员正在从事的工作和职能，最多被告知"当然，其他领域也很重要"。随后，他被要求学习更多本职工作的知识，无论是市场研究、税务会计还是工业工程，都一样。结果，年轻雇员很快就会把其他领域视为累赘。并且，当我们必须引入真正的新事物时（计算机是一个可怕的例子），企业往往招聘大批新的专业人员，结果可想而知，由于其他雇员不了解他们的所作所为，所以其工作难以奏效，由于被

⊖ 蔡司公司（Zeiss），德国企业，1846 年，由卡尔·蔡司（Carl Zeiss，1816—1888）等人创办，主营光学设备、工业测量仪器和医疗设备等，是世界上现存最古老的光学产品制造商之一。——译者注

其他雇员视作威胁，所以招致嫉妒。无疑，这种管理层强加的狭隘部门化和专业化，已成为我们引入计算机设备和计算机专家时遭遇障碍的主要原因之一。

当涉及外部教育时，如在当地大学学习夜间课程（实际上我的所有学生都这样讲），年轻雇员的上司往往会要求他在自己的专业领域深造，而不是其他方面。可以确定，企业关于报销学费的政策并不限定专业，但通常情况下必须首先经过上司的批准才行。

这类做法应该反其道而行之。也就是说，不论是在企业内部的培训项目中，还是在外部的继续教育中，一旦年轻雇员具备了某专业的基础，就应该系统接触该行业所有其他主要领域。只有这样，我们才有希望防止未来的专业人员和管理人员被过度部门化，被"管辖权划分"割裂，视野被局限在过去。而我们通常对雇员的要求恰恰与此相反。

三、照顾和培养年轻人

三井集团的历史可以追溯到 1637 年⊖，比英格兰银行⊜的建立还要早半个世纪，不仅是世界上最古老的企业，在盟军日本占领当局将其拆分为若干独立公司前也是世界上规模最大的集团。现在，这些企业再次开展密切合作，日益形成紧密的联盟，很可能仍旧是世界上最大的集团。在三井集团长达 300 年的经营史上，从没有一位首席执行官（日语术语是"chief banto"，字面意思是"首席职员"）不是杰出的强势领导人。据我所知，这方面没有

⊖　三井集团，始于三井高利（1622—1694）于 1673 年创办的"越后屋吴服店"，第二次世界大战前是日本最大的财阀，第二次世界大战后被迫解体，丰田汽车和东芝都属于该集团，内部各企业之间的关系比较松散。原文疑似有误。——译者注

⊜　英格兰银行（Bank of England），英国中央银行，1694 年以私营方式成立，1946 年被收归国有，1997 年成为独立的公共机构，政府全资所有但拥有独立的货币政策。——译者注

任何其他组织能出其右，天主教会、政府机构、陆军、海军、企业、大学等都略逊一筹。

如果有人问，三井集团在经理选拔开发方面取得如此惊人成就的原因是什么？得到的答案往往如下所述：

从最早期开始，首席执行官（其本人绝不能是三井家族成员，而是一名"雇员"）的任务就是经理人员的选拔、配置和开发。他大部分的时间都用在年轻的基层经理或专业人员身上，了解他们的想法，倾听他们的声音。结果，当他们 30 岁左右的时候，首席执行官就能够确定未来谁有可能晋升到高层，进而需要什么样的经验和发展，应该尝试什么工作，接受哪些考验。

乍一看，与其他国家相比，日本的制度环境似乎最不可能培养出强势领导人。相反，由于年轻人接受的是"不要捣乱"的训练，所以日本制度更像是培养谨小慎微的庸才的理想场所。大致而言，日本企业从外部招聘高管的情形非常罕见，所以大学校园招聘几乎是年轻人进入企业管理层的唯一途径。这些年轻人都知道，自己不论表现得多么糟糕，直到退休都会拥有一份工作。直到 45 岁，也就是职业生涯的第一个 25 年结束时，资历都是晋升和薪酬的唯一依据。似乎没有绩效考核，如果雇员既不能因绩效卓越而得到嘉奖，也不能因绩效不佳而受到惩罚，那么即使有绩效考核也没有什么实际意义。上级不能选择下属，人事部门的决策，通常不需要事先咨询被分派新雇员的部门经理。而且，对于年轻管理人员或专业人员来说，要求调任是不可想象的，辞职去其他企业更是天方夜谭。⊖实际上，日本企业或政府机构中，每位年轻的管理人员或专业人员都希望与同事互相帮助，让彼此的业绩看起来都不错，而不是因才能优异或进取心强烈脱颖而出。

⊖　这种情况正在发生改变，尤其是对于受过高等教育的技术人员来说更是如此，只不过变化的速度非常缓慢。除非得到前任雇主的明确许可，否则年轻人仍然几乎不可能跳槽到其他企业。

　　这种状况会持续 20～25 年，期间所有重点都似乎集中在服从，完成领导交代的事务，以及表现出适当的尊重和顺从。

　　一到 45 岁，"降罚的日子"㊀就来临了，绵羊和山羊终究要被区别对待。很少一部分人被挑中成为企业董事，也就是进入高管层继续在企业工作，直到远远超过西方人所谓的退休年龄，甚至 80 多岁依然很活跃的高管也很常见。其余雇员，也就是部门主管以下的管理人员，可以工作到 55 岁，往往只能再晋升一次，然后就该退休了。与普通雇员的情况不同，他们的退休是强制性的。㊁

　　这就是日本制度的真实运作方式。我是一名局外人，虽然相信日本朋友向我讲述的情况的真实性，但难以想象企业在雇员 45 岁时做出上述至关重要决策的依据是什么。然而，这培养了日本企业中独立且积极进取的高管，他们推动日本产品出口到世界各国，并在 20 年时间内把日本变成世界第三经济强国。反观第二次世界大战前，日本经济在全世界甚至排不进前10 名。

　　正是由于日本经理享有终身雇佣制，并且通常情况下既不会被炒鱿鱼也不会被调职，同时个人职业生涯前 25 年的晋升仅仅依靠资历，所以日本企业将照顾和培养年轻人列为高管的首要责任。该做法至少可以追溯到 400 年前，当时的军事独裁者丰臣秀吉㊂在官方不允许家臣（武士）的职位获得晋

㊀　降罚的日子（Day of Reckoning），是指基督教中最后的审判，每个人死后都要对自己一生的所作所为负责，参见《圣经·以赛亚书》（新国际版）第 10 章第 3 节。——译者注

㊁　还有第三类人，他们虽然数量很少，但非常重要且非常显眼。一些中上管理层的成员，也就是部门主管，当他们 55 岁时，会被调到子公司或附属公司担任领导，在那里他们可以不受年龄限制继续工作下去。这是专门为那些在本职工作中表现突出的老资格人员准备的，他们由于过于专业化而无法晋升为企业总部的高管。顺便说一下，这是日本大型企业设立大量表面上独立的子公司和附属机构的部分原因。

㊂　丰臣秀吉（1536—1598），日本战国时代（1467—1615）末期至安土桃山时代（1568—1603）的大名，形式上统一了日本，与织田信长（1534—1582）、德川家康（1542—1616）并称"战国三杰"。——译者注

升的情况下，按照严格的世袭等级制度把他们组织起来。因此，大名必须寻觅能够管理家族事务的人才，而这种人必须在很小的时候就得到相应的锻炼，且不能得罪地位较高但没有天赋的家族成员。

当然，今天三井集团的首席执行官不可能像几代人之前的前任一样，亲自了解年轻的管理人员。即使规模远远不如三井集团的企业，仍旧太过庞大，年轻管理人员和专业人员的数量太多，以致首席执行官无法亲力亲为。然而，最高管理层无疑非常重视年轻人。多数企业都存在一个由中上层管理人员组成的非正式网络专门负责培养年轻人，网络成员在年轻人进入公司后的前 10 年内，始终扮演"教父"的角色。

日本人认为"教父"制度是理所当然的。事实上，几乎没有日本人意识到该制度有什么独特之处。据我所知，该制度没有名称，"教父"术语是我对该制度的称呼，而非日本人自己对它的称呼。每位年轻管理人员都知道自己的教父是谁，他的领导以及更高层领导也心知肚明。教父从来都不是年轻人的直接领导，一般来说，也不是与年轻人存在直接权威关系或其所在部门的任何人。教父很少是高管成员，也很少会晋升为高管。更确切地说，教父来自中高层管理人员群体，当年龄达到 55 岁时会调任子公司或附属公司的领导。换言之，教父在 45 岁时就已注定不能成为所在企业的高管，他们自己也知道这一点。因此，教父不可能组建自己的派系，也不会参与争权夺利。同时，教父往往是中高层管理群体中广受尊敬的成员，是全体组织成员熟知、信任和尊敬的人。

年轻人怎样挑选教父？采取正式安排还是非正式默认的方式？似乎没人清楚。通常提到的一个条件是两人毕业于同一所大学：在日本，"校友纽带"甚至要比在英国更加牢固。我的一位日本朋友时常半开玩笑地说："哈佛商学院日本校友会是在日本国外唯一地道的日本式机构。"企业内部人人都知道某位年轻人的教父是谁，也都尊重这种关系。尽管某时期或许会有上百位年轻人把某人认作教父，但无论如何，在年轻人职业生涯的前10年左右，人们期望教父与他保持密切联系，了解他的想法，定期关注他，给他提供有用的建议和咨询，并一般性地照顾他。此人还发挥了一些其他国家的"教父"没有的功能，例如，给年轻人介绍更好的银座酒吧和更合适的风俗店。酒场规矩是日本年轻管理人员的必修课之一。如果年轻人由于直接领导不称职想要调换岗位，教父知道该何去何从，怎么做一些正式场合不能做且"永远做不到"的事情。然而，这些都是两人之间的秘密。此外，如果年轻人调皮捣蛋，需要给个教训，那么教父会私下训斥他。当年轻人的年龄达到30岁时，教父已经对他一清二楚了。

与企业高管坐在一起谈论某位年轻人的，往往就是教父。同样，这也完全是"非正式的"。越过彼此的清酒杯，教父可能会不紧不慢地说："中村这个小伙子不错，已经准备好接受更具挑战性的任务了。"或者说："中村是一名优秀的化学家，但我认为他永远都学不会如何管理他人。"也可能会说："中村诚实可靠，但天赋一般，除例行任务之外，最好不要从事其他工作。"当人事专员需要做人事决策时，例如给谁安排什么任务、把谁调到另一个部门等，在拍板前往往会私下征求教父的意见。

我的个人经历似乎有助于说明该制度的运作方式。若干年前的一次偶然机会，我成为一名临时教父。

20年来，我在纽约大学研究生商学院教过许多学生，最优秀的学生中有一位日本年轻人。他的名字叫忆良，出身于外交官家庭，从牛津大学本科毕业后，以优异的成绩通过了日本外交机构的考试。后来他决定经商，进入一家日本大型跨国企业工作，同时到纽约大学研究生商学院学习。几年前我去日本的时候，他来看望我。我问："忆良，近来一切都好吗？"他说："一切都好，只是我可能需要您的帮助，所以就跑来叨扰您了。由于我没有在日本接受高等教育，所以现在公司里没有人对我负责。我们公司所有的管理人员都是在日本接受高等教育的。结果，中高层管理人员中没有人能替我告诉人事专员，我已经做好从事海外分公司管理工作的准备。据我了解，当人事部门找人填补南美洲国家的最后两个空缺岗位时，曾经考虑过任命我，但是没有人知道我是否愿意去那里任职，是否做好了相关准备，总而言之，没有人知道我未来的规划是什么。我知道，这一两天您要跟我们的行政副总一起吃午餐，作为我的老师，您可以替我说话。"我说："忆良，如果外人插手，贵公司的行政副总不会生气吗？"他说："我可以向您保证，他不仅不会生气，相反还会很高兴。"忆良是对的，因为当我向行政副总提起忆良的名字时，他立刻微笑着说："太好了，我本来想请您帮我一个忙，与忆良谈谈他的规划。我认为他已经准备好接受一个重要的国外管理岗位，但我们没人跟他是校友，所以没法跟他谈。"3 个月后，忆良果然被派去南美洲一个重要国家担任分公司领导职务。

在西方国家中，人际关系远没有日本人那么正式，教父作为年轻人的信息来源可能并不重要。但就像日本人一样（甚至要更多），西方企业也需要有类似的中高层管理人员与入职不到 10 年的年轻人密切联系，悉心倾听他们的心声，尽力指导他们的工作。或许，当今大型组织中年轻人最怨声载道的，就是没人倾听他们的声音，没人关心他们是谁、在干什么，没人担任他们的教父。在流行的管理书籍中，有人提出一线主管可以扮演该角色，这简直是一派胡言。一线主管必须做好本职工作。主张"主管的首要工作是人际关系"的所有观点都是胡扯。对主管而言，最重要的是必须牢牢抓住优秀人才，不放任他们离去。

他不会说："你已经学到了该岗位所需的全部知识。"

他也不会说："你做得不错，但真的不适合这里。"

他不会问年轻人："你想去哪里工作？你想做什么类型的工作？我怎样才能帮你如愿以偿？"

实际上，主管往往会把年轻、能干的管理人员和专业人员任何想要改变现状或调职的暗示，视作对自己的直接批评或攻击，结果导致美国（也包括西欧国家）工商业中的年轻人不得不"用脚投票"——辞职重新找工作。缺乏人际交流、指导、顾问和倾听，是受过高等教育的年轻人严重流失的主要原因。每次与他们交谈时，我都会听他们说：

"公司不错，但没人跟我交流。"

"公司很好，但我来错地方了，难以解脱。"

"我需要有人告诉我，我做的哪些事情是对的，哪些是错的，我属于哪里，但现在整个公司里没人能给我这样的帮助。"

年轻人需要的不是心理专家，而是以工作和岗位为中心的人际关系，这种关系同时也适合个人，关心个人。正是由于日本制度严格的非人格化形式，所以很久以前就发展出了这种人际关系模式。因为日本人不能正式承认该模式的存在，所以他们以另外的方式建立起该制度。显然，其优点在于教父不是一项专门的工作，不是人事工作的一部分，不能被委托给"专家"，相反，只有经验丰富、备受尊敬、事业成功的管理人员才能胜任。

不仅仅是美国或西欧国家的年轻人需要人际关系、工作顾问、"指点迷津之人"，当今的中高层经理也需要与年轻人进行更多的沟通。第二次世界大战后"婴儿潮"和"教育爆炸"的共同影响刚刚开始显现，受过高等教育的年轻人大规模入职的潮流正日益对管理层造成冲击。今天受过高等教育的多数年轻人出生于人口出生率相对较低的时期，从现在开始算起，10年内从事技术、专业和管理工作的年轻人（也就是受过高等教育的年轻人）数量将会大大增加。人口出生率真正高涨的第一个年份是1950年，该年出生的人会在20世纪70年代初从大学毕业。虽然我们对年轻人的了解非常粗浅，但确实知道他们在期望、经验、对世界的认识、需求等方面与众不同。

许多企业，尤其是近几年一直与我合作的几家大型企业，都试图让中高层经理在办公时间外，不考虑权威或职能关系，定期与年轻人交流沟通。交流时，资深人士不会耳提面命，也不会"发表讲话"，而是问："关于你的工作、你的计划、你自己、咱们企业、咱们面临的机遇以及存在的问题，你有什么需要告诉我的吗?"

这类讨论会并不总是很容易召开。虽然年轻人一开始非常怀疑自己会受到关照，但过段时间后他们就会期望举行这类会议，甚至会主动要求召开这类会议。然而，真正从中受益的是中高层经理。或许日本人的教父制度对于西方人而言具有太强的家长制色彩，对日本年轻人而言可能同样如此。但是，在这个充满"代沟"的时代，雇员的主体正从体力劳动者转变为受过高等教育的知识工作者，中高层经理应该特别关注年轻的管理人员和专业人员，西方人有必要认真学习这种方式。

日本高管读了本章可能会抱怨说，我的描述过于简单化，甚至省略了日本式管理的大部分鲜明特征。迄今为止，任何在西方国家学习的日本人都会指责本章缺乏批判精神。但本章的目的并不是对日本式管理进行学术分析，更不试图阐述日本式管理的成就。我当然知道，日本也有大量年轻人频频受挫，经济成就导致了经济与社会之间的严重张力，其强烈程度足以使我高度怀疑当今所有关于"21 世纪将是日本的世纪"的预言。确实，如果我是一名日本人，该预言会吓得我魂不附体。

人们能否从他人的失败中汲取教训，这是值得怀疑的，但一定可以从他人的成功中学到经验。本章讨论的日本管理经验，当然不是日本经济成就的"全部原因"，但显然是一个重要因素。照搬这些做法显然不能解决西方国家面临的问题。但我认为，日本管理经验包含了西方国家面临的部分最紧迫问题的答案，对满足我们最急迫的需求有所帮助，且指明了采取明智行动的方向。毫无疑问，跟在日本人的后面亦步亦趋是愚蠢的，西方人学习日本的成功经验时需要尽力结合本国的实际情况。

第 12 章 | CHAPTER 12

凯恩斯的魔法经济学[⊖]

　　约翰·梅纳德·凯恩斯的影响力和声望不是源于作为一名伟大经济学家的身份。他的重要性也并非主要依赖于其创立的经济理论。毫无疑问，凯恩斯是一名非常伟大的经济学家，甚至很可能是最后一位"纯粹的"古典经济学家，同时也是亚当·斯密思想的合法继承人和整理人。但最重要的是，凯恩斯是两次世界大战期间代表性的政治思想家，完美地阐述了他们的意图：企图通过假装世界依旧如故来掌握已经到来的新世界。凯恩斯著作的主要前提是，在工业社会和信用经济条件下，19 世纪自由放任经济学的基本假设已经不再成立。但其著作旨在恢复和保存 19 世纪自由放任政治的基本信仰和基本制度，最重要的是保存自治和自发的市场。在一个理性的制度体系中，二者不能兼得；凯恩斯倡导的政策魔法般地（类似于法术、魔咒和咒语）将公认的非理性行为转变为理性行为。

　　凯恩斯对新的社会和经济现实的理论分析是经久不衰的杰作。然而，他

　　⊖　首次发表于 1946 年凯恩斯去世后的《弗吉尼亚评论季刊》（*Virginia Quarterly Review*）。

分析得出的结论是错误的，给他带来声誉和影响力的经济政策也归于失败。1946 年去世时，他显然正处于成功和权力的巅峰，是英国政府的首席财政顾问、王国的贵族，⊖以及几乎无可争议的学界领袖（尤其是在美国）。但实际上，门徒们在使用凯恩斯的术语、方法和工具的同时，却迅速抛弃了他的经济政策和目标。

一

凯恩斯的核心思想非常简单。如果他本人愿意的话，本可以用一篇异常清晰的散文表达清楚，最终却使用了最技术性、充斥大量专业术语的语言来阐述。

古典经济学家认为，货币和时间都不是经济过程的要素。货币是"一般商品"，象征所有其他的商品，但其本身并不具有实质性影响或效果。货币为经济活动提供方便，其存在具有必要性，但只不过是用以记录"真实"商品和"真实"劳动力经济状况的核算单位；价格则是一种商品与其他商品交换的比率。在古典经济学理论中，货币非常类似于经典物理学中的以太⊖：无处不在，是其他物质的载体，但自身没有任何属性，也没有实质性影响。关于时间概念，古典经济学家也与同时代的物理学家非常接近：虽然一切事物都不可能脱离时间存在，但时间本身并非事物本身的要素。上述相似绝非巧合，古典经济学的基本假设和结构呈现机械、静态特征，恰恰是古典经济学家刻意模仿牛顿物理学模型的结果。

凯恩斯理论立足于工业时代的公理和要求，即经济生产过程不仅遵循时

⊖　1942 年 7 月，凯恩斯被授予"世袭贵族"称号，正式全称为："蒂尔顿的凯恩斯男爵，苏塞克斯郡"（Baron Keynes, of Tilton, in the County of Sussex）。——译者注

⊖　以太（ether），古希腊哲学家亚里士多德设想的一种元素，19 世纪的物理学家广泛认为以太是传播电磁波的介质，无所不在，没有质量，绝对静止，1881～1884 年，迈克耳孙（Albert A. Michelson, 1852—1931）和莫雷（Edward Morley, 1838—1923）用实验证明以太不存在。——译者注

间先后顺序，而且很大程度上由时间决定，时间要素在经济领域的表现即为货币。对古典经济学家而言，货币是现有物品的影子。实际上，货币，尤其是作为信用经济货币的银行存款，是基于对将要生产的商品和被执行的工作的预期而被创造和形成的。这意味着货币并非根据经济理性由物理实体决定，而是由基于对未来的信心之心理和社会因素决定的。因此，时间以过去投资（当前业务的基础）的货币性非流动负债的形式进入每一笔经济交易。这些以往的货币性负债实际上是工业社会每个成员进行经济交易的最大要素；我们使用的一切事物的成本，无论是房子、面包、雇用的人手，很大程度上都是由以往的货币性负债构成。货币不再是经济交易的无效且可有可无的形式，而是影响、塑造和指导着经济生活；货币领域的变化会带来"实体"经济的变化。当今时代，人们同时生活在两种彼此紧密交织在一起而又截然不同的经济体系中：一种是传统的"实体"经济，存在于当下，由商品、服务和劳动力构成，并由物理实体决定；另一种是货币代表的"符号"经济，承受过去的债务之重，取决于人们对未来的信心等心理因素。

这些观点并非凯恩斯首创，而是之前整整一代经济学家的共同成果，尤其是他的两位同胞霍特里⊖、威瑟斯⊜，瑞典经济学家卡塞尔⊜、维克赛尔⊛，

⊖ 霍特里（Ralph G. Hawtrey，1879—1975），英国经济学家、凯恩斯的密友，主要贡献在数量化理论和商业周期领域，是最早倡导信用货币而非金属法定货币的英国经济学家之一，代表作《货币与信贷》（*Currency and Credit*）。——译者注

⊜ 威瑟斯（Hartley Withers，1867—1950），英国财经作家，生于利物浦，撰写了大量财经作品，代表作《货币的意义》（*The Meaning of Money*）。——译者注

⊜ 卡塞尔（Karl G. Cassel，1866—1945），瑞典经济学家、斯德哥尔摩学派创始人之一，凯恩斯在1923年出版的《货币改革论》（*A Tract on Monetary Reform*）中提到了他的购买力平价理论，代表作《利率的性质与必要性》（*The Nature and Necessity of Interest*）。——译者注

⊛ 维克赛尔（Johan G. K. Wicksell，1851—1926），瑞典经济学家、斯德哥尔摩学派创始人之一，其经济思想对凯恩斯及奥地利学派产生了重要影响，代表作《利率与价格》（*Interest and Prices*）。——译者注

德国经济学家纳普[⊖]。但是凯恩斯将他们彼此孤立的观察和思想整合为一个体系，发展出一套关于经济发展动力的理论；当我们谈到"凯恩斯主义经济学"时，通常就是指这套理论。古典经济学家的假设，使他们完全不可能理解，除地震、战争等自然原因外，经济萧条是如何发生的，而且他们也彻底无法解释经济萧条得以持续的原因，反而认为只要不去管它，经济体系会自动调整。凯恩斯以重新理解独立的货币领域为起点，最早对萧条、失业等关键经济现象予以充分的理论解释。

第一个答案是凯恩斯最著名的理论——过度储蓄理论。根据定义，任何储蓄都是生产性资源（商品、劳动力、设备）超出当前消费的盈余。对古典经济学家而言，这意味着除非被物理性毁坏，否则任何储蓄都必须被自动用于"投资"，即用于未来的生产。然而，只要我们将货币作为独立领域，并有自身的经济现实，那么这就不再成立。进而，储蓄有可能不被投资，而成为纯粹的货币储蓄，代表闲置和失业的生产性资源。凯恩斯认为，现代经济存在一种过度储蓄的固有趋势。

更重要的是凯恩斯对长期萧条时期失业的解释。在古典经济学体系中，长期萧条根本不可能发生；在经济失调达到萧条程度之前，经济体系会通过下调价格、降低成本等自动无误的机制调节经济运行。然而，早在 1929 年之前很久，长期萧条就已不再稀奇。除了最顽固的学者之外，人们无法继续否认其存在。因此，正统经济学不得不着手寻找阻碍经济体系"自动"矫正和调整的恶魔。价格垄断、工会、政府通过救济款项进行干预、补贴、关税以及其他所有社会用来保护自身免遭萧条破坏的举措，都成为邪恶势力；这些经济学家患了被害妄想症，企图在最温和的经济调控举措中寻找恶魔，

⊖　纳普（Georg F. Knapp，1842—1926），德国经济学家，开创货币国定论，认为货币的价值源于政府机构的发行，而非自发的交易关系，代表作《货币的国家理论》（*The State Theory of Money*）。——译者注

导致即使古典经济学理论仍然广为流行，但经济政策也无法再以其为基础。1870～1930 年，经济政策丧失了合适的理论基础。主流经济学理论无法证明实际采取的措施的正当性；因为任何政治上可行的经济政策都有可能在理论上受到谴责，所以理论没有为区分有益和有害的政策提供任何指导。由于社会的需要，每位相关部门的经济学家都不得不做一些自己的著作中反对的事情，由此造成犬儒主义和道德败坏的结合，最终造就了老派金融经济学家、希特勒政府的金融操纵者沙赫特博士[⊖]。

由于货币成为经济过程的要素，经济体系自动无误的调整就成为例外而非惯例。在信用经济中，物价和工资不能轻易进行调整，二者不能过分灵活。所有成本中很大（甚至是最大）的一部分是以往的货币性负债。由于货币代表的商品和服务是按照过去的价格和工资生产的，所以货币性负债不受货币现值变化的影响。可以进一步讲（尽管这可能超出了凯恩斯经济学的范围），因为货币具备社会意义，在很大程度上独立于其购买力，所以价格和工资也很难下调；货币购买的不仅仅是商品，还包含声望等社会心理要素。这一点对于低收入阶层来说尤其真实，不同的周薪意味着明显不同的社会地位。

由于上述原因，现代经济萧条时期的调整举措，不能采取低物价低工资的手段。物价和工资将趋于上涨。因此，唯一可能采取的调整举措就是降低就业率和资本设备的使用率。并且，与低物价低工资的调整举措不同，降低就业率不仅无助于走出萧条，还会导致经济不均衡永久化。

实际上，在现代经济条件下，物价尽管不会像理想状态那样均匀下降，但总体趋势是下降的，只有资本品领域是重要的例外。但工资水平不会下降。首先，同工业家相比，工薪阶层的收入和固定债务之间的差额通常要小

⊖ 沙赫特（Hjalmar Schacht，1877—1970），德国经济学家、银行家、中右翼政客，从未加入纳粹党，但在 1933～1939 年任纳粹德国国家银行行长，1934～1937 年任纳粹德国经济部长。——译者注

得多，因此经济因素会阻碍工资降低。其次，在现代社会中，组织有序的劳工产生的政治压力，要比最强大的垄断集团的经济势力更加强大。所以，经济失调不仅不会在"事件的正常进程"中得以矫正，反而会进一步恶化。新投资再次实现盈利的转折点将会越来越难以出现。从这一点出发，凯恩斯得出了一个最重要的，乍一看也是最自相矛盾的结论：经济萧条时期，为了获得正统经济学预期通过降低物价得到的政策成效，必须提高物价才行。

二

由于狭隘地强调货币现象，同时将其他所有因素排除在外，上述一般理论已经受到了中肯的批评。或许货币因素是导致经济萧条的关键原因，但也仅仅是一个原因，而不是像凯恩斯宣称的那样，无时无刻都是唯一原因。但是，除了需要强调的该重要问题之外，凯恩斯的理论几乎得到了举世认可。随之而来的，大量经济学家一开始也都接受了他提出的经济政策。然而，多数追随者已经发现凯恩斯倡导的经济政策并没有遵循其基本理论，二者甚至无法兼容。凯恩斯的经济政策实际上受政治目标支配，而非基于对经济状况的观察。凯恩斯试图将经济理论和经济政策融为一体，使政策成为理论的必然结论，这很好地解释了他晚期作品的啰唆、晦涩风格，越来越依赖于纯形式的论点，以及不加批判地使用数学技巧。

根据凯恩斯的经济理论，商业活动水平由资本品的投资额决定，而资本品投资额又由推动商人借贷用于扩张的信心决定。商业活动最终取决于心理分析，即经济上的非理性要素。根据凯恩斯的经济政策，创造信贷的信心本身完全是由信贷决定的。关于信心的原因，凯恩斯提供了两种答案。他断言，信心是利率的函数：利率越低，信心越高。他还宣称信心是消费支出的函数：消费越多，对资本品的投资就越高。在自己创立的理论中，凯恩斯似乎在这两个答案之间摇摆不定。然而在政策上，选择哪种解释并没有多大区别。二者得出了几乎完全相同的结论：可用的货币或信贷量决定了信心程度和投资率，进而决定了商业活动和就业的水平。因此，凯恩斯提出了经济繁荣和萧条时期的货币政策万灵药：经济繁荣时期，通过预算盈余"抽干"购买力来防止经济失调；经济萧条时期，通过预算赤字创造购买力以矫正经济失调。无论在哪种形势下，货币量都会自动无误地调节信心。

凯恩斯的观点以下列陈述作为起点，即人类的经济行为并非像古典经济学家假设的那样由客观经济力量决定，恰恰相反，客观经济力量即使不是由人类行为决定的，也是受后者指导的。他最后的观点是，人类行为和活动的经济决定论，如同任何李嘉图⊖或马尔萨斯⊜曾经宣扬的理论一样僵化死板。由此可以判断，凯恩斯的整个经济政策都摇摆不定。并且，该观点被罗斯福新政的经验彻底证伪。罗斯福新政（起码从 1935～1939 年）基于赤字支出，创造了消费者购买力，并且强行压低利率水平。两项举措都没有使得投资恢复或大幅降低失业率。随着信贷资金注入银行系统，企业迅速偿还旧债，而非为新投资借贷；政府支付给消费者的款项又流回了银行，几乎立刻变成"过度储蓄"。

忠实的凯恩斯主义者一直无法解释发生的事实。最受他们欢迎的观点是，罗斯福新政的政治反对势力，抵消了经济上创造的信心。但这种辩护根本得不到认可，更难以令人信服。不论企业或其他团体对政府政策的看法如何，通过创造信贷和购买力能够塑造信心的观点，或凯恩斯的经济政策显然

⊖　李嘉图（David Ricardo，1772—1823），英国议会下议院议员（1819～1823 年）、古典经济学家，反对重商主义，引入比较优势理论，提出劳动价值论，代表作《政治经济学及赋税原理》(*On the Principles of Political Economy and Taxation*)。——译者注

⊜　马尔萨斯（Malthus，1766—1834），英国人口学家、古典经济学家，认为如果没有限制，人口呈几何速率增长，而粮食供应呈算术速率增长，不断增长的人口早晚会导致粮食供不应求，代表作《人口学原理》(*An Essay on the Principle of Population*)。——译者注

是错误的。事实已经无可辩驳地表明，印钞机不能创造信心。

　　凯恩斯的多数早期追随者从这段经历中得到教训，虽然仍旧坚持凯恩斯的经济理论，但不再奉行他的经济政策。他们一如既往地用货币术语表达自己的观点，但不再谈论利率，甚至不再谈论预算盈余和预算赤字。消费者购买力和"信心"几乎从他们的词汇中消失了。美国最具影响力的凯恩斯主义经济学家团体的纲领（就像哈佛大学的阿尔文·汉森⊖在《充分就业法案》⊜初稿中写得那样）建议，在经济萧条和失业上升时期，政府应该通过公共工程和政府订单生产资本品，其全部数量应该足以实现充分就业。预算赤字是否存在以及利率的高低都无关紧要；对今天的新凯恩斯主义经济学⊜来说，重要的不是货币政策而是资本品生产。这种转变否定了凯恩斯的经济理念及其全部政治目标。

　　实际上，这种转变的程度甚至能够赶上凯恩斯本人了。具有讽刺意味的是，为凯恩斯赢得官方认可和荣誉的事件本身就暴露了他的理论与政策的缺陷。第二次世界大战期间，凯恩斯成为英国政府的财政顾问、英格兰银行董事，受封为贵族。他的祖国首次正式采纳其思想作为财政政策的基础；凯恩斯在小册子《如何筹措战费》⑲中列举的措施，几乎被英国政府全盘采纳。

　　⊖　阿尔文·汉森（Alvin Hansen，1887—1975），美国经济学家，20 世纪 30 年代将凯恩斯经济学引入美国，协助创立总统经济顾问委员会和社会保障体系，代表作《货币理论与财政政策》(Monetary Theory and Fiscal Policy)。——译者注

　　⊜　《充分就业法案》(Full Employment bill)，1945 年美国国会审议，1946 年 2 月 20 日杜鲁门总统签署成为正式法律，该法案体现了凯恩斯主义的基本思想，但遭到保守派和商界的强烈反对。——译者注

　　⊜　新凯恩斯主义经济学（Neo-Keynesian），第二次世界大战后，希克斯（John Hicks，1904—1989）、莫迪利安尼（Franco Modigliani，1918—2003）、萨缪尔森（Paul Samuelson，1915—2009）等经济学家在凯恩斯著作的基础上发展起来的宏观经济学流派，是 20 世纪 50～70 年代宏观经济学的主流。——译者注

　　⑲　《如何筹措战费》(How to Pay for the War)，凯恩斯 1940 年出版的著作，是凯恩斯主义思想和原理在实际经济问题中的运用。——译者注

但这场战争也表明，尤其是在英国，货币政策是从属性的，而且仅凭货币政策本身收效甚微。英国的战时生产，不是通过调控货币、信贷、购买力，而是通过对人力、原材料、工厂设备、产出的实际控制来实现的，即使采用不同的货币政策，这种调控同样有效；在纳粹德国，即使没有任何货币政策，战时生产照样能够有条不紊地推进。

三

一般认为，凯恩斯支持政府干预经济。这很可能是对凯恩斯经济学最终影响的正确评价，但若果真如此，凯恩斯经济学的实际后果恰恰与他本人的意图相悖，因为凯恩斯政策的一个热切目标是使免于政府干预的经济体系、完全取决于非人格客观因素的经济体系成为可能。"自由市场死了，自由市场万岁"堪称他所有著作的基调。

凯恩斯的基本观点是，认识到由于货币和信贷的心理力量超越了需求与供给、成本和价格的客观经济力量，自由市场无法像古典经济学家预期的那样自动调整。以此为基础，若干关于经济政策的结论在逻辑上是可能的。

凯恩斯本可以辩称，有意识的政治行为必须突破货币壁垒才能实现市场力量本应自动实现的预期目标，这将是政府通过公共工程和政府订单直接干预生产的经济政策，而非创造信贷的政策；这也恰恰是多数新凯恩斯主义者倡导的政策。该政策将恢复"实体"经济的至高地位，但会牺牲政治领域的独立地位。

凯恩斯也可能是从他的政策前提下实现逻辑发展的，政府的行动仅仅是为了诱导私营企业建立资本品生产的储藏库，以备萧条时期的不时之需。例如，通过一种税收奖励制度，在经济繁荣时期积累储备，如果这些储备在经济萧条时期不用于就业——创造新投资，就会辅以严厉的税收处罚。他甚至可能得出下列结论：恰当的政策是心理上的而非经济上的，即通过宣传以创造信心。对凯恩斯产生重要影响的德国经济学家纳普，实际上就持有该观点。

从逻辑上和理论上讲，似乎不可能从凯恩斯的前提得出的结论，就是他实际上得出的结论。然而，正是这个唯一的结论给凯恩斯带来了渴望的政治后果：维持自由放任的政治体制，在这种制度中，只有客观的经济力量能决定经济，并且人的经济行为完全受个人而非政府控制。

如果说 19 世纪自由主义指导下的自由放任政府是守夜人，负责保护喜好和平、守法的公民免受盗贼和暴乱分子的侵害，那么凯恩斯主义的政府就是一个恒温器，保护公民个人免受气温急剧变化的影响。确实，这样的政府犹如一个全自动的恒温器。经济活动衰退就会启动信贷机制，上升则会关闭信贷机制，经济繁荣时期该机制则会反向发挥作用。相比于 19 世纪的政府，凯恩斯主义的政府活动确实更加积极主动，但这些活动及其时机完全由经济统计数据决定，不受政治因素控制。这些行动的唯一目的是恢复个人在经济领域的自由，即除了经济因素和经济方面的考虑，其他方面一切都是自由的——"经济"是指古典经济学的"实体"经济。

正统经济学理论中的经济体系，宛若"神圣的钟表匠"⊖建造的机械一般，没有摩擦，永恒运动，并且永远保持均衡。凯恩斯理论中的经济体系虽宛若一座钟表，非常精致巧妙，但由人类钟表匠建造，因此存在摩擦。人类钟表匠唯一需要做的就是上弦、涂油，并且在必要时调节进度。他不是要操纵钟表，而只是帮它自己跑，服从的是机械法则而非政治规则。

凯恩斯的基本目标是运用非正统手段恢复正统的自发市场体系，其基本

⊖ "神圣的钟表匠"（divine watchmaker），一种目的论陈述，以类比形式暗示存在一位设计者，该类比在自然神学和目的论证中发挥了重要作用，在基督教和自然神学中用以支持上帝的存在与宇宙的理智设计。——译者注

信念在于这些手段是客观的、非政治性的，能够根据客观标准的统计数据确定，这在他的最后一项主要工作中表现得最明显：1943 年提出的关于国际货币和信贷体系的"凯恩斯计划"⊖。该计划将凯恩斯的经济政策从国内扩展到国际范围，提议通过创造国际信贷来调整价格和购买力以克服国际经济萧条与经济失调。掌握该国际货币和信贷的机构不是世界政府，而是一个由国际经济统计学家组成的机构，根据物价或人口指数调控，且几乎完全没有自由裁量权。该国际体系的目标及其主要理由是恢复国际贸易和货币流动的充分自由与均衡。

批评者正确地指出，凯恩斯过于天真了，某种程度上令人惊讶的是，作为一名经验丰富且成绩斐然的政治实践者，他竟然真的相信该体系能够不受政治操纵。获得客观的统计数字是有可能的，但要想赋予其意义，则必须由人来解释，并且解释和解释者的政治信念与愿望将大相径庭。例如，1945 年人们普遍接受的预测是，到 1946 年春天美国将有 1000 万人失业，该预测是由主张实行计划经济的政府专家根据食物状况做出的。同样地，即使是非人格化的、客观的控制，仍旧是控制；政府控制国民的收入，即人民的生计，也必然会控制人们的灵魂，这是一条古老的政治公理。在凯恩斯的政治体系中，政府有权干预个人的经济活动，但会尽量避免运用该权力，因此这与他理想中的 19 世纪无权干预的自由主义政府截然不同。

然而，对凯恩斯的决定性批评不是其观点存在缺陷，而是其观点是非理性的。简单地讲，本章已经证明，控制经济活动的要素在经济上是非理性的，即心理因素，因此，它们自身也必须能够通过经济机制加以控制。但此处的"因此"并非理性词汇，甚至也不是关于信念的词汇，而是一种"魔法"

⊖　凯恩斯计划（Keynes Plan），1944 年，在关于第二次世界大战后国际货币安排的谈判中，约翰·凯恩斯提出的一套制度建议，但该计划最终被否决，国际货币基金组织按照美国提出的方案成立。——译者注

词汇。这种信心（公认的非理性要素能够通过机械手段加以控制和指导）恰恰是每一个魔法系统的基础。尽管（或许是因为）凯恩斯主义者精心设计数学公式和统计分析表，但其"政策"无疑是一种魔咒。正因为如此，凯恩斯的经济政策在罗斯福新政中失败一次，意味着永远都不可能取得成功。因为魔咒本就如此，一旦被戳穿一次，就会完全失效。

但正是其非理性使得凯恩斯的政策对于长期停战的产生具有说服力。第一次世界大战结束后，西方世界的人突然醒悟，意识到 19 世纪的基本假设不再符合现实，但他们仍极力避免接受必要的新思想和新决策。怯懦的人往往把头埋到沙子里，得过且过。勇敢的人则接受新形势，但试图找到一套公式、机械装置、魔咒，以避免直接面对新形势，换言之，他们力图使新事物看起来如同旧事物。例如罗斯福新政时期的劳工政策始于认识到现代大工业的本质在于社会和政治关系，而非工资支票式纯粹的经济关系，但其结论是，经济议题上"同等议价能力"的机制能够获得成功。再如国际关系领域，第一次世界大战清楚地表明，世界和平不可能建立在平等的主权国家概念之上，这些国家的内外政策完全是它们自身的职责，而非其他各方的职责。结果孕育出严格按照力学公式组建的国际联盟○，代表拥有完全的主权且彼此彻底平等的主权国家。该机构既不是超级政府，也不是超级法庭，甚至连大国联盟也算不上，却期望以某种魔法超越主权国家。

我们可以察觉到一种愿望，即渴望建立一套力学公式般的机制，使新功能看起来同旧的一样，使旧假设中不合理的因素重新显得理性，从而使经济领域远离政治。例如，这也解释了弗洛伊德精神分析法作为一种万灵药的巨大吸引力。弗洛伊德洞悉了传统的机械心理学的谬误（顺便说一句，古典经

○　国际联盟（League of Nations），简称国联，1920 年 1 月成立，1946 年 4 月解散，主张通过集体安全及军备控制来预防战争，通过谈判及仲裁平息国际纷争，但未能制止轴心国的侵略行为。——译者注

济学理论恰恰立足于该心理学观点），认识到人不是若干机械性反应和反射的集合，而是有个性的人。但弗洛伊德断言这种个性由生物因素决定，通过压抑和升华等显而易见的机械力量运作，并且能够用机械性的分析技术加以控制，从而回避了哲学或宗教上的人性问题。

但是，政治领域对魔法体系的渴望最强烈。并且，凯恩斯的经济政策在政治领域的尝试是最有成就、最卓越、最高雅的，使不可能再次成为可能，非理性再次变得理性。

四

在经济思想领域，凯恩斯既是一个起点，也是一个终点。他指明了古典经济学不再适应现实，并且说明了原因，指出经济理论必须寻求新问题的答案：人作为人而非经济机器对经济的影响。但凯恩斯对该新问题的解决贡献甚微，甚至毫无建树，其本人则从未超越古典经济学的分析和方法。无疑，凯恩斯阻碍了经济学思想的发展。在凯恩斯主导经济学领域之前，奈特的《风险、不确定性和利润》[⊖]与熊彼特的《经济发展理论》等第一次世界大战前后出版的著作，已经为学术界理解经济生活中人的因素奠定了坚实的基础；在哈佛大学，埃尔顿·梅奥已经开始了有关工人与生产之间关系的开创性研究[⊜]。凯恩斯的影响力及其对经济学领域年轻人的强大吸引力，导致理论经济学再次聚焦于机械性的均衡和经济人理念，而这些理念由非人格的、

　⊖ 奈特（Frank H. Knight，1885—1972），美国经济学家、芝加哥经济学派创始人之一，诺贝尔经济学奖得主米尔顿·弗里德曼（Milton Friedman，1912—2006）、乔治·斯蒂格勒（George J. Stigler，1911—1991）的老师，代表作《风险、不确定性和利润》（*Risk, Uncertainty, and Profit*）。——译者注

　⊜ 埃尔顿·梅奥（Elton Mayo，1880—1949），美国心理学家，此处是指梅奥于1927~1932年主持的霍桑实验，开创了人际关系管理学派，代表作《工业文明的社会问题》（*The Social Problems of an Industrial Civilization*）。——译者注

纯粹的量化因素决定。

凯恩斯的主要遗产在经济政策领域塑造了当前的任务，甚至"充分就业"这个词也出自凯恩斯。但他对解决问题的唯一贡献（绝不是无关紧要的贡献）是告诉我们哪条路行不通；我们不能像他那样认为经济政策能免于政治的干扰。或许我们会决定，政府必须直接控制经济生产，大多数新凯恩斯主义者持这样的观点。该决策进而引出了如何在此类国家维持政治自由的问题。同样难以抉择的问题还包括：国家要生产什么物品？由谁拍板决策？迄今为止，任何国家都没能通过政府的直接干预消除失业问题，唯一例外的手段是扩军备战，即战时经济。

或者，我们可以决定，政府必须通过政治手段创造条件，其中自由企业经济本身就能够防止和克服经济萧条。在理论上，设计这样的政策并非不可能。我们需要一种财政政策，承认工业生产贯穿于整个商业周期，而非基于虚构的年度利润；需要一种在不景气年份中明确鼓励新创企业和资本投资的政策；需要一种劳工政策，在把工作效率和经营利润挂钩以恢复工资灵活性的同时，采用诸如年薪制等就业保障给予员工安全感。但所有这一切都引出了一个问题，即在以地区和局部利益为基础且受到其持续压力的政府中，这种要求所有群体的短期利益服从整体长期利益的政策，如何能够实现？

然而，凯恩斯本人不能帮助我们做出决定，也没有回答这些问题。

美国政治的经济基础[⊖]

一

为什么美国诞生了不止一位"著名经济学家"？从建国之初开始，美国出现的经济学家比其他任何国家都要多。美国经济学家引领了经济分析工具的发展潮流。经济学家分布在各个领域当中，如政府、企业、大学、工会等。无疑，其他任何国家都不会把经济学知识作为普通基础教育的一部分，然而美国多年来一直在努力与中学里的"经济文盲"做斗争。当然，没有哪个国家的公众对经济问题的兴趣比美国人更大，也没有哪个国家中经济议题的地位要比其在美国更加突出。

然而，美国明显缺乏伟大的经济学家，也就是那种能够改变人们对经济学的看法，给人们认识经济事件及其发展方向提供新方法的经济学家。

更确切地说，美国诞生的著名经济学家并不以经济学家的身份闻名于世。

⊖ 首次发表于 1968 年《公共利益》(*The Public Interest*)。

亚历山大·汉密尔顿和亨利·克莱[⊖]当然应该被视为非常著名的经济学家：汉密尔顿在经济学体系萌芽时期创造了一套经济发展的基本理论，该理论至今仍未有多大的变动；克莱的"美国体系"是所有福利经济学的起源和基础。然而他们的名字在经济思想史上很少被提及，反观德国人弗里德里希·李斯特[⊜]，虽然只是重复了克莱的观点，但在这类著作中占有一席之地。

当然，无论是汉密尔顿还是克莱，都不想被称为经济学家。汉密尔顿想成为获胜的美国军队将军，克莱则孜孜以求想成为总统。对于他们来说，经济学观点完全是各自政治立场的附属物，是实现政治抱负的工具。两人显然认为，经济政策是实现政治目标的工具。人们在讨论他们的经济观点时，会非常正确地将其作为各自政治理论和政治策略的一部分。

对该状况的解释似乎是，在美国，经济问题太重要了，以致不能只留给经济学家去研究。经济发挥着超越自身范畴的政治作用。200 多年来，经济一直是美国团结一致的政治进程的推动力。从殖民时代起，"经济利益"被系统地用来塑造政治力量，建立政治联盟，最重要的是，把部门和地区利益集团团结在特定领导人和规划的周围。虽然经济利益集团的具体名称不断变迁，但无论称作"制造业利益集团""农业利益集团"还是"白银集团"[⊜]，

⊖ 亨利·克莱（Henry Clay，1777—1852），美国政治家，曾任众议员、参议员、国务卿，倡导"美国体系"经济计划，主张运用高关税保护本国工业，建立国家银行统一各州的货币流通，发展交通，加速资源流动。——译者注

⊜ 弗里德里希·李斯特（Friedrich List，1789—1846），德国经济学家、经济学历史学派的先驱，主张国家主导的工业化与贸易保护主义，代表作《政治经济学的国民体系》（*The National System of Political Economy*）。——译者注

⊜ 白银集团（silver bloc），1918 年美国内华达州联邦参议员基·毕德门（Key Pittman，1872—1940）联合其他产银州议员以及白银矿主组成，旨在制定白银策略，提升美国白银的矿产量和价格，扩大白银集团在美国的权益与影响，该集团后来获得富兰克林·罗斯福总统的支持，出台了一系列法案，导致国际银价大幅上涨，严重干扰了各国，尤其是中国的经济形势，引发白银货币危机，1935 年 11 月中国政府实行废除银本位的币制改革，结束了中国使用白银货币数百年的历史。——译者注

这种观念本身并没有发生变化。同样，200 多年来，经济议题（如关税、货币、自由之土[⊖]等）被用于克服和弥合思想观念的分歧与冲突，否则这些冲突会导致国家分裂。在美国的全部历史中，围绕经济议题的政治分歧反而缓和了根本性分歧；通过调整经济利益，总会在该类议题上达成妥协。当然，最典型的例子是美国南方势力与安德鲁·杰克逊总统在"可憎的关税"[⊜]上达成妥协，把围绕奴隶制问题的摊牌延后了 30 年。长期以来，在政治决策过程中，各方进行讨价还价已成为美国政坛的规行矩步。另一个例子是约翰·肯尼迪总统和林登·约翰逊总统时期的国防部长罗伯特·麦克纳马拉[⊜]运用预算控制技术彻底改革了战略观念和军事组织。

　　或许最能说明问题的是，美国人运用经济思维来思考和解决政府与社会之间的基本关系问题。例如，大型企业在法国或德国的势力，要远远强于在美国的势力。但只有在美国，"政府与企业"之间的关系才被视为从根本上考虑政府在社会中的权力和角色时的关键问题。的确，一个世纪以来的公共舆论，使得一些天真的外国观察家得出结论：美国除了工商机构之外别无其他值得关注的社会组织。

⊖　自由之土（free soil），即美国内战前不允许蓄奴的领土，19 世纪四五十年代兴起反对在美国西部各州蓄奴的运动，支持者成立自由之土党，参与 1848 年、1852 年的总统选举，后来被共和党吸收，自由之土与自由劳工紧密相关，既是政治议题，又是经济议题。——译者注

⊜　可憎的关税（Tariff of Abominations），1828 年 5 月 19 日美国国会通过关税法案，旨在提高关税，保护北部工业，但由于南方依赖从欧洲国家进口工业品，该法案遭到南方代表的坚决反对，并贬之为"可憎的关税"，来自南卡罗来纳的副总统约翰·卡尔霍恩与总统安德鲁·杰克逊产生公开分歧，继而爆发拒行联邦法危机（Nullification Crisis），杰克逊总统与南方各州展开多轮谈判，不得不多次降低关税。——译者注

⊜　罗伯特·麦克纳马拉（Robert McNamara，1916—2009），美国国防部长（1961~1968 年）、世界银行行长（1968~1981 年），曾大力推行计划项目预算制（PPBS），该体系具备强烈的理性特征和严密的计划性，对英国、加拿大等国的预算体制产生了较大影响。——译者注

美国历史的重大议题

经济议题和经济纷争在美国的政治进程中扮演了特殊的角色，导致的后果是非常矛盾的。一方面，经济在美国政坛的地位似乎比在其他任何国家都要突出和重要；另一方面，经济纷争似乎主导着美国历史。实际上，往往容易被忽略的是，道德和宪政议题一直都是美国历史的重大主题，具体包括 19 世纪的奴隶制问题、工业社会还是农业社会的问题、联邦制问题等；20 世纪的种族问题、联邦政府的角色与职能问题、美国的国际地位问题等。因此，观察家们很容易误把表象当作真实情况。大致就像历史学家们的所作所为，或许可以证明内战并不是一场"不可避免的冲突"，假设给南方种植园主补偿数亿美元，估计战争可以避免。小施莱辛格的名著《杰克逊时代》完全忽略了杰克逊政府的核心关切和最高成就，即确立了联邦政府对所有地区和局部利益的最终管辖权，反而将经济和阶层利益置于其最优先的位置。甚至历史学家查尔斯·比尔德[⊖]长期坚信，整个美国历史是由经济利益决定的，并且为经济利益服务。比尔德足够高寿，他亲眼见证了从经济视角预测美国政治进程和政治行为的努力都归于失败。

毫无疑问，美国的每位政治家都必须懂得如何利用经济手段实现政治目的。如果他想要成为全国性政治人物，就必须善于发现和创造经济联盟，把全国各种经济利益集团团结在一起。甚至美国最接近"形而上学的"政治思想家约翰·卡尔霍恩，在他生命的最后 20 年里，也试图利用农场主的共同经济利益在实行奴隶制的南方与西部之间的道德鸿沟上架起一座桥梁，但最终以失败告终。

因此，尽管在美国的发展历程中，经济似乎位居中心地位，但实际上是主要非经济性目标的辅助手段。美国人的价值观并不是经济价值观，同样，经济领域也不能实现自治。政治甚至决定了什么经济议题可以出现在美国

⊖　查尔斯·比尔德（Charles Beard，1874—1948），美国 20 世纪前期最有影响力的历史学家之一，重视经济因素在美国历史上的作用，代表作《美国宪法的经济解释》（*An Economic Interpretation of the Constitution of the United States*）。——译者注

历史舞台上。所以，经济议题要作为一种"可用的"政治工具，就必须符合美国的政治逻辑，即能够动员全国的力量，团结各地的群众共同采取政治行动，获取联邦政治权力，即总统职位。

这就是美国没有诞生伟大经济学家的原因。因为伟大的经济学家必须假定经济领域在人类生活中的自治地位，必须推崇经济的现实价值。如果伟大的经济学家对政治感兴趣（几乎没人感兴趣），他必须把政治作为经济的婢女，即成为实现经济目标的工具。这些假定与美国经验格格不入。在美国，大量涌现的是业务熟练、名声卓著的经济技术人员、经济分析人员和经济工具专家。美国有大量熟稔政治的经济学家和熟稔经济的政治人物，但这种风气与伟大的经济学家扞格不入。伟大的经济学家必然假定存在一个自治的经济领域，而政治议题仅仅是经济的一种反映。然而，在美国经验中，经济学使用传统的速记和通用语言，侧重点不是经济，而是政治性和道德性议题与决策。确实，我们可以将美国政治的基本规则解读为：如果可能的话，把政治议题表述为经济议题，把政治联盟设计成经济联盟。

二

经济利益能被用作政治枢纽的观点，通常可以追溯至著名的《联邦党人文集》第十章，作者詹姆斯·麦迪逊㊀（追随哈林顿的《大洋国》㊁和约

㊀ 詹姆斯·麦迪逊（James Madison，1751—1836），美国开国元勋、第4任总统（1809～1817年）、第5任国务卿（1801～1809年），在费城制宪会议上提出弗吉尼亚方案，被誉为"宪法之父"，会后与汉密尔顿等人合作撰写文章呼吁各州通过《美国宪法》，后辑录为《联邦党人文集》，其中第十章专门论述了共和政府如何克服党争的问题，主持制定宪法修正案，成为权利法案的基础，又被誉为"权利法案之父"。——译者注

㊁ 詹姆斯·哈林顿（James Harrington，1611—1677），英国政治哲学家、查理一世国王的朋友，推崇权力有限、彼此制衡的贵族政体，认为强大的中产阶级是民主延续的重要保障，革命是经济和政治权力分离导致的后果，对杰斐逊、西奥多·罗斯福、伍德罗·威尔逊产生了重要影响，代表作《大洋国》(*The Common-Wealth of Oceana*)。——译者注

翰·洛克的观点）得出结论认为，权力追随财产。但是，当麦迪逊进行著述时，北美各类政治行动习惯性地围绕着经济议题和经济联盟展开的时间已经长达一个世纪，麦迪逊所做的工作只不过是把殖民时代已经相当普遍的经验编纂成册。

确实，殖民时代的立法机构要想顺利运作，别无他法。虽然殖民时代的立法机构对当今立法机构的主要事务（公共秩序和法律、司法行政、教育行政）或许非常感兴趣，但通常力不从心。必然地，这些事务不得不由各个地方社区、市镇和县自主处理。在殖民时代，由于距离太过遥远，人口太过分散，实行任何集权举措都是不现实的。如果地方社区不能妥善处理自身的内部事务，就没有人能处理。殖民时代立法机构面临的燃眉之急是与母国⊖的关系问题，这进而引发了一系列经济冲突和经济问题，包括税收、关税、货币、信贷等。最重要的是，北美殖民地的皇家总督⊜对经济事务感兴趣，因为在 18 世纪的理论和实践中，海外殖民地是一种经济资产。当然，反复出现的暴力事件，如印第安人起义或与法国殖民者的局部冲突，也耗费了殖民地政治家大量的时间和精力。殖民地政治家的主要任务是在总督代表和拥有的经济权力面前代表殖民地居民，并制衡总督的经济影响力。所以，殖民地政治家之所以存在，其主要理由是经济性的。只有认可并有效地组织经济利益，殖民地政治家才能使其代表的选民团结一致——经过一个世纪的发展，选民在其他方面（包括宗教信仰、种族成分）越来越具有多样性。在波士顿、费城、威廉斯堡⊜的议会大厦中，18 世纪的政治家从没有太多需要做的

⊖　此处是指北美 13 块殖民地的宗主国英国。——译者注
⊜　北美 13 块殖民地总督的产生方式不同，其中马萨诸塞、弗吉尼亚、新罕布什尔、北卡罗来纳、南卡罗来纳、纽约、新泽西和佐治亚的总督由英王直接任命，马里兰、特拉华、宾夕法尼亚的总督由领主挑选，经英王批准后任命，罗德岛、康涅狄格的总督由当地议会选举产生，经英王批准，任期一年。——译者注
⊜　威廉斯堡（Williamsburg），美国弗吉尼亚州城市，1699～1780 年是弗吉尼亚殖民地的首府，美国独立前曾经在该市发生过一系列重要的政治事件。——译者注

其他事情，只需要像 20 世纪的刘易斯·纳米尔爵士⊖对他们的英国同行⊜所做的那样：找出并确定其经济联系和利益所在。这是关于殖民时代政治家的一个众所周知且显而易见的事实。

但是，麦迪逊（以及在美国历史的头 25 年里为这个新生国家建立政治惯例和政治进程的所有杰出政治家），应该是由于一个基本洞见而受到高度赞誉：协调经济利益能实现团结一致。美国的开国元勋理所当然地认为，"派系冲突"（即社会由于基本信仰的差别而分裂为不同的意识形态阵营）破坏政治稳定，与美国作为一个国家的地位不相容，而经济利益能被用来克服有害无益的"派系冲突"。

利用经济冲突

这是一种政治视角下的经济学观点，从人类行为出发解释经济事件。这比其他任何因素都更加促使美国传统的经济方法与经济学家的方法区分开来。经济学家熟知商品的行为，并且如果他像当今的新凯恩斯主义经济学家那样天真，就会相信人类行为同商品行为一样。然而，即使在经济学家最深刻、最具怀疑精神的时刻，也很可能会把普通的人类行为视为经济上的非理性行为。事实上，长期以来经济学家对政客的态度归结到最后总是蔑视和怀疑，在经济学家看来，政客往往使经济理性的清晰逻辑服从阴暗且非理性的人类情感和虚荣心。以此为出发点，古典经济学家基本上对政治持否定态

⊖ 刘易斯·纳米尔爵士（Sir Lewis Namier, 1888—1960），英国历史学家，1929 年出版的《乔治三世登基时的政治结构》(The Structure of Politics: At the Accession of George III)，拒绝采用辉格党、托利党的简单二分法，从个人、家庭、经济利益等方面分析议员的政治行为，彻底改变了 18 世纪以来的历史学。——译者注

⊜ 此处是指 18 世纪的英国议员，纳米尔爵士采用人物传记和集体传记资料，揭示出地方利益而非国家利益决定了议员的投票行为。——译者注

度，认为经济体系存在一种预先确立的和谐状态，其自我调节机制能够自动实现社会所有阶层和团体的最佳状态。马克思本人同样对政客不以为然，不再认可古典经济学的和谐预设，反而接受经济冲突的现实，进而得出结论认为超出任何政客想象的阶级斗争和革命是不可避免的。

美国传统的政治经济学家从未相信过预设的经济和谐。对他们而言，经济冲突的现实再明显不过。毕竟，这是初生的殖民地与母国之间关系的特征，最终导致政治秩序出现暴力动乱，独立战争爆发。㊀但同时，透过经济冲突，美国传统的政治经济学家找到了避免更加危险的意识形态冲突的手段，以及建立秩序（非和谐）的方法，他们不指望在现实中实现和谐。最重要的是，他们认为经济利益可以进行分割，所以经济冲突是一个国家内部能够有效管理的纷争，而政治信念和宗教信仰则不然。人们总能够协调经济得失，半块面包总比没有面包要好，正如很久之前所罗门王心知肚明的，半个婴儿是万万不能接受的。㊁同样，宗教信仰、哲学理念、政治原则都难以分割协调。

最重要的是，殖民时代北美传统政治经济学家的经验是独一无二的，与任何地方的"常识"都格格不入，并且使得美国开国元勋相信，经济冲突不像其他所有的分歧。经济分歧往往随着时间的流逝变得不再那么尖锐，可能不会自动消失，但能够妥善调解。如果冲突围绕着"谁获得多少"展开，那么只要可供分配的利益增加，就能够使双方都满意。并且毫无疑问，作为新大陆的殖民者，经验告诉他们，经济蛋糕能够随着人类的奋斗不断增长，而不是一成不变。

开国元勋可能并未有意识地考虑这一点，但亚历山大·汉密尔顿的举措

㊀ 美国独立战争源于北美殖民地与宗主国英国之间围绕一系列税收问题的经济冲突，最著名的口号是"无代表，不纳税"。——译者注

㊁ 此处源自西方谚语：所罗门的审判，具体内容参见《圣经·列王记上》（和合本）第 3 章第 16～28 节。——译者注

立足于如下假设：可用的经济资源有可能不断增多。该假设很大程度上能够解释，为什么美国人无论对汉密尔顿的政治举措有多么不信任，但都能够迅速认可他的经济观，也解释了为什么他从未以一名经济学家的身份获得充分尊重。经济学家传统上（延续至第二次世界大战后很长时间）认为经济资源的稀缺性是理所当然的，所以问题就在于如何在均衡系统中最有效地分配资源。凯恩斯无论与之前的经济学家存在多少分歧，双方都同样秉持该传统。直到最近几十年，尤其是"经济发展"日益成为经济政策的目标（20 世纪50 年代初杜鲁门总统宣布"第四点计划"㊀是一个至关重要的时刻），正统的经济学家才认为有目的地创造动态非均衡是可能的、有意义的。

　　无论美国人多么真诚地重复经济学家的教诲，无论经济学家多么真诚地在美国的大学教室中传播知识，美国显然已经证明，通过人的努力奋斗（其中很大程度上是政治行动），经济资源几乎能够无限增多。美国人也可能曾经赞同经济学家的观点，认为这纯粹是可遇不可求的意外情况导致的结果：广袤的新大陆有着一望无垠的原野，适合耕种，易于开发，不用费力就可以转化为经济资源。但很早以前我们就已发现，美国人用实际政治行动强有力地表明，他们在内心深处对此不以为然。美国人知道（汉密尔顿在 18 世纪最后 10 年已经知道），经济资源来自人的创造而非上帝赐予，这是一种经济动力。这显然是根据 1865 年的《莫雷尔法案》㊁，创建接受政府赠地的学院等大胆举措的基础，该法案明确假定，运用知识能够创造出远超现有资源具备的经济价值和生产能力。从一开始，经济资源能够不断增多的观念就是

㊀　"第四点计划"（Point Four Program），1949 年 1 月 20 日，由杜鲁门总统在就职典礼中提出，1950 年 6 月 5 日，美国国会通过《对外经济援助法案》（Foreign Economic Assistance Act），第四点计划正式获批。——译者注

㊁　《莫雷尔法案》（Morrill Act），1862 年林肯总统签署的法律，向每个州提供 3000 英亩（1 英亩＝4047 平方米）土地以资助建立专门研究农业和机械艺术的学院，康奈尔大学、麻省理工学院等数十所大学接受了资助，该法案对美国高等教育的发展产生了深远影响。——译者注

美国所有工会运动的基础。美国的"企业工联主义"⊖假定，围绕着经济蛋糕分配展开的斗争本身可能产生更大的蛋糕，换言之，经济冲突本身能够促进经济增长，因此，同时也能造就政治和社会团结。

三

毫无疑问，作为一种有效促进团结的政治力量，美国人的"经济利益"观念在为国家服务方面表现得极为出色。

实际上，如果没有该观念，美国作为一个国家能否存续都是值得怀疑的。事后来看，我们可以在边疆地区发现一个国家的力量源泉。但事实上，所有其他有过类似经历的国家已经证明，边疆地区的经历必然充满几乎无法忍受的张力，而且，这种张力不仅仅是迅速的、动荡的扩张导致的自然资源和政治能量紧张，更是不同社会背景、民族成分、宗教信仰的移民潮汹涌而至，上一波尚未吸收同化，下一波已经到来，给社会团结带来了巨大的压力。意识形态、哲学理念或宗教信仰等方面的飞速多元化，对一个国家有可能是致命的。

不容忽略的是，移民大体上都缺乏自治的传统，甚至没有参加政治活动的习惯；毕竟，登上移民船的要么是不体面之人，要么是穷困潦倒之人。然而，这些数量庞大的异质群众不得不在一夜之间转变为拥有共同的基本价值观、受同一个政府管辖的民族成员，否则美国的实验就会失败。如果没有利用经济利益来组织政治活动，就势必要把最严厉的权威强加于人民大众，否则，多元化的势力就会组织起来抗衡国家及其团结一致——每种输入的宗教信仰和文化传统、政治价值观和思想信念、意识形态，即使没有敌意，也与

⊖ 企业工联主义（business unionism），源于美国的工会思想，反对革命工会，主张工会像公司一样经营，建立等级管理体制。——译者注

美国作为一个独立国家的地位不相容（拉丁美洲的情况显然就是如此）。

　　毕竟，19世纪的重大事件并不是美国经济的崛起，而是缔造民族国家美国。正如我们现在所发现的世界，民族国家并不是能够轻易缔造的事物。相反，民族国家通常是多个世纪以来的长期经验和历史力量的结晶。欧洲各个民族国家和日本都不是一夜之间诞生的。在这些国家（以及美国）之外，很少有（若有的话）民族国家产生，这证明要缔造一个独立的民族国家，需要历尽艰辛，历时长久。例如，在整个拉丁美洲，虽然有几个世纪的政治认同，但只有墨西哥[⊖]和巴西[⊖]（在较低程度上）可被称为"民族国家"，而它们也只是在20世纪才真正获得独立国家的国际地位。但是美国在短短几十年内（至多一个世纪）就实现了国家的独立自主，这在很大程度上要归功于美国的传统，即内部发生冲突或分歧时，将经济利益作为解决政治议题、政治联盟和政治冲突的基础。这就使得美国能够容忍（如果不是鼓励的话）所有其他领域中的多元化，经历激烈的内战而幸存，并且获得团结一致的忠诚和基本承诺，这如同共同的历史、共同的语言和共同的经历历经几个世纪赋予任何古老国家的一样，代表着强烈的共同纽带和共享价值。

趋向"两党合作"

　　利用经济利益的习惯不仅倾向于阻止意识形态议题的浮现，而且迫使美国的政治体系在解决非经济议题时采取超越党派的方式。

　　非经济议题威胁着现有的政治联盟，但美国的政治体系并不容易围绕着

⊖　墨西哥，原为西班牙殖民地，1810年宣布独立，1821年正式获得承认，但独立后政局不稳，革命、战争不断，领土面积不断缩小，直到1929年革命制度党获得政权后，政局才趋于稳定。——译者注

⊖　巴西，原为葡萄牙殖民地，1822年宣布独立，1889年成立巴西共和国，经济发展迅速，1929年爆发的经济大萧条重创巴西经济，导致政坛混乱不堪，1988年制定新宪法，政局逐步稳定。——译者注

非经济议题运作。美国的政客往往回避意识形态立场，否则肯定会疏远由经济利益聚集并维系在一起的多数选民。例如，任何非经济性意识形态立场立刻会破坏纯种白人原教旨新教徒与傲慢的南方盎格鲁—撒克逊人以及世界主义者（主要是大城市中的天主教徒和犹太工人阶级）之间的联盟，该联盟正是民主党长期以来的选民基础。唯一能够使他们联合行动（将一位民主党政客送进白宫）的因素，就是在经济上共同反对制造业利益集团。

这成为美国政治进程中基于"两党合作"处理非经济议题的强大动力，即从根本上把非经济议题从政党政治中排除。无疑，在美国的政治体系中，最崇高的赞美是留给"爱国者"的，他们就是那些将具有潜在破坏性的非经济议题转变为两党共识之人。据说，正是因为这种爱国主义行为，牺牲了自己当选总统的机会，所以美国历史才记住了亨利·克莱。一个世纪以后，范登堡[⊖]拟定了第二次世界大战后美国"两党合作"的外交政策，虽然确立了自己在美国政坛的历史地位，但同样丧失了获得所在政党总统候选人提名的机会。在 1964 年的总统选举中，大量选民投票反对巴里·戈德华特，并非因为他们不赞成其观点，而是由于他在非经济议题上采取党派立场的决策，与观点错误但采取两党合作的共识方式相比，前者对合众国似乎是更大的威胁。而且，从美国政治的发展历史来看，选民无疑是正确的。

外交、宗教、教育、民权以及大量其他议题，在其他任何国家都是各类政党与政治组织激烈交锋的领域，在美国政治体系中却被尽可能地作为"两党合作"议题。这并不意味着这些议题没有争议，而是说只要美国政治体系正常运转，就能够把原先互相冲突的派系拉拢到一起，而不是在彼此冲突的每一方中创建新派系。事实上，除非存在一个可资利用的跨越传统政治阵营

⊖ 范登堡（Arthur Vandenberg，1884—1951），美国密歇根州联邦参议员（1928～1951 年），主张放弃孤立主义，支持富兰克林·罗斯福总统及杜鲁门总统的外交政策，呼吁各党派在外交问题上加强合作。——译者注

的广泛同盟，否则美国的政治体系宁愿不去解决上述议题。一次又一次地处
理这类议题的主动权（犹如被动地同意）被留给了美国政治体系中的唯一机
构，即处于既定政党阵营之外的最高法院。近些年，在重大的宪政、民权以
及选区重新分配等议题上，最高法院在这些政治上至关重要的领域取代政治
行动的判决，完全符合约翰·马歇尔⊖开创的最高法院传统。由于最高法院
的判决是"全国之法律"⊖，所以其自身建立了共识。

"共识"的局限性

在美国，把政治议题转化为经济议题的做法，其效力存在明显且切实的
局限性。并不是每种非经济议题（如意识形态、政治、道德等）都能够被转
化为经济议题或组织为"两党合作"议题。毫无疑问，国内最重要的议题和
决策不能这样处理。当然，这方面最典型的例子就是奴隶制问题，因为在美
国，奴隶制最重要的并非如在巴西的种植园中那样发挥经济作用。至少，在
1825～1850年，奴隶制的主要功能在于赋予南方"贫穷白人"一种优越感，
而不管其经济或道德状况多么糟糕。尽管从起源和扩张来看，奴隶制是一种
经济制度，但在1820年后已经成为累赘，此时奴隶制的主要受益者不再是
奴隶主，而是那些非所有者，他们在奴隶社会获得心理满足，同时又无须承
担维持奴隶制的日益沉重的经济负担。换言之，我们现在已经知道，废奴主

⊖ 约翰·马歇尔（John Marshall，1755—1835），美国国务卿（1800～1801年）、最高法院
大法官（1801～1835年），通过判决马伯里诉麦迪逊案（Marbury vs. Madison），确立了最
高法院的司法审查权，完善了司法独立体制。——译者注
⊖ "全国之法律"（Law of the land），法律术语，意指一个国家或地区内有效的所有法律，该
词汇最早出现于1215年英国的《大宪章》中，用来指王国的法律，1787年制定的《美国
宪法》，宣称宪法、依宪法制定的法律及条约皆为"全国之最高法律"（supreme law of the
land）。——译者注

义者的观点是正确的：美国的奴隶制是一种罪恶，而不是犯罪。⊖因此，若仅仅废除奴隶制度，却不赋予黑人公民权，那么就不会取得什么效果。

同样由于这个原因，无论 19 世纪早期的美国政治家们如何努力，奴隶制都无法被转化为经济议题。此外，作为一个真正"不可调和"的矛盾（即作为一个精神层面和道德层面的问题），即使当时的最高法院试图通过德雷德·斯科特案⊜的判决建立共识，最终仍以失败告终。当时的政治组织也不能处理这样的非经济议题，甚至可能任何国家的政治体系，无论如何组织起来，都无法处理此类问题。这导致美国的政治体系在奴隶制问题上彻底失败，最终内战爆发，整个国家差点毁灭。

即使在不那么重要和敏感的领域，美国政治体系也不适合处理非经济议题。当外交政策不能建立在"共识"和"两党合作"的基础上时，情况尤其如此。在非经济议题上的任何失败都会损害国家的凝聚力，造成深刻而持久的伤痕。1812 年战争如此，参加第一次世界大战前激烈的外交政策争论更是如此。就日本偷袭珍珠港事件而言，第二次世界大战前美国国内在外交政策上的分歧同样证明政治体系难以有效处理外交议题，并可能撕裂美国的民

⊖　作者是指，奴隶制是一种宗教或道德上的罪恶（sin），而非经济或法律上的犯罪（crime）。——译者注

⊜　德雷德·斯科特案（Dred Scott Case），美国最高法院于 1857 年判决的一个关于奴隶制的案件，具体经过如下：黑人奴隶德雷德·斯科特随主人到过自由州伊利诺伊州和自由准州威斯康星州，并居住了两年，随后回到蓄奴州密苏里州。主人死后，斯科特提起诉讼要求获得自由，案件在密苏里州最高法院和联邦法院被驳回后，斯科特上诉到美国最高法院。经过两次法庭辩论，最终 9 位大法官以 7∶2 的票数维持原判，首席大法官罗杰·坦尼撰写了判决意见，主要包括以下 3 点："第一，即便自由的黑人也不是《美国宪法》中所指的公民，所以斯科特无权在联邦法院提起诉讼；第二，斯科特不能因为到过所谓自由准州威斯康星州就获得自由，因为在威斯康星州排除奴隶制的是《密苏里妥协案》，而制定《密苏里妥协案》超出了国会的宪法权力；第三，斯科特不能因为到过自由州伊利诺伊州就获得自由，因为他一旦回到密苏里州，他的身份就只受密苏里州法律支配。"该判决及其包含的政治意义极大地激化了原已尖锐对立的南北争执，就连那些原本对这场争端漠不关心的北方人，也加入废奴主义者的阵营，严重损害了最高法院的威望，更成为美国内战的关键起因之一。——译者注

族团结。如今，越南问题对美国形成类似的威胁。

同时也存在着另一种危险，即美国的政客可能忘记了把非经济议题转化为经济议题只是一种惯例，而错误地相信经济真的控制政治。处理国内事务时，该危险带来的后果并不是非常严重。不能凭直觉认识到惯例的局限性和用途的政客，是非常愚蠢的。当然，没有任何一位强势总统（如安德鲁·杰克逊、亚伯拉罕·林肯、西奥多·罗斯福、富兰克林·罗斯福、哈里·杜鲁门）曾经相信，经济利益和经济政策本身就已足够，或其必然占据主导地位。但在外交领域中，美国一再犯同样的错误，并且每次都付出了沉重的代价。美国人一再误以为"经济制裁"是处理外交事务的有效工具，结果一次又一次地发现这种手段无效。例如，南方各州以为"棉花大王"⊖能够迫使北方屈膝投降，并驱使欧洲各国站在美利坚联盟国一边，同样北方也相信美利坚联盟国将被经济封锁打败。现在我们从亲西方的日本领导人的日记中得知，1940年和1941年美、英两国对日本实施的经济制裁，唯一的后果就是壮大了主战派，削弱了温和派的影响力，这与第一次世界大战中实施的对德经济制裁削弱了政府中的温和派，使军事极端分子全面掌权如出一辙。具有讽刺意味的是，我们现在已经知道，即使在经济制裁似乎取得了成功的案例中（美国独立战争爆发前的10年，北美殖民地使用"经济制裁"手段迫使英国打消了向其征税的企图），实际上经济制裁并没有起作用。该案例可能解释了美国人盲目相信经济制裁手段的原因。最近的历史研究相当确切地表明，英国内阁之所以放弃该政策，北美殖民地的抵制和经济原因不过是借口，在国内势力强大的支持者中非常不得人心才是真正原因。

换句话说，美国人习以为常的作为政治行动和政治组织基础的经济，只

⊖ "棉花大王"（King Cotton），美国内战前南方各州主张独立的口号，认为控制棉花出口将实现拟议中的美利坚联盟国经济繁荣，同时摧毁北方尤其是新英格兰地区的纺织业，迫使英、法等国在军事上支持南方，南方各州对此深信不疑，但战争爆发后英国并未支持南方，北方纺织业也没有崩溃。——译者注

是一种工具。同其他工具一样，运用时必须辅以准确的判断，而且必然存在局限性。个人往往不得不为欺骗自己付出代价，同样，任何将惯例误认为是现实的人都会付出沉重的代价。

然而，虽然该惯例不完美，并非万无一失，也绝不是万灵药，但的确为美国人民提供了极其卓越的服务。

四

但是，问题不在于惯例在过去的成效有多好，而在于现在或未来是否仍然有效？美国人共同的、普遍的政治议题能否依然受传统规则支配，尽可能阐述为经济议题，并把联盟界定为经济联盟呢？

这种美国国内政治的传统惯例几乎不可能在未来的外交和国际事务中发挥重要作用。但同时，其在国内的用途可能也将终结。

在过去 20 年出现的许多新国家中，每一个都尚未成为现代民族国家。根据历史和传统，这些国家中的每一个都不如 200 年前新生的美国适合完成该任务。每个国家内部，部落之间、宗教之间、种族之间的裂痕都根深蒂固，国家若要继续延续下去，就必须迅速弥合这些分歧。任何一个国家都不可能在意识形态冲突中幸存。在这种情况下，可以预见这些国家中的许多（若非全部的话）将采取政治措施消除裂痕，这是每个独裁政权徒劳的承诺，同样可以预见，这只会加剧冲突，导致问题更加难以解决；还可以预见，某些国家如果没有在海外征服扩张，至少将会通过在国内吹嘘民族主义寻找出路。历史已经充分证明，这将不会成功。新生国家要使冲突发挥建设性作用，并跨越部族、传统、种族的界限实现团结，唯有一种政治方法满足需要。在将政治议题转化为经济利益和经济议题的传统美国方法中，新生国家或许能找到所需的、经过充分检验的现成手段。

实际上，这种方法对整个国际社会来说可能变得越来越重要。当今世界面临的危险主要是占人口多数的贫穷有色人种与占人口少数的富裕白人之间的种族冲突，这要比 19 世纪的阶级斗争更加严重。同时，当今世界相比于 18 世纪要小得多。在这个世界里，人们彼此为邻，除了共同生活别无选择。当今世界，最重要的莫过于创造一种政治理念，该理念不仅能够包容建设性的冲突，还能够跨越意识形态和传统文化的藩篱实现团结一致。

显然，我们远远没有实现这样的成就，或许肯尼迪总统发起的"进步联盟"⊖最接近该理念。但是，回顾历史，主权国家构成的世界无政府状态已成为无可救药的时代错误，当今世界政府（如果可行的话）带来的也只能是全球范围的暴政，而 20 世纪五六十年代的发展努力很可能有一天会成为迈向统一的非意识形态国际秩序新概念的不确定且步履蹒跚的第一步，在灵活性和有效性方面与主权国家构成的世界无政府状态和世界政府大不相同。

创新的需要

与此同时，传统的经济手段在国内政治中似乎已经失效，这并非由于美国人不再满足于经济手段或渴望实行意识形态政治，而是美国人生活中的问题和挑战不再能够轻易地（如果有的话）转化为经济议题。十有八九，今后民权问题会成为美国政治的核心议题，包括都市的困境；一个社会的结构、价值观、关系日益在大型强有力的机构中组织起来；科学和技术的角色、功能与局限性等。这些都不能被轻易地转化为经济议题。尽管林登·约翰逊总统试图寻求"共识"，但在这些议题上不太可能实现"两党合作"。只有解

⊖ "进步联盟"（Alliance for Progress），1961 年约翰·肯尼迪总统发起的国际经济发展规划，旨在加强美国与 22 个拉丁美洲国家的经济合作，以提高收入、公平分配、发展工农业、改善健康和福利等。——译者注

决方案已经明确或至少有一个大致轮廓时，两党合作才能有效地发挥作用。但伟大的政治创新，就像美国人现在所需要的，很少是妥协的产物。

然而，传统的意识形态政治联盟体系，即西欧式的政治联盟也无法解决此类议题。如果像许多国外和国内批评美国政治体系的人士在一个多世纪以来一直督促美国人做的那样（即立足于"自由派"与"保守派"、"左派"与"右派"组织政治活动），将只会增加混乱。关于都市政府，"自由派"的观点是什么？或者，关于个人与其所依赖的大型组织（个人依赖组织才能发挥社会功能）之间的关系，"自由派"的观点如何？如果个人想获得自由，必须不依赖大型组织吗？对这些议题，"保守派"会持何种观点？显然，人们在这些议题上必然存在激烈分歧；事实上，需要有这种分歧，需要有各种不同的办法来解决问题。但是，如同传统的经济利益联盟一样，意识形态联盟必定与这些议题无关。因此，"新左派"注定一事无成，最终彻底失败。

确实，如果在未来半个世纪左右的时期内，世界允许美国人从容地处理国内事务，那么他们不仅会遭遇新问题，而且必须设计出一套针对国内政治总体状况的新方案。这标志着，同新议题自身可能带来的影响相比，美国人的政治生活将更加动荡不安，政治上的清醒和稳定将会面临更大压力，同时，发展出创新性政治思想和有效政治领导力的重大机遇也是建国以来前所未有的。

为了抓住这个机遇，美国人很可能不得不放弃对经济利益和经济议题的传统依赖，不能再把经济作为政治交往的象征和政治组织的手段。但我希望美国人不要放弃经济手段背后的基本原则：协调冲突以维护团结，诉诸利益以反对狂热的意识形态争论。这不仅仅是一种文明的理念，更是一种使政治促进公共利益的原则。在历史上，该原则已经卓有成效地服务于美国人民，未能培养出伟大的经济学家只是微不足道的代价，这是千真万确的。

欧洲管理经典 全套精装

欧洲最有影响的管理大师
（奥）弗雷德蒙德·马利克 著

超越极限

如何通过正确的管理方式和良好的自我管理超越
个人极限，敢于去尝试一些看似不可能完成的事。

转变：应对复杂新世界的思维方式

在这个巨变的时代，不学会转变，错将是你的常态，
这个世界将会残酷惩罚不转变的人。

管理成就生活（原书第2版）

写给那些希望做好管理的人、希望过上高品质的生活
的人。不管处在什么职位，人人都要讲管理，
出效率，过好生活。

管理：技艺之精髓

帮助管理者和普通员工更加专业、更有成效地完成
其职业生涯中各种极具挑战性的任务。

战略：应对复杂新世界的导航仪

制定和实施战略的系统工具，
有效帮助组织明确发展方向。

公司策略与公司治理：如何进行自我管理

公司治理的工具箱，
帮助企业创建自我管理的良好生态系统。

正确的公司治理:发挥公司监事会的效率应对复杂情况

基于30年的实践与研究，指导企业避免短期行为，
打造后劲十足的健康企业。

彼得·德鲁克全集

序号	书名	要点提示
1	工业人的未来 The Future of Industrial Man	工业社会三部曲之一，帮助读者理解工业社会的基本单元——企业及其管理的全貌
2	公司的概念 Concept of the Corporation	工业社会三部曲之一，揭示组织如何运行，它所面临的挑战、问题和遵循的基本原理
3	新社会 The New Society：The Anatomy of Industrial Order	工业社会三部曲之一，堪称一部预言，书中揭示的趋势在短短十几年都变成了现实，体现了德鲁克在管理、社会、政治、历史和心理方面的高度智慧
4	管理的实践 The Practice of Management	德鲁克因为这本书开创了管理"学科"，奠定了现代管理学之父的地位
5	已经发生的未来 Landmarks of Tomorrow：A Report on the New "Post-Modern" World	论述了"后现代"新世界的思想转变，阐述了世界面临的四个现实性挑战，关注人类存在的精神实质
6	为成果而管理 Managing for Results	探讨企业为创造经济绩效和经济成果，必须完成的经济任务
7	卓有成效的管理者 The Effective Executive	彼得·德鲁克最为畅销的一本书，谈个人管理，包含了目标管理与时间管理等决定个人是否能卓有成效的关键问题
8 ☆	不连续的时代 The Age of Discontinuity	应对社会巨变的行动纲领，德鲁克洞察未来的巅峰之作
9 ☆	面向未来的管理者 Preparing Tomorrow's Business Leaders Today	德鲁克编辑的文集，探讨商业系统和商学院五十年的结构变化，以及成为未来的商业领袖需要做哪些准备
10 ☆	技术与管理 Technology，Management and Society	从技术及其历史说起，探讨从事工作之人的问题，旨在启发人们如何努力使自己变得卓有成效
11 ☆	人与商业 Men，Ideas，and Politics	侧重商业与社会，把握根本性的商业变革、思想与行为之间的关系，在结构复杂的组织中发挥领导力
12	管理：使命、责任、实践（实践篇） Management:Tasks,Responsibilities,Practices	
13	管理：使命、责任、实践（使命篇） Management:Tasks,Responsibilities,Practices	为管理者提供一套指引管理者实践的条理化"认知体系"
14	管理：使命、责任、实践（责任篇） Management:Tasks,Responsibilities,Practices	
15	养老金革命 The Pension Fund Revolution	探讨人口老龄化社会下，养老金革命给美国经济带来的影响
16	人与绩效：德鲁克论管理精华 People and Performance: The Best of Peter Drucker on Management	广义文化背景中，管理复杂而又不断变化的维度与任务，提出了诸多开创性意见
17 ☆	认识管理 An Introductory View of Management	德鲁克写给步入管理殿堂者的通识入门书
18	德鲁克经典管理案例解析（纪念版） Management Cases(Revised Edition)	提出管理中10个经典场景，将管理原理应用于实践

彼得·德鲁克全集

序号	书名	要点提示
19	旁观者：管理大师德鲁克回忆录 Adventures of a Bystander	德鲁克回忆录
20	动荡时代的管理 Managing in Turbulent Times	在动荡的商业环境中，高管理层、中级管理层和一线主管应该做什么
21☆	迈向经济新纪元 Toward the Next Economics and Other Essays	社会动态变化及其对企业等组织机构的影响
22☆	时代变局中的管理者 The Changing World of the Executive	管理者的角色内涵的变化、他们的任务和使命、面临的问题和机遇以及他们的发展趋势
23	最后的完美世界 The Last of All Possible Worlds	德鲁克生平仅著两部小说之一
24	行善的诱惑 The Temptation to Do Good	德鲁克生平仅著两部小说之一
25	创新与企业家精神 Innovation and Entrepreneurship:Practice and Principles	探讨创新的原则，使创新成为提升绩效的利器
26	管理前沿 The Frontiers of Management	德鲁克对未来企业成功经营策略和方法的预测
27	管理新现实 The New Realities	理解世界政治、政府、经济、信息技术和商业的必读之作
28	非营利组织的管理 Managing the Non-Profit Organization	探讨非营利组织如何实现社会价值
29	管理未来 Managing for the Future:The 1990s and Beyond	解决经理人身边的经济、人、管理、组织等企业内外的具体问题
30☆	生态愿景 The Ecological Vision	对个人与社会关系的探讨，对经济、技术、艺术的审视等
31☆	知识社会 Post-Capitalist Society	探索与分析了我们如何从一个基于资本、土地和劳动力的社会，转向一个以知识作为主要资源、以组织作为核心结构的社会
32	巨变时代的管理 Managing in a Time of Great Change	德鲁克探讨变局时代的管理与管理者、组织面临的变革与挑战、世界区域经济的力量和趋势分析、政府及社会管理的洞见
33	德鲁克看中国与日本：德鲁克对话"日本商业圣手"中内功 Drucker on Asia	明确指出了自由市场和自由企业，中日两国等所面临的挑战，个人、企业的应对方法
34	德鲁克论管理 Peter Drucker on the Profession of Management	德鲁克发表于《哈佛商业评论》的文章精心编纂，聚焦管理问题的"答案之书"
35	21世纪的管理挑战 Management Challenges for the 21st Century	德鲁克从6大方面深刻分析管理者和知识工作者个人正面临的挑战
36	德鲁克管理思想精要 The Essential Drucker	从德鲁克60年管理工作经历和作品中精心挑选、编写而成，德鲁克管理思想的精髓
37	下一个社会的管理 Managing in the Next Society	探讨管理者如何利用这些人口因素与信息革命的巨变，知识工作者的崛起等变化，将之转变成企业的机会
38	功能社会：德鲁克自选集 A Functioning society	汇集了德鲁克在社区、社会和政治结构领域的观点
39☆	德鲁克演讲实录 The Drucker Lectures	德鲁克60年经典演讲集锦，感悟大师思想的发展历程
40	管理(原书修订版） Management(Revised Edition)	融入了德鲁克于1974～2005年间有关管理的著述
41	卓有成效管理者的实践（纪念版） The Effective Executive in Action	一本教你做正确的事，继而实现卓有成效的日志笔记式作品

注：序号有标记的书是新增引进翻译出版的作品